英検®とは？

　文部科学省後援　実用英語技能検定（通称：英検®）は，英語の4技能「読む・聞く・話す・書く」を総合的に測定する試験です。1963年に第1回検定が実施されて以来，日本社会の国際化に伴ってその社会的評価が高まり，現在では，学校・自治体などの団体を対象とした英語力判定テスト「英検IBA®」，子どもを対象としたリスニングテスト「英検Jr.®」を合わせると，年間約420万人が受験しています。大学入試や高校入試，就職試験でも，英語力を測るものさしとして活用されており，入試においての活用校も年々増えています。アメリカ，オーストラリアを中心に，海外でも英検®は，数多くの大学・大学院などの教育機関で，留学時の語学力証明資格として認められています（英検®を語学力証明として認定している海外の教育機関は英検®ウェブサイトに掲載されています）。

本書の使い方

　本書は，2021年度第3回から2023年度第2回まで過去6回分の試験問題を掲載した，過去問題集です。**6回分すべてのリスニング問題CDがついています**ので，過去6回の本試験と同じ練習を行うことができます。また，リスニング問題の小問ごとにトラック番号を設定していますので，自分の弱点を知ること，そしてその弱点を強化するためにくり返し問題を聞くことができます。

　また本書では，**出題されやすい「基本文・口語表現・単語・イディオム」**を，効率的に学習できるよう分類ごとにまとめてあります。過去問題と併せて活用していただければ幸いです。

　英検®では，能力を公正に測定するという試験の性格上，各回・各年度ほぼ同レベルの問題が出されます。したがって，試験はある程度限定されたパターンをとることになりますので，過去の試験問題をくり返し解き，本試験へと備えてください。

　本書を利用される皆様が，一日も早く栄冠を勝ちとられますよう，心より祈念いたします。

　英検®，英検Jr.®，英検IBA®は，公益財団法人 日本英語検定協会の登録商標です。

CONTENTS

本書は，原則として2024年1月15日現在の情報に基づいて編集しています。

受験ガイド

2024年度　試験日程（本会場）

二次試験は２日間設定されています。

第1回	**申込期間**	2024年3月15日〜5月5日 （書店は4月19日締切）		
	試験日程	一次試験	2024年6月2日（日）	
		二次試験	A日程	2024年7月7日（日）
			B日程	2024年7月14日（日）
第2回	**申込期間**	2024年7月1日〜9月6日 （書店は8月30日締切）		
	試験日程	一次試験	2024年10月6日（日）	
		二次試験	A日程	2024年11月10日（日）
			B日程	2024年11月17日（日）
第3回	**申込期間**	2024年11月1日〜12月13日 （書店は12月6日締切）		
	試験日程	一次試験	2025年1月26日（日）	
		二次試験	A日程	2025年3月2日（日）
			B日程	2025年3月9日（日）

※二次試験日程は年齢によって決まります。詳しくは英検®ウェブサイトでご確認ください。
※クレジットカード決済の場合，申込締切は上記の日付の3日後になります。

申込方法

① 個人申込
　・特約書店・・・検定料を払い込み，「書店払込証書」と「願書」を必着日までに
　　　　　　　　協会へ郵送。
　・インターネット・・・英検®ウェブサイト（https://www.eiken.or.jp/
　　　　　　　　eiken/）から申込。
　・コンビニ申込・・・ローソン・ミニストップ「Loppi」，セブン-イレブン・
　　　　　　　　ファミリーマート「マルチコピー機」などの情報端末機
　　　　　　　　から申し込み。
　問い合わせ先　公益財団法人　日本英語検定協会
　　　　　　　　℡ 03-3266-8311　英検®サービスセンター（個人受付）
　　　　　　　　（平日9:30〜17:00　土・日・祝日を除く）
② 団体申込
　団体申込に関しましては各団体の責任者の指示に従ってお申し込みください。

成績表には合否結果のほかに，英検バンド，英検CSEスコアも表示されます。

●**英検バンド** 一次試験，二次試験の合格スコアを起点として，自分がいる位置を＋，－で示したものです。例えば，英検バンドの値が＋1ならばぎりぎりで合格，－1ならば，もう少しのところで合格だったということがわかります。

●**英検CSEスコア** 欧米で広く導入されている，語学能力のレベルを示すCEFR（Common European Framework of Reference for Languages）に関連づけて作られた，リーディング，リスニング，ライティング，スピーキングの4技能を評価する尺度で，英検®のテストの結果がスコアとして出されます。4技能それぞれのレベルと総合のレベルがスコアとして出されます。

一次試験免除について

1～3級の一次試験に合格し，二次試験を棄権または不合格になった人に対して，一次試験免除制度があります。申込時に申請をすれば，一次試験合格から1年間は一次試験が免除され，二次試験から受けることができます。検定料は，一次試験を受ける場合と同様にかかります。

※検定料，試験時間については英検®ウェブサイトでご確認ください。

英検S-CBTについて

　実用英語技能検定準1級，2級，準2級，3級で，新方式英検S-CBTが毎月実施されています。従来型の英検®，英検S-CBTのどちらの方式でも，合格すれば同じ資格が得られます。英検S-CBTの合格証書・証明書とも，従来型の英検®と全く同じものとなります。

◎英検S-CBTの試験実施方法

- ●コンピューターで4技能（リーディング，ライティング，リスニング，スピーキング）すべてを1日で受験することになります。
- ●通常の英検®と同じ検定試験で，問題構成・レベルも通常の英検®と同じです。
- ●英検S-CBTはスピーキングテスト（通常の英検®の二次試験），リスニングテスト，リーディングテスト，ライティングテストの順に試験が行われます。
- ●リーディングテスト，ライティングテスト，リスニングテストのCSEスコアに基づいて一次試験の合否が判定されますが，一次試験の合否にかかわらず，すべての受験者が4技能を受験し，4技能のCSEスコアを取得することになります。一次試験合格者のみスピーキングテストのCSEスコアに基づき二次試験の合否が判定されます。
- ●試験はパソコン上で行われるため，Windowsパソコンの基本的な操作（マウスクリック，キーボード入力）ができる必要があります。ただし，ライティングテストはキーボード入力か筆記のいずれかの解答方法を申込時に選択します。

※従来型の試験で二次試験不合格の場合，一次試験免除申請をして英検S-CBTでスピーキングテストのみを受験することができます。

※英検S-CBTで一次試験に合格，二次試験不合格となった場合は，一次試験免除資格が与えられます。次回以降に，一次試験免除申請をして，従来型の英検®を申し込むことができます。

英検S-CBT受験ガイド

◎試験実施月

※原則として毎週土曜日・日曜日，一部会場においては平日・祝日も実施されます。詳しくは英検®ホームページをご参照ください。

　第1回…4月，5月，6月，7月
　第2回…8月，9月，10月，11月
　第3回…12月，翌年1月，2月，3月

◎**持参するもの**

●英検S-CBT受験票，身分証明書。身分証明書として認められるのは，学生証・生徒手帳・健康保険証・運転免許証・パスポート・社員証・住民基本台帳カード・マイナンバーカード・在留カード・健康保険証のコピー（年少者のみ）です。

◎**申し込み**

●申し込みは先着順です。個人申込のみで団体申込は受け付けていません。
●申し込み時に指定した会場で受験します。会場ごとに定員があり，定員になり次第締め切られます。
●英検S-CBT受験票は申込サイトからダウンロードします。

※検定料，試験時間については英検®ウェブサイトでご確認ください。

———— 英検S-CBTスピーキングテストについて ————

●英検S-CBTのスピーキングテストとは，通常の英検®の二次試験で行われる面接試験のことです。
●英検S-CBTではコンピューターの映像を通して面接委員とやり取りし，録音形式で試験が行われます。
●試験の内容やレベルは通常の英検®二次試験と同じです。二次試験の試験内容については10，17ページをご参照ください。
●英検S-CBTの，特にスピーキングテストではヘッドセットやマイクの使い方，音量の調整にある程度慣れておく必要があります。

　英検S-CBTはパソコン上で行われるため，試験当日の流れ，受験方法の面で通常の英検®と異なるところもあります。特に，最初にスピーキングテストが行われる点は大きな違いです。通常の英検®の二次試験と同じと言っても，面接委員と直接対面するか，画面を通して対面するかという違い，パソコンの操作があるかないかという違いは決して小さなことではありません。試験当日の流れ，受験方法の面で通常の英検®と異なるところについては，受験前に必ず英検®ウェブサイトでしっかり確認して，落ち着いてスピーキングテストに臨めるようにしましょう。

3級のめやす，試験の内容と形式

3級のめやす

● 3級のめやす

3級のレベルは中学卒業程度で，**身近な英語を理解し，使用できる**ことが求められます。

〈審査領域〉

読む……身近なことに関する文章を理解することができる。

聞く……身近なことに関する内容を理解することができる。

話す……身近なことについてやりとりすることができる。

書く……身近なことについて書くことができる。

試験の内容と形式

一次試験ではまずはじめに筆記試験が行われ，その後にリスニングテストが行われます。二次試験は英語での面接試験で，一次試験の合格者のみを対象とし，一次試験実施後およそ30日後に行われます。

一次試験・筆記（32問・65分）

筆記試験は，4つの大問で構成されており，大問4はライティングテストです。問題数は32問で，この32問の問題を65分かけて解きます（2024年度第1回検定から）。

2024年度第1回の検定から，問題構成・内容は以下の通りです。

大問	内容	問題数
1	**短文の穴うめ問題**　短文または短い会話文を読み，文脈に合う適切な語句を補う。	15問
2	**会話文の穴うめ問題**　1〜2往復程度の会話文を読み，会話文中の空所に適切な文や語句を補う。	5問
3	**長文の内容に関する問題**　掲示・案内，Eメール（手紙文），説明文などを読み，パッセージの内容に関する質問に答える。	10問
4	**Eメールへの返信を英語で記述する問題**　外国人の友達からのEメールへの返信を15〜25語程度で書く。 **与えられた質問に対し，意見と根拠を英文で論述する問題**　ある英語の質問に対して，自分の意見とその理由や具体例を書く。	2問

一次試験・リスニング（30問・約25分）

　リスニングテストは，第1部〜第3部で構成されており，問題数は30問です。この30問の問題を約25分かけて解きます。

大問	内容	問題数
1	**会話の返事を選ぶ** 会話文を聞き，会話の最後の発話に対する応答として最も適切なものを補う。	10問
2	**会話の内容に関する質問** 会話文を聞き，会話の内容に関する質問に答える。	10問
3	**文の内容に関する質問** 物語文や説明文などを聞き，その内容に関する質問に答える。	10問

《一次試験で用いられた主な場面と題材》

場面………家庭，学校，地域（各種店舗・公共施設を含む），電話，アナウンスなど。

題材………家族，友だち，学校，趣味，旅行，買い物，スポーツ，映画，音楽，食事，天気，道案内，自己紹介，休日の予定，近況報告，海外の文化，人物紹介，歴史など。

二次試験は，約５分の受験者対面接委員の１対１の面接です。**面接室への入室から退室までのすべてが採点の対象になり，応答内容，発音，語い，文法，語法，情報量，積極的にコミュニケーションを図ろうとする意欲や態度など**で評価されます。

●二次試験の流れ

① 面接室に入室します。面接委員にあいさつをするとよいでしょう（Good morning./Good afternoon.）。

② 着席するよう指示されます。着席後，名前と受験する級の確認，「How are you?」のような簡単なあいさつがされるので，あいさつを返しましょう（I'm fine, thank you.）。

③ 30語程度の英文の書かれたイラストつきのカードが1枚渡されます。これを20秒間黙読するよう指示があるので（Please read the passage silently for 20 seconds.），英文の内容に注意しながら黙読します。

④ その後，その英文を音読するよう指示があります（Please read the passage aloud.）。発音や声の大きさに注意しながら音読します。

⑤ 音読後，５つの質問が出題されます。カードを伏せるよう指示（Please turn over the card.など）が出たら，すみやかに伏せてください。
- ●質問１ ………… 音読した英文の内容についての質問。
- ●質問２・３ …… カードのイラスト中の人物の行動や物の状況の描写。
- ●質問４・５ …… 日常生活の身近な事柄についての質問（カードのテーマに直接関連しない内容の場合もあります）。

《二次試験で用いられた主な話題》
携帯電話，ラジオを聴く，読書週間，冬のスポーツ，朝市，四季など。

3級の傾向と対策

　英検®は出題パターンがある程度決まっています。2024年度第1回の検定から
ライティングテストの形式と問題数が変更されますが，全体として大きな違いは
ありませんので，過去の問題を何度も解いて傾向をつかみましょう。

一次試験・筆記テスト

1 短文の穴うめ問題

★**出題傾向**　短文／会話文の（　　）の中に適する語句を4つの選択肢から選び，
英文を完成させる。

対策

- 重要単語・イディオム・文法が問われる。
- 文全体の流れから判断することが多いため，単語やイディオムの意味を正
　確に覚えておくことが大切。

2 会話文の穴うめ問題

★**出題傾向**　会話文の（　　）の中に適する文を4つの選択肢から選び，会話を完
　成させる。

対策

- 相手の発言に対する応答の文を補充する形で選ぶ場合が多いが，問いかけ
　の文を選ぶこともある。
- （　　）の直前・直後の発言がポイントとなるので，しっかり読んで意味を
　つかむことが大切。
- 疑問詞で始まる疑問文や命令文への応答を選ぶ問題がよく出される。
- 依頼や許可を表す疑問文，口語表現の決まり文句には要注意。

3 長文の内容に関する問題

以下の**A B C**の種類の出題形式がある。

> **対策**
>
> まず質問文を読んでから長文を読むようにするとよい。何が問われているか
> をつかんでから英文を読むことで，効率的に読み進めることができる。

A 掲示・表など

- **★出題傾向** 掲示や表などを読み，その内容に関する質問の答えを4つの選択肢か
  ら選ぶ。
- **●質問数** 長文1つに質問2問が基本
- **●長文の体裁** 短くて簡潔な表現が使われ，省略表現も多い。大切なことは，めだ
  つように大きな文字で書いてある。
- **●長文のテーマ** 行事やメンバー募集のお知らせ，広告，スケジュール表など。

> **対策**
>
> 掲示などの特性から，未来に予定されていることが問われる問題が多い。日
> 付・曜日・時刻など時を表すことばと，場所を表すことばには特に注意する。

B Eメール（手紙文）

- **★出題傾向** Eメールや手紙文を読み，その内容に関する質問の答えを4つの選択
  肢から選ぶ。近年はEメールの出題がほとんどである。
- **●質問数** 長文1つに質問3問が基本
- **●Eメールの体裁・テーマ** EメールはA → B → Aというパターンが多い。友人・
  親戚・知り合いなどとのやりとりや，業者などへの質問とその回答が主な場面
  である。
- **●手紙文の体裁・テーマ** 4〜5段落構成の手紙文が多い。友だちや家族・親戚，
  お世話になった先生などにあてた手紙が中心である。テーマは日常生活や思い出
  話に関するものが多い。

- Eメールはヘッダーを見て差出人，受取人，送信日，件名（本文のテーマになっていることが多い）を確認すること。
- 主に5つのW〈When（時），Where（場所），Who（人），What（もの），Why（理由）〉が問われる。登場人物を整理し，誰がいつ何をしたか［するか］をチェックしながら英文を読むとよい。

C 英文（説明文）

★**出題傾向**　英文を読み，その内容に関する質問の答えを4つの選択肢から選ぶ。
●**質問数**　長文1つに質問5問が基本
●**長文の体裁**　3〜5段落構成のまとまった量の長文。時間の流れに沿って書かれていることが多い。
●**長文のテーマ**　人物とその功績や発明品などの紹介，（伝統）行事，食べ物・スポーツなどの歴史といったように多岐にわたる。

対 策

- タイトルが英文のテーマを示していることが多い。
- 質問文の順番と英文の流れは原則として一致しているので，まず質問文を読み，その答えとなる箇所を順番に英文から探すとよい。たいていの場合，どの段落からも1〜2問の出題が見られる。
- 本文の中から，質問の文と同じような語句が使われている箇所を探すと答えを見つけやすい。

4 ライティングテスト

★**出題傾向**
※2024年度第1回検定から，Eメールへの返信を書く問題が追加されました。

●**Eメール問題**
　外国人の友達から送られたEメールへの返信を15〜25語程度で書く。冒頭のあいさつと結びの言葉は与えられている。友達からのEメール文中にある下線部の質問への答えを自分自身で自由に書くことが求められる。

●**意見論述問題**

英語の質問に対して，25〜35語で自分の意見と，それを裏付ける理由や具体例を書く。外国人の友達からの質問という想定で，受験者の意見を求める質問文一文。

対 策

- Eメール問題，意見論述問題ともに質問内容を正しくつかむ。
- 主語，動詞の一致などの基本的なことを含め，文法的に正しい英文を書く。
- 理由を述べる文では，becauseなど，「理由」であることをはっきりさせる語句を使う。
- 語数の過不足に注意する。

★ライティングテストの採点に関する観点と注意点

ライティングテストの採点の観点と，解答作成時の注意点は以下のとおり。

●採点の観点

1．内容

Eメール問題：質問に対する答えとして適切か

対策：友達のEメール文中にある質問に対して，例えば「訪ねた場所」をたずねられているのに「この前の日曜日に」などのように，求められている答えと異なる内容の答えを書かないように注意する。

意見論述問題：課題で求められている内容（意見とそれに沿った理由2つ）が含まれているかどうか

対策：自分の考えとその理由2つを明確に書く。また，理由には説明を加えてより説得力があるものにする。例えば理由を書く際に，単純に「好きだから」や「楽しいから」だけでなく，どんな点で好きなのか，また楽しいことの具体的な例や説明なども書く。

2．構成

意見論述問題：英文の構成や流れがわかりやすく論理的であるか

対策：伝えたい情報の流れや展開を示す表現（接続詞など）を効果的に使って，自分の意見とその理由や英文全体の構成をわかりやすくする。

※Eメール問題では，構成は観点に含まれません。

3．語い　課題に相応しい語彙を正しく使えているか

　　対策：正しい綴りや意味で使われているかに注意しながら，自分の意見とその
　　　　　理由を十分伝えられるようにする。

4．文法　文法的に正しい英文が書けているかどうか

　　対策：文法的に正しい英文を使用して，自分の考えとその理由をより効果的に
　　　　　伝えられるようにする。

●意見論述問題解答作成時の注意点

　英検®ウェブサイトでは，「あなたはどの季節がいちばん好きですか」という
QUESTIONを例に挙げて，解答作成にあたっての下記の注意点が公開されている。
それぞれの詳細と具体例をウェブサイトで確認しておこう。

**1．QUESTIONに答えていない，またはQUESTIONとは全く関係のない内容
　が含まれている**

　解答内容がQUESTIONに答えていないと判断された場合は，すべての観点で0
点と採点されることがある。また，解答の中にQUESTIONとは全く関係のない内
容が含まれている場合には，減点の対象となる。

2．自分の考えと矛盾する理由や説明がある

　自分が述べた考えに矛盾する内容の理由や説明を書かないようにする。

　また，「どれがよいですか（好きですか）」のようなQUESTIONの場合には必ず
自分の考えを1つに絞り，それに対する理由を2つ書く。QUESTIONが「AとB
のどちらがよいですか（好きですか）」のような場合（例：Which season do you
like better, summer or winter?）にも，必ずどちらか1つを選び，A（summer）
を選んだらA（summer）の方がよいと思う理由や説明だけを書く。AとB，それ
ぞれに対する理由を1つずつ書いても，「理由2つ」としてみなされない。

3．英語以外の言葉を使っている

　どうしても英語以外の単語を使う必要がある場合は，その言語を理解できない
人にもわかるように説明を加える。

4．解答が極端に短い，または理由が2つ書かれていない

　解答が極端に短い場合や理由が1つしか書かれていない場合は，減点の対象と
なる。

**5．理由らしき内容や説明は書かれているが，自分の考えがはっきりと書かれて
　いない**

　理由と思われるような内容や具体的な説明が書かれていても，自分の考えがは
っきりと書かれていない場合には，減点の対象となる。

6. 理由や説明，補足は書かれているが，接続詞などを使って全体の構成がわか
りやすく書かれていない

理由を書く際に，具体的な例や説明がないと減点の対象になる。また，伝えた
い情報の流れを示す表現（接続詞など）を使わないと，英文全体の構成がわかり
にくく，減点の対象になる。

■ 一次試験・リスニングテスト

【第1部】会話の返事を選ぶ

★**出題傾向**　会話の最後のせりふに対する応答として適するものを3つの選択肢か
ら選ぶ。選択肢もすべて音声で，問題用紙にはイラストのみがある。

●**放送されるもの**　会話→選択肢

対策

- 放送前に問題用紙のイラストを見て，会話の場面を想像するとよい。
- 選択肢がどちらの人物の発話なのかをよく考えよう。
- それぞれの質問や発話に対してどのように応答すると考えられるか，状況
を想像しながら放送を聞こう。
- 第1部は会話文，選択肢共に1度しか放送されない。例題を含め最初から
集中して聞くことが大切である。

【第2部】会話の内容に関する質問

★**出題傾向**　会話を聞き，その内容に関する質問の答えを4つの選択肢から選ぶ。

●**放送されるもの**　会話1回目→質問文1回目→会話2回目→質問文2回目

【第3部】文の内容に関する質問

★**出題傾向**　英文を聞き，その内容に関する質問の答えを4つの選択肢から選ぶ。

●**放送されるもの**　英文1回目→質問文1回目→英文2回目→質問文2回目

対策（第2部，第3部共通）

- 第2部，第3部は，英文と質問はすべて2度ずつくり返して放送される。1回聞き逃しても焦らず，じっくり聞こう。
- 問題用紙の4つの選択肢に目を通して，場所，時間，行動内容など，ポイントになりそうなところを把握しておく。
- 2度目の放送を聞くときは，質問の内容を頭に入れて，答えとなる情報を確認しよう。
- メモを取ってもかまわないが，逆に放送を聞き落とすことも考えられるので，できるだけ放送を聞くことに集中しよう。

二次試験・面接

★**出題傾向**　面接委員と1対1で行う。所要時間は約5分。初めに氏名の確認や，簡単なあいさつがある。面接試験は，おおよそ以下のような流れで行われる。

①**黙読**　問題カードが渡され，Read the passage silently. などと黙読するように指示される（黙読する時間は20秒）。

②**音読**　Read the passage aloud. などと指示されたら，英文を音読する。

③問題カードの英文に関する質問。（No.1）

④問題カードのイラストに関する質問。（No.2, 3）

⑤Turn the card over. などと指示されたら，カードを裏返す。

⑥受験者自身に関する質問。趣味や日常生活について問われることが多い（No.4, 5）

対策

黙読，音読，No.1～3以外の応答では，極力相手の目を見て話すようにする。Thank you. / Here you are. / Good-bye. などのちょっとしたやりとりも大切にしよう。

3級でよく出る基本文・

3級レベルの基本文・口語表現

ここでは，英検3級でよく出る基本文・口語表現を集めました。効率的に学習できるよう，文の中での使い方を覚えられる例文形式で紹介しています。 ※付属の赤シートで答えを隠して取り組みましょう。

基本文

日本文の意味を表す英文になるように，（　　）に適する英語を入れましょう。

✑

☑ **不定詞の文**

〈to＋動詞の原形〉で「～すること」「～するために，～して」「～する（ための）」などの意味を表す。3級ではこうした基本用法のほかに，他の動詞などと組み合わせた形も多く出題されている。

1. I (　**want**　) (　**to**　) swim in the sea.
  私は海で泳ぎたい。
2. We went to the library (　**to**　) (　**study**　).
  私たちは勉強するために図書館へ行きました。
3. I'm happy (　**to**　) (　**hear**　) that.
  私はそれを聞いてうれしい。
4. Do you have anything (　**to**　) (　**eat**　)?
  あなたは何か食べ(る)ものを持っていますか。
5. I (　**asked**　) my brother (　**to**　) (　**help**　) with my homework.
  私は兄に宿題を手伝ってくれるよう頼んだ。
6. My teacher (　**told**　) me (　**to**　) (　**read**　) this book.
  先生が私にこの本を読むように言った。
7. (　**It**　) is fun (　**to**　) (　**play**　) baseball.
  野球をするのは楽しい。
8. It was difficult (　**for**　) (　**me**　) (　**to**　) answer the question.
  私にとってその質問に答えるのは難しかった。
9. This soup is (　**too**　) (　**hot**　) (　**to**　) eat.
  ≒ This soup is (　**so**　) hot (　**that**　) I can't eat it.
  このスープは熱すぎて飲めない。

口語表現・単語・イディオム

10. Do you know (**how**) (**to**) use this computer?
あなたはこのコンピュータの使い方を知っていますか。

11. I didn't know (**what**) (**to**) say.
私は何を言えばいいかわかりませんでした。

12. Tell me (**when**) (**to**) start.
いつ出発するか私に教えて。

☑ 関係代名詞

関係代名詞は接続詞と代名詞の働きを持ち，後ろから名詞を説明する。関係代名詞節内で主語の働きをするwho（先行詞が人），which（人以外），that（人・人以外），目的語の働きをするthat（人・人以外），which（人以外），who(m)（人）がある。目的語の働きをする関係代名詞は省略できる。

13. I have a brother (**who**) (**works**) in Tokyo.
私には東京で働いている兄がいます。
※whoの代わりにthatも可。

14. Tom lives in a house (**which**) (**has**) five rooms.
トムは5つ部屋がある家に住んでいます。
※whichの代わりにthatも可。

15. Look at the dog (**that**) (**is**) (**sleeping**) on the bench.
ベンチで眠っている犬を見て。
※thatの代わりにwhichも可。

16. Who is the man (**that**) (**you**) (**talked**) to?
あなたが話しかけた男の人はだれですか。
※thatの代わりにwho, whomも可。

17. The picture that (**you**) painted (**is**) beautiful.
あなたが描いた絵は美しい。

18. Mr. Smith is the teacher (**whom**) everyone (**likes**).
スミス先生はみんなが好きな先生です。
※whomの代わりにwho, thatも可。

19. Show me the dress (**you**) (**bought**) yesterday.
あなたがきのう買ったドレスを私に見せて。

20. Did you see the pictures (**Mike**) (**took**) last week?
あなたはマイクが先週撮った写真を見ましたか。

日本文の意味を表す英文になるように，（　　　）に適する英語を入れましょう。

☑分詞の形容詞的用法
現在分詞（動詞の〜ing形）と過去分詞は形容詞と同様に，名詞を修飾する。
分詞1語で修飾するときは名詞の前，ほかの語句を伴うときは後に置く。

21. Do you know that (　**running**　)(　**boy**　)?
あの走っている少年を知っていますか。
22. The (　**cat**　)(　**sitting**　) under the tree is cute.
木の下に座っている猫はかわいい。
23. Clear the (　**broken**　)(　**glass**　).
割れたガラス［グラス］を片づけなさい。
24. I have to read a (　**letter**　)(　**written**　) in English.
私は英語で書かれた手紙を読まなければなりません。
25. The lunch (　**cooked**　)(　**by**　) Nancy is delicious.
ナンシーに料理された昼食はおいしい。

☑現在完了の文
〈have［has］＋過去分詞〉で過去のある時点から現在までの経験，継続，
完了・結果などを表す。一緒に使われることの多い，時を表すことばもチェックしておこう。

1. I (　**have**　)(　**been**　) to New York before.
私は以前ニューヨークに行ったことがあります。
2. Have you (　**ever**　)(　**seen**　) the movie?
—— Yes, I have. / No, I haven't.
あなたは今までにその映画を見たことがありますか。
—— はい，あります。/ いいえ，ありません。
3. I have (　**never**　)(　**visited**　) the museum.
私はその美術館を一度も訪れたことがありません。
4. How many (　**times**　) have you (　**read**　) the book?
——(　**Once**　).
あなたはその本を何回読みましたか。—— 1回です。
5. We (　**have**　)(　**lived**　) in this town (　**for**　) 10 years.
私たちはこの町に10年間住んでいます
6. It (　**has**　)(　**been**　) rainy (　**since**　) yesterday.
きのうから雨が降り続いています。

7. My brother (**has**) (**already**) (**eaten**) breakfast.
   兄［弟］はすでに朝食を食べました。
8. The train (**has**) (**just**) (**arrived**).
   電車はちょうど着いたところです。
9. (**Have**) you done your homework (**yet**)?
   あなたはもう宿題をやりましたか。
10. The TV show (**hasn't**) begun (**yet**).
    そのテレビ番組はまだ始まっていません。

☑ 受け身の文

〈be動詞＋過去分詞〉で「〜される」という受け身の意味になる。行為者はふつうbyを使って表す。

11. English (**is**) (**spoken**) in many countries.
    英語は多くの国で話されています。
12. "I am a cat" (**was**) (**written**) by Soseki Natsume.
    『吾輩は猫である』は夏目漱石によって書かれました。
13. Was this lunch (**cooked**) (**by**) your father?
    ── Yes, it was. / No, it wasn't.
    この昼食はあなたの父親によって料理されましたか。
    ── はい，されました。/ いいえ，されていません。
14. This desk was (**not**) (**used**) yesterday.
    この机はきのう使われませんでした。

☑ 間接疑問文

疑問文がほかの文の一部として使われている文を，間接疑問文という。疑問詞以下の語順が，疑問文の順番ではなく〈主語＋動詞〉となる点に注意。

15. Do you know (**when**) the baseball game starts?
    いつ野球の試合が始まるかあなたは知っていますか。
16. I can't understand (**why**) John (**said**) such a thing.
    私はジョンがなぜそんなことを言ったのか理解できません。
17. I don't remember (**what**) my sister (**bought**).
    私は姉［妹］が何を買ったのか覚えていません。
18. Please tell me (**what**) (**time**) (**it**) is.
    （今）何時か私に教えてください。

日本文の意味を表す英文になるように，（　）に適する英語を入れましょう。

✓接続詞

接続詞は語と語や文と文をつなぐ。ここでは英検3級でよく出題されるwhen「～する［した］とき」, because「なぜなら（～だから）」, if「もし～ならば」, that「～ということ」のある文を紹介しよう。このthatは省略可能。

19. Call me (　**when**　) (　**you**　) arrive home.
    家に着いたら私に電話して。
20. I stayed home (　**because**　) I (　**had**　) a cold.
    私は風邪をひいていたので家にいました。
21. Let's go on a picnic (　**if**　) it (　**is**　) fine tomorrow.
    明日もし晴れたらピクニックに行こう。
22. I think (　**that**　) Lily is right.
    私はリリーが正しいと思います。
23. (　**Do**　) you (　**know**　) Bill will go back to London next month?
    —— Yes, I do. / No, I don't.
    あなたはビルが来月ロンドンに戻るのを知っていますか。
    —— はい，知っています。／いいえ，知りません。
24. I don't believe (　**that**　) Mary lied.
    私はメアリーがうそをついたとは信じません。

✓口語表現

リスニング問題や大問2の英文穴うめ問題は，日常生活で使われる決まり文句や口語表現が多数出てくる。場面ごとによく出る英文をチェックしよう。

あいさつ

1. (　**How**　) have you (　**been**　)? —— Fine, thanks.
   元気でしたか。—— 元気です，ありがとう。
2. (　**How's**　) everything? —— Very good.
   調子はどうですか。—— とてもいいです。
3. Long (　**time**　) (　**no**　) see.
   ひさしぶり。
4. (　**Have**　) a nice weekend. —— You (　**too**　).
   よい週末を。—— あなたも。

5. Thank you (**for**) visiting. —— It's my (**pleasure**).
来てくれてありがとう。—— どういたしまして。

6. Say (**hello**) to your father, please. —— I will.
お父さんによろしく伝えてください。—— 伝えます。

7. I'm (**sorry**) (**to**) be late. —— That's all (**right**).
遅れてごめんなさい。—— いいですよ。

8. How (**about**) (**going**) shopping?
買い物に行くのはどうですか。

9. Breakfast is (**ready**). —— I'm (**coming**).
朝食ができましたよ。—— 今行きます。

10. Do you (**have**) a minute?
ちょっと時間はありますか。

11. (**Why**) don't we play the computer game?
コンピュータ・ゲームをしませんか。

12. (**What's**) the matter? —— My computer isn't working well.
どうしたの。—— コンピュータの調子が悪いんです。

13. What's (**wrong**)? —— I (**have**) a pain in my stomach.
どうしたの。—— 私はおなかが痛いです。

14. I lost my purse. —— That's (**too**) (**bad**).
私は財布をなくしました。—— それはお気の毒に。

15. What would you like (**to**) order?
—— A steak and salad, (**please**).
ご注文はどうなさいますか。
—— ステーキとサラダをお願いします。

16. Excuse me, I dropped my knife. —— I'll (**get**) you another one.
すみません，ナイフを落としてしまいました。—— 別のものをお持ちします。

17. Would you (**like**) some coffee?
—— Yes, (**please**). / No, (**thank**) you.
コーヒーはいかがですか。
—— はい，お願いします。／いいえ，けっこうです。

18. Help (**yourself**).
ご自由にお取りください。

19. I'm (**hungry**).
私はお腹がすいています。

20. I'm (**full**).
私はお腹がいっぱいです。

日本文の意味を表す英文になるように，（　　）に適する英語を入れましょう。

電話

1. (**Is**) Jim there now? —— Sorry, he's (**out**).
今ジムはいますか。—— ごめんなさい，彼は出かけています。

2. May I (**take**) a message?
—— Well, please tell him to call me (**back**).
伝言をお預かりしましょうか。
—— ええと，折り返し電話をくれるよう彼に伝えてください。

3. Can I talk to Nancy? —— (**Speaking**).
ナンシーをお願いします。—— 私です。

4. Who's (**calling**), please? —— (**This**) is Judy.
どちらさまですか。—— こちらはジュディです。

5. (**Hold**) (**on**) a minute, please.
(電話を切らずに) 少しお待ちください。

6. You have the (**wrong**) (**number**).
電話番号が間違っています。

買い物・店で

7. May (**I**) (**help**) you?
いらっしゃいませ。

8. I'm (**just**) (**looking**).
見ているだけです。

9. I'd (**like**) a coffee, please.
コーヒーを１つください。

10. All right. What (**size**) would you like?
かしこまりました。どのサイズがご希望ですか。

11. (**Large**), please.
大をお願いします。

12. What can I do (**for**) you?
いかがいたしましょうか。

13. I'm (**looking**) (**for**) a T-shirt.
Tシャツを探しています。

14. Can I (**try**) this (**on**) ? ── Of (**course**) .
これを試着していいですか。── もちろんです。

15. Do you have a (**bigger**) one?
もっと大きいのはありますか。

16. Sorry, we're sold (**out**) .
ごめんなさい，売り切れです。

17. They're 20% (**off**) .
それらは20%引きです。

道案内

18. Excuse me, but (**where**) (**is**) the post office?
すみませんが，郵便局はどこですか。

19. At the (**end**) (**of**) this street.
この通りの突き当たりです。

20. (**I'm**) (**looking**) for a bank.
私は銀行を探しています。

21. Well, (**there's**) one at the next corner.
ええと，次の角に1つあります。

22. (**Where**) can I (**find**) a drugstore?
ドラッグストアはどこにありますか。

23. (**Turn**) (**right**) at the second corner.
2番目の角で右に曲がってください。

24. Can you tell me (**how**) to get (**to**) the station?
駅への行き方を私に教えてもらえませんか。

25. Go straight and you'll find it (**on**) your (**left**) .
まっすぐ行くと左手にあります。

26. What's the (**best**) way (**to**) get to the hospital?
病院まで行くいちばんいい行き方はなんですか。

27. Is there a bookstore (**near**) (**here**) ?
この近くに書店はありますか。
※nearの代わりにaroundも可。

28. How (**long**) does it (**take**) from here?
── It (**takes**) about 15 minutes.
ここからどのくらい（時間が）かかりますか。── 15分ぐらいかかります。

3級レベルの単語・イディオム

ここでは，英検3級でよく出る単語・イディオムを集めました。まとめて覚えたほうが効率的なものはジャンルごとに，文の中での使い方を覚えたいものは例文形式で紹介しています。

※付属の赤シートで答えや日本語の意味を隠して取り組みましょう。

人体に関する重要名詞

head [héd]	頭	face [féis]	顔
neck [nék]	首	arm [ɑ́ːrm]	腕
hand [hǽnd]	手	finger [fíŋgər]	指
thumb [θʌ́m]	親指	toe [tóu]	足の指，つま先
leg [lég]	脚	foot [fút]	足（足首から先）
stomach [stʌ́mək]	胃，腹	tooth [túːθ]	歯（複数形は teeth）
blood [blʌ́d]	血液	temperature [témpərtʃər]	体温，気温

人に関する重要名詞

nephew [néfjuː]	甥	niece [níːs]	姪
host father [hóust fàːðər]	ホストファーザー	host mother [hóust mʌ̀ðər]	ホストマザー
citizen [sítəzn]	市民	neighbor [néibər]	隣人，近所の人
clerk [klə́ːrk]	店員，事務職員	journalist [dʒə́ːrnəlist]	ジャーナリスト
judge [dʒʌ́dʒ]	裁判官	lawyer [lɔ́iər]	弁護士
passenger [pǽsəndʒər]	乗客	owner [óunər]	所有者，オーナー
carpenter [kɑ́ːrpəntər]	大工	adult [ədʌ́lt]	大人（の）

数・形に関する重要名詞

circle [sə́:rkl]	丸，円	square [skwéər]	正方形
triangle [tráiæŋgl]	三角形	height [háit]	高さ
thousand [θáuznd]	1,000（の）	million [míljən]	100万（の）
meter [mí:tər]	メートル	kilometer [kəlá:mətər]	キロメートル

日本文の意味を表す英文になるように，（　　）に適する英語を入れましょう。

1. If you (　　**add**　　) 5 to 3, you get 8.
   3に5を加えると8になります。
2. My brother gave me (　　**several**　　) CDs.
   兄は私に数枚のCDをくれました。
3. I want a (　　**round**　　) table.
   私は丸いテーブルがほしい。
4. My grandmother will stay at my house for a (　　**couple**　　) of days.
   祖母は私の家に2, 3日滞在する予定です。
5. I bought a (　　**pair**　　)(　　**of**　　) shoes at this shop.
   私はこの店で靴を1足買いました。
6. As (　　**many**　　)(　　**as**　　) 20,000 people attended the festival.
   2万人もの人々がその祭りに参加しました。
7. I slept for (　　**at**　　)(　　**least**　　) 9 hours yesterday.
   私はきのう少なくとも9時間眠りました。

動作を表す重要動詞

日本文の意味を表す英文になるように，（　　）に適する英語を入れましょう。

8. My brother (　　**works**　　) at the hospital.
   私の兄はその病院で働いています。
9. (　　**Tell**　　) me your ideas.
   私にあなたの考えを話して。
10. What did your father (　　**say**　　)?
    あなたのお父さんはなんと言ったのですか。
11. Would you (　**introduce**　) me (　　**to**　　) your mother?
    あなたのお母さんに私を紹介してもらえますか。

12. Are you (**ready**) (**to**) order?
ご注文はお決まりですか。

13. Mrs. Curie (**discovered**) radium.
キュリー夫人はラジウムを発見しました。

14. How much should I (**pay**) for a taxi?
タクシー代はいくら払えばいいですか。

15. (**Turn**) left at the second corner, please.
2番目の角を左に曲がってください。

16. Let's (**invite**) Paul (**to**) the party.
ポールをパーティに招待しよう。

17. I (**missed**) the last train.
私は最終列車を逃しました。

18. I (**received**) your letter yesterday.
私はきのうあなたの手紙を受け取りました。
※ receivedの代わりにgotも可。

19. Can you (**lend**) me your bike?
私にあなたの自転車を貸してくれませんか。

20. Can I (**borrow**) your pen?
あなたのペンを借りてもいいですか。

21. I'm (**lost**).
私は道に迷いました。

22. Don't (**cross**) the street here.
ここで通りを横切ってはいけません。

23. My sister (**collects**) postcards.
私の妹は絵はがきを集めています。

24. When did you (**reach**) the station?
あなたたちはいつ駅に着いたのですか。

25. My dog always (**follows**) me.
私の犬はいつも私についてきます。

26. My brother and I (**prepared**) for lunch.
兄と私は昼食を用意しました。

27. Please sit down and (**relax**).
座ってくつろいでください。

28. Don't (**touch**) the picture.
その絵にさわらないで。

29. We (**exchange**) e-mail with each other.
私たちはお互いにEメールを交換します。

30. My father (**graduated**) from this high school 20 years ago.
父は20年前にこの高校を卒業しました。

自然に関する重要名詞

sea [síː]	海	coast [kóust]	海岸
island [áilənd]	島	forest [fɑ́ːrəst]	森
grass [grǽs]	草，芝生	plant [plǽnt]	植物
horizon [həráizn]	地平線，水平線	nature [néitʃər]	自然
sunshine [sʌ́nʃàin]	太陽の光	thunder [θʌ́ndər]	雷
universe [júːnəvə̀ːrs]	宇宙	earth [ə́ːrθ]	地球
earthquake [ə́ːrθkwèik]	地震	farm [fɑ́ːrm]	農場
planet [plǽnət]	惑星	continent [kɑ́ntənənt]	大陸

日本文の意味を表す英文になるように，（　）に適する英語を入れましょう。

1. The (**natural**) beach is very beautiful.
その自然の海岸はとても美しい。

2. I want to take pictures of (**wild**) animals.
私は野生動物の写真をとりたい。

3. Tom lives in the (**western**) area of the town.
トムは町の西側の地域に住んでいます。

4. The beautiful star was seen in the (**eastern**) sky.
その美しい星は東の空に見えました。

5. I stayed in a (**northern**) city in Canada.
私はカナダの北部の都市に滞在しました。

6. Fukuoka is in the (**southern**) part of Japan.
福岡は日本の南部にあります。

状態を表す重要動詞

日本文の意味を表す英文になるように，（　）に適する英語を入れましょう。

7. The man (**seems**) tired.
   その男性は疲れているように見えます。
   ※seemsの代わりにlooksも可。

8. Do you (**need**) my help?
   私の助けが必要ですか。

9. I (**prefer**) cats to dogs.
   私は犬よりも猫のほうが好きです。

10. I (**share**) the computer with my brother.
    私はそのコンピュータを兄［弟］と共有しています。

11. The coffee (**smells**) good.
    このコーヒーはいいにおいがします。

12. The tea (**tastes**) good.
    この紅茶はいい味がします。

状態などを表すその他の重要単語・イディオム

日本文の意味を表す英文になるように，（　）に適する英語を入れましょう。

13. The concert ticket is (**free**).
    そのコンサートチケットは無料です。

14. I'm (**afraid**) (**of**) ghosts.
    私はオバケが怖い。

15. Kagawa is (**famous**) (**for**) udon.
    香川はうどんで有名です。

16. The basketball game was (**exciting**).
    そのバスケットボールの試合はわくわくするものでした。

17. This dictionary is (**useful**).
    この辞書は役に立ちます。

18. Your speech was (**perfect**).
    あなたのスピーチは完ぺきでした。

19. "The Nightmare Before Christmas" is a (**fantastic**) movie.
    『ナイトメアー・ビフォア・クリスマス』は空想的な映画です。

20. My house is (**close**) (**to**) the station.
    私の家は駅に近い。

21. It's (**impossible**) to swim in this river.
    この川で泳ぐのは不可能です。

22. Please help us if (　**possible**　).
   可能であれば私たちを手伝ってください。
23. The weather was (　**terrible**　) yesterday.
   きのうの天気はひどかったです。
24. The woman helped me when I was (　**in**　) (　**trouble**　).
   その女性は私が困っていたとき助けてくれました。
25. The war is (　**over**　).
   戦争は終わりました。

重要名詞

日本文の意味を表す英文になるように，（　　）に適する英語を入れましょう。

1. Tell me your (　**address**　).
   あなたの住所を私に教えて。
2. I want to live in (　**peace**　).
   私は平和に暮らしたい。
3. Could you give me some (　**advice**　)?
   何か助言をいただけますか。
4. Pass me the (　**scissors**　).
   はさみをとって。
5. Go straight two (　**blocks**　) and turn right.
   まっすぐ2区画行って右に曲がってください。
6. The (　**view**　) from the window is great.
   その窓からの眺めはすばらしい。
7. Everyone is busy at the (　**end**　) of the year.
   年の終わりは皆忙しい。
8. How was your (　**flight**　)?
   飛行機旅行［空の旅］はいかがでしたか。
9. Let's meet at the (　**entrance**　) of the library.
   図書館の入口で会いましょう。
10. It's important to keep the (　**law**　).
    法律を守ることは大切です。

重要動詞

日本文の意味を表す英文になるように，（　　）に適する英語を入れましょう。

11. The woman (　**continued**　) speaking.
    女性は話し続けました。

12. This farm (**produces**) rice.
この農家は米を生産しています。

13. The boy (**repeated**) my words.
その少年は私のことばをくり返しました。

14. It was difficult to (**solve**) the problem.
その問題を解く［解決する］のは難しかったです。

15. Our team (**won**) the game last month.
私たちは先月その試合に勝ちました。

16. Can you (**attend**) the meeting?
あなたは会議に出席できますか。

17. The T-shirt (**fits**) you.
そのTシャツはあなたに合います。

18. We (**recycle**) the cans and bottles.
私たちは缶やビンを再生利用します。

19. I sometimes (**rent**) CDs at the store.
私はときどきその店でCDを（お金を払って）借ります。

20. Mike (**suggested**) to have lunch here.
マイクがここで昼食をとることを提案しました。

21. Could you (**take**) me to the museum?
私をその美術館へ連れて行ってくださいませんか。

be動詞を含むイディオム

日本文の意味を表す英文になるように，（　　）に適する英語を入れましょう。

1. We were (**surprised**) (**at**) the news.
私たちはその知らせに驚きました。

2. Are you (**interested**) (**in**) Information Technology?
あなたは情報技術に興味がありますか。

3. The store is (**crowded**) (**with**) many people.
その店は多くの人で混んでいます。

4. The actor is (**known**) (**to**) people all over Japan.
その俳優は日本中の人々に知られています。

5. Cheese is (**made**) (**from**) milk. 〈原料〉
チーズはミルクから作られます。

6. This house is (**made**) (**of**) wood. 〈材料〉
この家は木でできています。

7. The park was (**covered**) (**with**) snow.
公園は雪で覆われていました。

8. My opinion is (**different**) (**from**) yours.
   私の意見はあなたのと違います。

9. George is (**good**) (**at**) playing the guitar.
   ジョージはギターを弾くのが得意です。

10. My sister was (**absent**) (**from**) school yesterday.
    姉［妹］はきのう学校を欠席しました。

11. The man has been (**sick**) (**in**) (**bed**) since last week.
    その男性は先週からずっと病気で寝ています。
    ※sick の代わりに ill も可。

その他の動詞を含むイディオム

日本文の意味を表す英文になるように，（　）に適する英語を入れましょう。

12. My brother (**helped**) me (**with**) my homework.
    兄は私の宿題を手伝いました。

13. That cloud (**looks**) (**like**) a dog.
    あの雲は犬のように見えます。

14. I (**belong**) (**to**) a volleyball team.
    私はバレーボール・チームに属しています。

15. Please (**take**) (**off**) your shoes here.
    ここで靴を脱いでください。

16. Will you (**turn**) (**off**) the TV?
    テレビを消してくれませんか。

17. I (**turned**) (**on**) the light of the room.
    私は部屋の明かりをつけました。

18. Where did you (**get**) (**off**) the taxi?
    あなたはどこでタクシーを降りたのですか。

19. Who (**takes**) (**care**) (**of**) the dog?
    だれがその犬の世話をするのですか。

20. Let's go (**for**) a (**walk**) .
    散歩に行きましょう。

21. Take a (**look**) (**at**) this picture.
    この写真を（ちょっと）見て。

22. Let's (**take**) a (**break**) at the coffee shop.
    コーヒー・ショップで休みましょう。
    ※take の代わりに have も可。

23. My family (**took**) a (**trip**) to London last summer.
    私の家族は去年の夏ロンドンへ旅行しました。

24. I (**had**) a (**dream**) last night.
私は昨夜夢を見ました。

その他の重要イディオム

日本文の意味を表す英文になるように，（　　）に適する英語を入れましょう。

25. Call me (**as**) (**soon**) (**as**) you arrive home.
家に着いたらすぐに電話して。

26. We visited (**not**) (**only**) Osaka (**but**) also Nara.
私たちは大阪だけでなく奈良も訪れました。

27. I don't know the girl (**at**) (**all**).
私はその少女をまったく知りません。

28. I like (**both**) Japanese (**and**) English.
私は国語と英語の両方とも好きです。

29. The boy sat (**between**) his mother (**and**) father.
少年は母親と父親の間に座りました。

30. Walk as fast (**as**) (**possible**).
できるだけ速く歩きなさい。

31. I'll get up (**as**) early as (**I**) (**can**).
私はできるだけ早く起きるつもりです。

32. I talked with Mary (**for**) a (**while**).
私はしばらくの間メアリーと話しました。

3級

2023年度 第❷回

一次試験	2023.10.8実施
二次試験	A日程 2023.11.5実施 B日程 2023.11.12実施

一次試験・筆記(50分)
pp.36〜44

一次試験・リスニング(約26分)
pp.45〜50
CD赤-1〜33

二次試験・面接(約7分)
pp.51〜52

※解答一覧は別冊p.3
※解答と解説は別冊pp.4〜30

※別冊の巻末についている解答用マークシートを使いましょう。

合格基準スコア

- ●一次試験 1103
 (満点1650／リーディング550, リスニング550, ライティング550)
- ●二次試験 353(満点550／スピーキング550)

1 次の(1)から(15)までの（　）に入れるのに最も適切なものを**1**, **2**, **3**, **4**の中から一つ選び，その番号のマーク欄をぬりつぶしなさい。

(1) **A:** Thanks for lending me this book. I really enjoyed it.
B: You can (　　　) it if you like.
1 win **2** wait **3** rise **4** keep

(2) I played soccer in the rain today, so my uniform is really (　　　) now.
1 new **2** dirty **3** long **4** quick

(3) **A:** I hear you run five kilometers every morning.
B: That's not (　　　). I usually only run three kilometers.
1 warm **2** true **3** ready **4** fast

(4) Before I went to Japan last month, I got some good (　　　) from my father. He told me to learn some simple Japanese words before my trip.
1 sky **2** meaning **3** advice **4** time

(5) It was snowing today, but Linda went out (　　　) wearing warm gloves. Her hands became very cold.
1 without **2** among **3** through **4** between

(6) **A:** Are you OK, Jim?
B: My finger (　　　). I'm going to see the school nurse.
1 shouts **2** laughs **3** knows **4** hurts

(7) Paul (　　　) nine friends to his birthday party, but only six came. The other three were too busy.
1 invited **2** introduced **3** met **4** felt

(8) **A:** How often do you go skiing?
B: A (　　　) of times a year. I usually go once in Niigata and once in Nagano.
1 hobby　　　**2** couple　　　**3** fact　　　**4** group

(9) **A:** How was Lucy's swimming race today?
B: She didn't win, but she did her (　　　). I'm proud of her.
1 just　　　**2** next　　　**3** first　　　**4** best

(10) **A:** We need to clean our house before tonight's dinner party.
B: Yeah. (　　　) of all, let's clean the living room. Then we can clean the kitchen and bathroom after that.
1 Right　　　**2** Straight　　　**3** Next　　　**4** First

(11) Yuko's father can speak a little Spanish. He lived in Spain for a (　　　) when he was a child.
1 matter　　　**2** while　　　**3** chance　　　**4** future

(12) Scott was only in Boston for one day, but he had time to look (　　　) a famous art museum. He saw many beautiful paintings there.
1 around　　　**2** against　　　**3** away　　　**4** like

(13) **A:** Is that building (　　　) than Tokyo Tower?
B: I think so.
1 tallest　　　**2** tall　　　**3** taller　　　**4** too tall

(14) **A:** Is Peter coming to the 5:00 p.m. meeting?
B: No. He has already (　　　) home. He said he wasn't feeling well.
1 to go　　　**2** went　　　**3** go　　　**4** gone

(15) Yuriko has two brothers. She enjoys (　　　) video games with them every weekend.
1 played　　　**2** playing　　　**3** plays　　　**4** play

次の(16)から(20)までの会話について，（　　）に入れるのに最も適切なものを**1**，**2**，**3**，**4**の中から一つ選び，その番号のマーク欄をぬりつぶしなさい。

(16) **Boy :** I'm going swimming this weekend. Do you want to come with me?

Girl : Sorry, I'm really busy. (　　　)

1　About one hour by train.　　　**2**　Five times a week.

3　Just once.　　　**4**　Maybe some other time.

(17) **Boy 1 :** Merry Christmas! Have a nice winter vacation.

Boy 2 : (　　　) Mike. See you next year.

1　That's OK,　　　**2**　He will,

3　Just a minute,　　　**4**　Same to you,

(18) 　**Son :** It's getting dark. (　　　)

Mother : Yes, please. And close the curtains, too.

1　Can we go home soon?

2　Are you watching TV?

3　Shall I turn on the light?

4　Would you like some breakfast?

(19) **Mother :** How do you like your Chinese history class, Bobby?

　Son : It's really interesting. (　　　)

1　I hope you do.　　　**2**　I want to take a class.

3　I'm learning a lot.　　　**4**　I'm glad you like it.

(20) 　**Father :** Lucy, don't run across the street. (　　　)

Daughter : Don't worry, Dad. I won't.

1　It's dangerous.　　　**2**　It's time to go.

3　It's for you.　　　**4**　It's over there.

3 次の掲示の内容に関して，*(21)* と *(22)* の質問に対する答えとして最も適切なもの，または文を完成させるのに最も適切なものを **1**，**2**，**3**，**4** の中から一つ選び，その番号のマーク欄をぬりつぶしなさい。

[A]

This Saturday's Basketball Game

Brownsville Junior High School's basketball team will have a big game this weekend. We want all students to come!

Place: Springfield Junior High School's gym
Please ask your parents to take you to Springfield Junior High School. It's far away, so they will have to drive there. They can put their car in the parking lot near the school. Then you have to walk five minutes from there to the front gate.

Time: 7:00 p.m.–8:30 p.m.
The game starts at 7:00 p.m., but please arrive before 6:30 p.m. The doors of the school will be closed until 6:00 p.m.

Let's have fun!

(21) If students want to watch the game, they should go
 1 on foot from the parking lot to the front gate.
 2 by car to Brownsville Junior High School's gym.
 3 by bike to Springfield Junior High School.
 4 by train to Springfield.

(22) When will the school doors open on Saturday?
 1 At 6:00 p.m.
 2 At 6:30 p.m.
 3 At 7:00 p.m.
 4 At 8:30 p.m.

[B]

From: Kathy Ramirez
To: Alison Ramirez
Date: April 3
Subject: Party for Mark

Hey Alison,
Guess what? Mark is going to go to Hillside University to study for four years! I can't believe our younger brother will go to such a good university. I was so surprised when I heard that news, but I know he studied hard and did well in high school. He says he's going to study science. I'm planning a party for him this Saturday at Mom and Dad's house. I'll ask some of his friends to come, too. Can you help me to get ready for the party? It'll start at 4:00 p.m., so I want you to arrive by 3:00 p.m. to clean our parents' house with me. Of course, Mom and Dad will help, too. Also, could you make curry and rice and bring it to the party? It's Mark's favorite food, and he thinks your cooking is delicious.
Your sister,
Kathy

From: Alison Ramirez
To: Kathy Ramirez
Date: April 3
Subject: Great news!

Hi Kathy,
That's great news! I can't believe Mark will go to university soon! He really wanted to go to a good university, so I'm sure he is very happy. I can help you to prepare for the party on Saturday. I have a singing lesson from 10:00 a.m. until 11:30 a.m. After that, I'll go to the supermarket and buy meat and vegetables, and then I'll make curry and rice at my house. I'll arrive at Mom and Dad's house at 2:30 p.m. Then I can help you to clean the house.
See you on Saturday,
Alison

(23) Why was Kathy surprised?
    1 Her brother didn't do well in high school.
    2 Her brother will go to Hillside University.
    3 Her brother said he didn't like science.
    4 Her brother will go to a different high school.

(24) Kathy wants Alison to
    1 call Mark's friends.
    2 make some food for the party.
    3 tell their parents about Kathy's plan.
    4 find a place to have the party.

(25) What will Alison do after her singing lesson?
    1 She will eat curry and rice at a restaurant.
    2 She will clean her house.
    3 She will pick up Mark from school.
    4 She will go shopping at the supermarket.

[C]

Saffron

Saffron is a spice* that is used for cooking in many countries around the world. It is made from small parts of a flower called a crocus. These parts are red, but food cooked with saffron is yellow. Many people think the taste is strong and delicious. Saffron is used to cook many kinds of food, such as rice, meat, and soup.

People in parts of Asia have used saffron when they cook for a long time. It has also been popular for hundreds of years in parts of southern Europe. Later, people in other places started using it, too. Many people used saffron for cooking, but some people used it for other things. It was given to sick people to help them to feel better, and people also used it to dye* clothes.

Making saffron isn't easy. Usually, more than 150 crocus flowers must be collected to make one gram* of saffron. The flowers only grow for a few months in fall and winter. The flowers are weak, so people have to collect them with their hands. This takes a long time, so many people are needed to collect them. Also, the flowers should be collected early in the morning before the sun damages* them.

For these reasons, saffron is expensive. It is the most expensive spice in the world. In the past, it was more expensive than gold. However, people don't need to use much of it when they cook because of its strong taste. Because of that, many people still buy saffron to use at home.

*spice: 香辛料
*dye: 〜を染める
*gram: グラム
*damage: 〜を傷つける

(26) What is saffron made from?
1 Meat.
2 Rice.
3 Parts of a flower.
4 A yellow vegetable.

(27) What has been popular with people in parts of southern Europe for a long time?
1 Using saffron in their meals.
2 Wearing yellow clothes when they are sick.
3 Washing clothes with saffron.
4 Visiting doctors in Asia.

(28) What do people need to do when they collect crocus flowers?
1 Use their hands.
2 Start when it is hot outside.
3 Use an old machine.
4 Start early in the afternoon.

(29) People don't use a lot of saffron when they cook because
1 it makes most people sick.
2 red isn't a popular color.
3 it is difficult to buy.
4 it has a strong taste.

(30) What is this story about?
1 A spice that people don't eat anymore.
2 A new way to grow many kinds of flowers.
3 A popular spice that is used in many dishes.
4 A place that is famous for flowers.

4
- ●あなたは，外国人の友達から以下のQUESTIONをされました。
- ●QUESTIONについて，あなたの考えとその<u>理由を2つ</u>英文で書きなさい。
- ●語数の目安は25語～35語です。
- ●解答は，解答用紙のB面にあるライティング解答欄に書きなさい。<u>なお，解答欄の外に書かれたものは採点されません。</u>
- ●<u>解答がQUESTIONに対応していないと判断された場合は，0点と採点されることがあります。</u>QUESTIONをよく読んでから答えてください。

QUESTION
Do you want to work in a foreign country in the future?

●一次試験・リスニング

3級リスニングテストについて

❶このテストには，第1部から第3部まであります。
　★英文は第1部では一度だけ，第2部と第3部では二度，放送されます。
　第1部……イラストを参考にしながら対話と応答を聞き，最も適切な応答を**1，2，3**
　　　　　　の中から一つ選びなさい。
　第2部……対話と質問を聞き，その答えとして最も適切なものを**1，2，3，4**の中か
　　　　　　ら一つ選びなさい。
　第3部……英文と質問を聞き，その答えとして最も適切なものを**1，2，3，4**の中か
　　　　　　ら一つ選びなさい。
❷No. 30のあと，10秒すると試験終了の合図がありますので，筆記用具を置いてください。

第1部

[例題]

No. 1

No. 2

45

No. 3

No. 4

No. 5

No. 6

No. 7

No. 8

No. 9

No. 10

第2部

No. 11

1 He forgot to buy a present.
2 His mother caught a cold.
3 Mike can't come to his party.
4 No one liked his birthday cake.

No. 12

1 At 1:00.
2 At 2:30.
3 At 3:00.
4 At 3:30.

No. 13

1 Her brother.
2 Her aunt.
3 Tom.
4 Tom's cousin.

No. 14

1 Go out to play.
2 Cook his dinner.
3 Help his mother.
4 Eat some dessert.

No. 15

1 Start work late.
2 Leave work early.
3 Look after his son.
4 See his doctor.

No. 16

1 Two.
2 Three.
3 Four.
4 Five.

No. 17

1 He doesn't have his pen now.
2 He lost his bag.
3 He broke his desk.
4 His textbook is at home.

No. 18

1 The boy.
2 The girl.
3 The boy's mother.
4 The girl's mother.

No. 19

1 In one day.
2 In two days.
3 In three days.
4 In four days.

No. 20

1 5.
2 10.
3 12.
4 15.

No. 21

1 Become a professional golfer.
2 Join the swimming team.
3 Teach sports to children.
4 Work at a university.

No. 22

1 On Tuesday.
2 On Wednesday.
3 On Thursday.
4 On Friday.

No. 23

1 George.
2 George's mother.
3 George's sister.
4 George's father.

No. 24

1 The horror movie.
2 The action movie.
3 The musical.
4 The comedy.

No. 25

1 Learn how to sing.
2 Become a music teacher.
3 Sell his piano.
4 Join a band.

No. 26

1 Her favorite museum.
2 Her basketball coach.
3 Her field trip.
4 Her math teacher.

No. 27

1 Meet him at the store.
2 Cut some fruit.
3 Buy some tea.
4 Call his doctor.

No. 28

1 Some soup.
2 Some rice.
3 Some salad.
4 An apple pie.

No. 29

1 At a zoo.
2 At a school.
3 At a concert.
4 At a bookstore.

No. 30

1 To study for a test.
2 To get some rest.
3 To take care of her mother.
4 To prepare for a tournament.

●二次試験・面接

※本書では出題例として2種類のカードを掲載していますが，本番では1枚のみ渡されます。
※面接委員の質問など，二次試験に関する音声はCDに収録されていません。

受験者用問題　カード　A

Baseball Caps

Baseball caps are popular in Japan. Baseball fans often wear them at stadiums when they watch their favorite teams. Some people worry about strong sunlight, so they wear baseball caps on hot summer days.

No.1   Please look at the passage. Why do some people wear baseball caps on hot summer days?

No.2   Please look at the picture. How many people are sitting under the tree?

No.3   Please look at the girl with long hair. What is she going to do?

Now, Mr. / Ms. _____, please turn over the card.

No.4   What time do you usually go to bed?

No.5   Have you ever been to a zoo?
             Yes. → Please tell me more.
             No. → What do you like to do in winter?

Flower Shops

There are many flower shops in Japan. They sell different types of colorful flowers. Many people like to keep beautiful flowers in their homes, so they go shopping for flowers each season.

No.1   Please look at the passage. Why do many people go shopping for flowers each season?

No.2   Please look at the picture. Where is the cat?

No.3   Please look at the woman with long hair. What is she going to do?

Now, Mr. / Ms. _____, please turn over the card.

No.4   What time do you usually get up on weekdays?

No.5   Are you a student?
           Yes. → Please tell me more.
           No. → What are you going to do this evening?

3級

2023年度 第❶回

一次試験	2023.6.4実施
二次試験	A日程 2023.7.2実施
	B日程 2023.7.9実施

一次試験・筆記（50分）
pp.54〜62

一次試験・リスニング（約26分）
pp.63〜68
CD赤-34〜66

二次試験・面接（約7分）
pp.69〜70

※解答一覧は別冊p.31
※解答と解説は別冊pp.32〜58

※別冊の巻末についている解答用マークシートを使いましょう。

合格基準スコア

- ●一次試験　1103
  （満点1650／リーディング550，リスニング550，ライティング550）
- ●二次試験　353（満点550／スピーキング550）

1 次の(1)から(15)までの（　）に入れるのに最も適切なものを**1**, **2**, **3**, **4**の中から一つ選び，その番号のマーク欄をぬりつぶしなさい。

(1) **A:** Mom, I think this bread is old.
　　B: I agree. Please throw it in the (　　　).
　　1　future　　　　**2**　garbage　　　**3**　lesson　　　**4**　north

(2) The Internet has a lot of useful (　　　), so people often use it to learn about places before they travel abroad.
　　1　breakfast　　**2**　police　　　**3**　information　**4**　smell

(3) **A:** I'm going to do some volunteer work at a farm this weekend.
　　B: That (　　　) interesting.
　　1　sounds　　　**2**　hopes　　　**3**　explains　　**4**　grows

(4) Harry forgot to take his umbrella this morning. It rained hard, so he was (　　　) when he got to school.
　　1　light　　　　**2**　narrow　　　**3**　deep　　　　**4**　wet

(5) **A:** How often do you (　　　), Grandpa?
　　B: Every day. I walk my dog for one hour every morning.
　　1　introduce　　**2**　exercise　　**3**　happen　　　**4**　keep

(6) All of the people became (　　　) when the popular singer began her concert. They enjoyed listening to her songs.
　　1　fast　　　　　**2**　low　　　　**3**　silent　　　**4**　expensive

(7) **A:** Mom, have you seen my (　　　)? I'm going shopping.
　　B: I saw it on the kitchen table.
　　1　garden　　　**2**　museum　　　**3**　wallet　　　**4**　gym

(8) **A:** Excuse me, where is the library?
B: It's not far (   ) here. Just walk two minutes that way.
1   through   **2**   from   **3**   across   **4**   over

(9) At (   ), the boys and girls couldn't sing well together. But after practicing hard for one month, they sang beautifully.
1   stick   **2**   minute   **3**   time   **4**   first

(10) **A:** Why did you like that movie, Karen?
B: Well, the young girl's dream (   ) true. She became a famous singer.
1   came   **2**   grew   **3**   had   **4**   went

(11) Takahiro (   ) some mistakes during his English speech, but his parents were still very proud of him.
1   did   **2**   bought   **3**   made   **4**   spent

(12) **A:** I love your new bike.
B: Thanks. It's the same (   ) my brother's.
1   as   **2**   for   **3**   by   **4**   with

(13) **A:** You already had breakfast this morning, (   ) you?
B: Yes, Mom. I'm going to my piano lesson now.
1   doesn't   **2**   didn't   **3**   aren't   **4**   couldn't

(14) **A:** Can you speak (   )? I can't hear you very well.
B: Of course, Grandma.
1   loudest   **2**   more loud   **3**   most loud   **4**   louder

(15) **A:** Have you called Henry yet?
B: It's seven, so it's too early (   ) him. I'll call him at eight.
1   call   **2**   called   **3**   to call   **4**   calls

(16) 　　**Son:** Those cookies look delicious. When did you make them?
　Mother: This afternoon. (　　　　)
　　Son: Yes, please!
1 Did your friends like them?　　**2** How many did you have?
3 Do you have enough time?　　**4** Would you like to try one?

(17) **Girl 1:** How long have we run for?
Girl 2: Fifty minutes. (　　　) I'm getting tired.
Girl 1: Good idea.
1 I like your running shoes.　　**2** I didn't bring my watch.
3 Let's walk for a while.　　**4** I started four years ago.

(18) **Mother:** Dan, you have a piano lesson at five today. (　　　)
　　Son: I won't, Mom. I'll be there on time.
1 Don't be late.　　**2** Don't go there.
3 Stop practicing the piano.　　**4** Say hello to the teacher for me.

(19) **Husband:** Is there a post office near here?
　　Wife: (　　　　) Let's ask that police officer.
1 Be careful.　　**2** I'm not sure.
3 I have some stamps.　　**4** You can't do that.

(20) 　　**Man:** Sarah, do you know how to use this coffee machine?
Woman: (　　　) You just need to push that button.
1 No, thanks.　　**2** It's over there.
3 It's easy.　　**4** With sugar, please.

3 次の掲示の内容に関して，*(21)*と*(22)*の質問に対する答えとして最も適切なもの，または文を完成させるのに最も適切なものを**1**，**2**，**3**，**4**の中から一つ選び，その番号のマーク欄をぬりつぶしなさい。

[A]

Take Photos on the Art Club Trip!

On May 10, the Bloomville Junior High School Art Club will go on a trip to Rabbit River. Any student can come! You can borrow a camera from the club on that day and take beautiful photos of the area.

If you want to come, you have to talk to Mr. Edwards, the art teacher, by May 3.

There are many bugs near the river, so please wear long pants. Also, you must bring your own lunch.

On May 17, the club will have a party after school. You can see the pictures that the club took. Please come if you can!

(21) What will the art club lend to students on the day of the trip?
1 A camera.
2 A picture.
3 Some long pants.
4 A lunch box.

(22) At the party on May 17, students can
1 buy new pants.
2 swim in the river.
3 look at pictures of the trip.
4 see bugs.

3

次のＥメールの内容に関して，(23)から(25)までの質問に対する答えとして最も適切なもの，または文を完成させるのに最も適切なものを **1, 2, 3, 4** の中から一つ選び，その番号のマーク欄をぬりつぶしなさい。

[B]

From: Melissa Baker
To: Rick Thompson
Date: April 8
Subject: Class trip

Hi Rick,

I'm so excited about our class trip to the city aquarium next week. You said that you went to the aquarium last year. What's it like? Is it cold inside the aquarium? And what should I wear? Do I need to wear a jacket or a warm sweater? I'm interested in seeing the fish and other sea animals there. I'm really looking forward to seeing the penguins. I hear that people can take pictures with the penguins at the aquarium. Is that true?

Your friend,
Melissa

From: Rick Thompson
To: Melissa Baker
Date: April 8
Subject: The aquarium

Hello Melissa,

Our class trip to the aquarium is going to be so much fun! Yes, I went to the aquarium with my family last summer. My cousins visited us, and we all went together. I also went with my parents when I was only five years old. The aquarium has two parts. One part is inside, and the other is outside. It isn't very cold inside, but you'll need a jacket for the outside part. It's so cold this month! The penguins are in the outside part. Two years ago, people could take pictures with the penguins, but the aquarium changed its rule. People can't take pictures with them now.

Your friend,
Rick

From: Melissa Baker
To: Rick Thompson
Date: April 8
Subject: Thanks

Hi Rick,
Thanks for telling me about your trips to the aquarium. I'll remember to take a jacket. Thanks for telling me about the aquarium's new rule, too. I won't be able to take pictures with the penguins, but it'll be fun to watch them. I can't wait! I'm going to buy a toy penguin, too.
Your friend,
Melissa

(23) Melissa asked Rick about
 1 the best clothes to wear to the aquarium.
 2 the most dangerous sea animal at the aquarium.
 3 their school's new uniform.
 4 the fish in their classroom at school.

(24) When did Rick visit the aquarium with his cousins?
 1 Last week.
 2 Last summer.
 3 Two years ago.
 4 When he was five.

(25) What will Melissa do at the aquarium?
 1 Ask the staff about a new rule.
 2 Take pictures with the penguins.
 3 Buy a new jacket.
 4 Get a toy penguin.

3

次の英文の内容に関して，*(26)*から*(30)*までの質問に対する答えとして最も適切なもの，または文を完成させるのに最も適切なものを**1**, **2**, **3**, **4**の中から一つ選び，その番号のマーク欄をぬりつぶしなさい。

[C]

Ann Lowe

Ann Lowe was an African American fashion designer. She was born in Alabama in the United States around 1898. When she was a child, Lowe's mother and grandmother taught her how to make clothes. Both her mother and her grandmother had jobs. They made clothes for rich people in Alabama, and Lowe often helped them with their work.

Lowe's mother died in 1914. When she died, Lowe's mother was making some dresses in Alabama. The dresses weren't finished, so Lowe finished making them. In 1916, she met a rich woman from Florida in a department store. Lowe was wearing clothes that she made, and the woman really liked them. So, Lowe became a dressmaker for her in Florida. After that, Lowe went to live in New York in 1917.

In New York, Lowe went to the S.T. Taylor School of Design. Lowe was the only African American student at the school, and she couldn't join the class with the other students. She took classes in a room by herself. She finished studying at the design school in 1919, and she opened her own store in Florida.

After that, Lowe made dresses for many years. Her dresses were special because they had beautiful flower designs on them. She made dresses for some rich and famous people, but not many people knew about her work. Also, she sometimes didn't get much money for her dresses. Lowe became more famous after she died in 1981. Many people today know that she was a very good fashion designer and dressmaker.

(26) What did Ann Lowe's mother and grandmother do?
  1 They sent Lowe to Florida.
  2 They stopped Lowe from going to Alabama.
  3 They told Lowe to get a job.
  4 They taught Lowe how to make clothes.

(27) When did Lowe go to New York?
  1 In 1898.
  2 In 1914.
  3 In 1917.
  4 In 1981.

(28) What happened when Lowe went to the S.T. Taylor School of Design?
  1 She didn't do well in her classes.
  2 She couldn't study with the other students.
  3 She had a fight with her teacher.
  4 She met her favorite fashion designer.

(29) Lowe's dresses were special because
  1 they had beautiful flower designs.
  2 they had interesting colors.
  3 they were made by many people.
  4 they took many hours to make.

(30) What is this story about?
  1 A popular dress store in New York.
  2 A woman who was a great dressmaker.
  3 A teacher at a fashion school.
  4 A design school in the United States.

4

●あなたは，外国人の友達から以下のQUESTIONをされました。
●QUESTIONについて，あなたの考えとその理由を2つ英文で書きなさい。
●語数の目安は25語～35語です。
●解答は，解答用紙のB面にあるライティング解答欄に書きなさい。なお，解答欄の外に書かれたものは採点されません。
●解答がQUESTIONに対応していないと判断された場合は，0点と採点されることがあります。QUESTIONをよく読んでから答えてください。

QUESTION
What is the most exciting sport for you?

●一次試験・リスニング

３級リスニングテストについて

❶このテストには，第１部から第３部まであります。
　★英文は第１部では一度だけ，第２部と第３部では二度，放送されます。
　第１部……イラストを参考にしながら対話と応答を聞き，最も適切な応答を**1，2，3**
　　　　　　の中から一つ選びなさい。
　第２部……対話と質問を聞き，その答えとして最も適切なものを**1，2，3，4**の中か
　　　　　　ら一つ選びなさい。
　第３部……英文と質問を聞き，その答えとして最も適切なものを**1，2，3，4**の中か
　　　　　　ら一つ選びなさい。
❷**No. 30**のあと，10秒すると試験終了の合図がありますので，筆記用具を置いてください。

第１部

[例題]

CD
赤-34

CD
赤

No. 1

CD
赤-35

No. 2

CD
赤-36

No. 3

CD 赤-37

No. 4

CD 赤-38

No. 5

CD 赤-39

No. 6

CD 赤-40

No. 7

CD 赤-41

No. 8

CD 赤-42

No. 9

CD 赤-43

No. 10

CD 赤-44

No. 11

1 A bag.
2 A pair of gloves.
3 A soccer ball.
4 Some shoes.

No. 12

1 Bill.
2 Bill's mother.
3 Bill's father.
4 Patty.

No. 13

1 Arrive home by six o'clock.
2 Call Sally's father.
3 Return Sally's math textbook.
4 Help Sally with her homework.

No. 14

1 Buy a bike.
2 Move a box.
3 Ride her bike.
4 Find her book.

No. 15

1 In her room.
2 In the art room.
3 At the boy's house.
4 At her teacher's house.

No. 16

1 Walking his dog.
2 Reading about animals.
3 Collecting cameras.
4 Taking pictures.

No. 17

1 She has to work today.
2 She can't find her money.
3 Her TV is broken.
4 Her TV is too loud.

No. 18

1 At four.
2 At five.
3 At six.
4 At seven.

No. 19

1 It is cute.
2 It is warm.
3 It is cheap.
4 It is long.

No. 20

1 By train.
2 By bike.
3 By car.
4 On foot.

No. 21

1 On Tuesdays.
2 On Wednesdays.
3 On Thursdays.
4 On Fridays.

No. 22

1 A student.
2 A musician.
3 A salesclerk.
4 A museum guide.

No. 23

1 She rode a bike.
2 She took the bus.
3 Her father took her.
4 Her brother took her.

No. 24

1 He asked his history teacher.
2 He visited Japan.
3 He read a book.
4 He looked on the Internet.

No. 25

1 He went to a movie.
2 He went hiking.
3 He made popcorn at home.
4 He ate at a restaurant.

No. 26

1 Drink tea.
2 Eat dessert.
3 Go jogging.
4 Read the news.

No. 27

1 A new doctor started working.
2 The woman worked late.
3 The woman got sick.
4 The hospital closed early.

No. 28

1 Eat lunch.
2 Do his homework.
3 Play games with his father.
4 Skate with his friend.

No. 29

1 Beef soup.
2 Tuna salad.
3 A ham sandwich.
4 A chicken sandwich.

No. 30

1 In his bag.
2 In his car.
3 On a chair in his house.
4 On his desk in his office.

●二次試験・面接

※本書では出題例として2種類のカードを掲載していますが，本番では1枚のみ渡されます。
※面接委員の質問など，二次試験に関する音声はCDに収録されていません。

受験者用問題　カード　A

> ### *Pets*
>
> Many people want to have a pet dog. Playing with dogs can be relaxing.
> Some people don't have time to take dogs for walks, so they get pets
> such as hamsters or birds.

No. 1　　Please look at the passage. Why do some people get pets such
as hamsters or birds?

No. 2　　Please look at the picture. How many people are wearing hats?

No. 3　　Please look at the man. What is he doing?

Now, Mr. / Ms. _____, please turn over the card.

No. 4　　What did you do last Sunday?

No. 5　　Do you like shopping in your free time?
　　　　　Yes. → What do you like to buy?
　　　　　No. → What do you want to do this summer?

Singing

Singing can be a good way to relax. Some people enjoy performing in front of many people, so they join singing groups or bands. Taking singing lessons can help people to sing better.

No. 1　　Please look at the passage. Why do some people join singing groups or bands?

No. 2　　Please look at the picture. How many books are there on the bench?

No. 3　　Please look at the boy. What is he doing?

Now, Mr. / Ms. _____, please turn over the card.

No. 4　　Where do you often go on weekends?

No. 5　　Have you ever been to a beach?
　　　　　　Yes. → Please tell me more.
　　　　　　No. → What do you like to do when the weather is cold?

2022年度 第❸回

一次試験　2023.1.22実施

二次試験　A日程　2023.2.19実施
　　　　　B日程　2023.2.26実施

一次試験・筆記（50分）
　　　　　　　　pp.72〜80

一次試験・リスニング（約26分）
　　　　　　　　pp.81〜86
　　　　　　CD赤-67〜99

二次試験・面接（約7分）
　　　　　　　　pp.87〜88

※解答一覧は別冊p.59
※解答と解説は別冊pp.60〜86

※別冊の巻末についている解答用マークシートを使いましょう。

合格基準スコア

●一次試験　1103
　（満点1650／リーディング550，リスニング550，ライティング550）
●二次試験　353（満点550／スピーキング550）

●一次試験・筆記

1 次の(1)から(15)までの（　）に入れるのに最も適切なものを **1**, **2**, **3**, **4**の中から一つ選び，その番号のマーク欄をぬりつぶしなさい。

(1) A: Have you (　　　) Mom's birthday present yet?
B: No, I'll do that tonight.
1 contacted　　**2** invited　　**3** wrapped　　**4** climbed

(2) Last Friday, we had a (　　　) lunch to welcome the new member of our team. He just started working at the company.
1 special　　**2** deep　　**3** weak　　**4** low

(3) A: Have you washed the dishes yet?
B: Yes, I've (　　　) done that, and I've cleaned the kitchen floor, too.
1 soon　　**2** already　　**3** out　　**4** ago

(4) Tomorrow, we'll go to a zoo for children. They can (　　　) some of the animals there.
1 build　　**2** close　　**3** touch　　**4** shout

(5) Some people like to run for about 30 minutes every day because they think it is (　　　).
1 afraid　　**2** expensive　　**3** crowded　　**4** healthy

(6) My friend Peter is (　　　). He always gets a good score on his math tests.
1 clever　　**2** sunny　　**3** clear　　**4** early

(7) This comic book is funny. I (　　　) a lot when I was reading it.
1 drove　　**2** borrowed　　**3** heard　　**4** laughed

(8) When Keita moved to Canada, he wasn't (   ) to speak much English. But now, he speaks it very well.

1 absent   **2** able   **3** angry   **4** another

(9) Tom's mother (   ) a message for him. She told him to walk the dog before dinner.

1 met   **2** closed   **3** left   **4** held

(10) **A:** Did you make this yogurt, Grandma?
B: Yes, it's easy. It's made (   ) milk.

1 from   **2** under   **3** before   **4** over

(11) Miho doesn't (   ) much money on lunch because she always brings her lunch from home.

1 catch   **2** stay   **3** know   **4** spend

(12) Yesterday, Mark was sick (   ) bed, so he didn't go to work today.

1 above   **2** in   **3** across   **4** on

(13) **A:** You have a really nice house, Bob.
B: Thank you. It was (   ) by my grandfather.

1 build   **2** built   **3** to build   **4** building

(14) Our school is planning an event to collect plastic bottles. A local artist will (   ) them into art.

1 recycles   **2** recycled   **3** recycle   **4** recycling

(15) **A:** Do you know (   ) the next bus to the airport leaves?
B: Yes. In 15 minutes.

1 which   **2** who   **3** where   **4** when

(16) **Father :** Have you finished your homework?
Daughter : No, ( ) I'll finish it after dinner.
1 not so bad.   **2** not yet.
3 I'm very full.   **4** I'm from here.

(17) **Woman :** Excuse me. I like this hat. May I try it on, please?
Salesclerk : Certainly. ( )
1 That's kind of you.   **2** Have a good day.
3 The mirror is over there.   **4** It's always open.

(18) **Girl 1:** I didn't know you had a violin. ( )
Girl 2: Only once or twice a month.
1 When did you get it?   **2** How often do you play it?
3 Was it a present?   **4** Is it an expensive one?

(19) **Clerk :** Welcome to the Greenwood Jazz Festival. Do you have a ticket, ma'am?
Woman : No. ( )
Clerk : At the blue tent over there.
1 What color are they?   **2** Where can I buy one?
3 Where's my seat?   **4** How much are they?

(20) **Mother :** Why is your baseball cap on the sofa? Take it to your room.
Son : ( ) I have practice at three.
1 We won again.   **2** Did you look for it over there?
3 I'm going to wear it today.   **4** Will you come and watch?

3

次の掲示の内容に関して, *(21)* と *(22)* の質問に対する答えとして最も適切なもの, または文を完成させるのに最も適切なものを **1, 2, 3, 4** の中から一つ選び, その番号のマーク欄をぬりつぶしなさい。

[A]

Ice-Skating Lessons
Do you want to try a new activity after school?

The Berryl City Sports Center has afternoon lessons for students. You don't need to be good at ice-skating. Beginners are welcome. If you practice hard, you will become very good at skating!

Place: First Floor, Berryl City Sports Center

Cost: $18 for a one-hour lesson

Lesson schedule: Every Tuesday, Thursday, and Friday from 4 p.m. to 5 p.m.

(The sports center is closed on Wednesdays.)

If you are interested, please send Jenny Harding an e-mail or call her between 8 a.m. and 6 p.m. on weekdays.

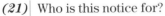

Jenny Harding

Phone number: 555-8778

E-mail address: ice-skating@berrylsports.com

(21) Who is this notice for?
   1 Students who want to try a new activity.
   2 Ice-skating coaches who want a new job.
   3 People who want to sell their old ice skates.
   4 Children who want to go to a snow festival.

(22) Ice-skating lessons are held
   1 at 8 a.m. on weekdays.
   2 only on Wednesdays.
   3 three times a week.
   4 on weekend afternoons.

[B]

From: Beth Greene
To: The Book Worm
Date: September 4
Subject: Looking for a book

Hello,
My name is Beth, and I'm looking for a book called *Into the Forest*. It was written by my favorite writer, Charles Vance. I went to the Readers Rule bookstore in Bakersville last Friday, but they don't sell it. Charles Vance wrote it 30 years ago, so it's a little old. On Saturday, I went to my friend's house, and he told me about your store, The Book Worm. He said that you sold used books.* I checked your website yesterday, and I found your e-mail address. Do you have *Into the Forest* in your store?
Sincerely,
Beth Greene

From: The Book Worm
To: Beth Greene
Date: September 5
Subject: Sorry

Hello Ms. Greene,
I'm Sam Winters, and I'm the owner of The Book Worm. I love Charles Vance's books, too. Sorry, but I don't have *Into the Forest* in my store right now. You should check some online stores. You can probably find it on www.warmwords.com. Also, have you looked for that book at the library? Maybe you can borrow it. People bring old books to my shop every day, and I often buy them. If someone brings *Into the Forest* to my store, I'll buy it, and then I'll send you an e-mail.
Best regards,
Sam Winters

From: Beth Greene
To: The Book Worm
Date: September 6
Subject: Thank you

Hello Sam,
Thanks for your e-mail. I checked the website you told me about. They have it, but it's too expensive for me. I also checked the library, but sadly, they don't have it. Please send me another e-mail if someone sells it to you.
Sincerely,
Beth Greene

*used book: 古本(ふるほん)

(23) Who told Beth about Sam's store?
1 Her friend.
2 Charles Vance.
3 The owner of Readers Rule.
4 A famous writer.

(24) What will Sam do if someone sells *Into the Forest* to him?
1 Keep it at his house.
2 Give it to another bookstore.
3 Send Beth an e-mail.
4 Take it to the library.

(25) Why won't Beth buy *Into the Forest* on www.warmwords.com?
1 They don't have it.
2 It is too expensive.
3 She found it at the library.
4 She doesn't like shopping on the Internet.

3

次の英文の内容に関して，*(26)*から*(30)*までの質問に対する答えとして最も適切なもの，または文を完成させるのに最も適切なものを **1，2，3，4**の中から一つ選び，その番号のマーク欄をぬりつぶしなさい。

[C]

Lilian Bland

Lilian Bland was born in 1878. She was different from most girls at that time. Lilian enjoyed hunting, fishing, and riding horses. She also practiced a martial art* and studied art in Paris. In 1900, she moved to Ireland with her father. By 1908, she was working for newspapers in London.

In 1909, Lilian's uncle sent her postcards. One of them had a picture of Louis Blériot on it. Blériot was a pilot, and he built his own plane. He was the first person to fly a plane across the English Channel.* His plane had an accident when it landed,* but Blériot wasn't hurt. His story soon became famous.

Lilian saw the postcard and became interested in planes. She decided to design a plane and build it by herself. She used wood and simple things to build the body.* Then, she bought an engine and put it on the plane. It took her one year to make the plane, and she finished it in 1910. She named the plane "Mayfly." Then, she flew it for the first time. It stayed 10 meters high in the air for 400 meters.

Lilian wanted to build a new plane. However, her father thought that flying was too dangerous for his daughter, so she stopped flying. Then, Lilian got married and moved to Canada. In 1935, she returned to England and enjoyed a simple life there until she died in 1971. Today, people remember her because she was the first woman to build and fly her own plane.

*martial art: 武術
*the English Channel: イギリス海峡
*land: 着陸する
*body: (飛行機の) 胴体

(26) What was Lilian Bland's job in London?
1 She rode horses in races.
2 She was an artist.
3 She taught martial arts.
4 She worked for newspapers.

(27) How did Lilian get interested in planes?
1 She read a story in the newspaper.
2 She became friends with a pilot.
3 She got a postcard of a famous pilot.
4 She met Louis Blériot in Paris.

(28) Lilian finished making the plane named "Mayfly" in
1 1909.
2 1910.
3 1935.
4 1971.

(29) Why did Lilian stop flying?
1 Her father wanted her to stop.
2 She wanted to get married.
3 Her uncle said it was dangerous.
4 She found a new hobby.

(30) What is this story about?
1 The first woman to make and fly her own plane.
2 A famous plane company in England.
3 A school for pilots in Canada.
4 How to build plane engines.

4

●あなたは，外国人の友達から以下のQUESTIONをされました。
●QUESTIONについて，あなたの考えとその理由を2つ英文で書きなさい。
●語数の目安は25語～35語です。
●解答は，解答用紙のB面にあるライティング解答欄に書きなさい。なお，解答欄の外に書かれたものは採点されません。
●解答がQUESTIONに対応していないと判断された場合は，0点と採点されることがあります。QUESTIONをよく読んでから答えてください。

QUESTION
What do you like to do on Sunday mornings?

●一次試験・リスニング

3級リスニングテストについて

❶このテストには，第1部から第3部まであります。
 ★英文は第1部では一度だけ，第2部と第3部では二度，放送されます。
 第1部……イラストを参考にしながら対話と応答を聞き，最も適切な応答を**1，2，3**
 の中から一つ選びなさい。
 第2部……対話と質問を聞き，その答えとして最も適切なものを**1，2，3，4**の中か
 ら一つ選びなさい。
 第3部……英文と質問を聞き，その答えとして最も適切なものを**1，2，3，4**の中か
 ら一つ選びなさい。
❷**No. 30**のあと，10秒すると試験終了の合図がありますので，筆記用具を置いてください。

第1部

[例題]

CD
赤-67

CD
赤

No. 1

CD
赤-68

No. 2

CD
赤-69

No. 3

 CD 赤-70

No. 4

 CD 赤-71

No. 5

CD 赤-72

No. 6

CD 赤-73

No. 7

CD 赤-74

No. 8

 CD 赤-75

No. 9

 CD 赤-76

No. 10

 CD 赤-77

No. 11

CD
赤-79

1 Mark's.
2 Jessica's.
3 The father's.
4 The mother's.

No. 12

CD
赤-80

1 On Saturday morning.
2 On Saturday afternoon.
3 On Sunday morning.
4 On Sunday afternoon.

No. 13

CD
赤-81

1 Make dinner.
2 Get some meat.
3 Buy some carrots.
4 Wash the vegetables.

No. 14

CD
赤-82

1 Watch TV.
2 Be quiet.
3 Play with him.
4 Study with him.

No. 15

CD
赤-83

1 By train.
2 By bike.
3 By bus.
4 On foot.

No. 16

CD
赤-84

1 Go to a rock concert with him.
2 Give him a drum.
3 Stop playing the drums.
4 Join his band.

No. 17

1 It had good coffee.
2 It had many magazines.
3 It had delicious food.
4 The food was cheap.

No. 18

1 He went to the hospital.
2 He bought some shoes.
3 He found $50.
4 He visited Kristen.

No. 19

1 Sunny.
2 Rainy.
3 Cloudy.
4 Snowy.

No. 20

1 At one.
2 At five.
3 At six.
4 At seven.

No. 21

1 She will move soon.
2 She has made many friends.
3 She has finished school.
4 She saw an old friend.

No. 22

1 $50.
2 $100.
3 $150.
4 $300.

No. 23

1 Talk with her friends.
2 Watch a movie.
3 Read a music magazine.
4 Do her homework.

No. 24

1 The bus is crowded.
2 The zoo is closed.
3 The train will be late.
4 The tickets are sold out.

No. 25

1 The tennis club.
2 The table tennis club.
3 The soccer club.
4 The volleyball club.

No. 26

1 Write songs.
2 Make desserts.
3 Clean the kitchen.
4 Watch cooking shows.

22年度第3回 リスニング No. 17 ～ No. 26

No. 27

1 Going fishing.
2 Reading books.
3 Riding his bicycle.
4 Painting pictures.

No. 28

1 Her cousin.
2 Her friend.
3 Her aunt.
4 Her teacher.

No. 29

1 His friends were busy.
2 He needed to cook dinner.
3 His son was sick.
4 He wanted to watch a movie.

No. 30

1 At her house.
2 At the college.
3 At the festival.
4 At the museum.

●二次試験・面接

※本書では出題例として2種類のカードを掲載していますが，本番では1枚のみ渡されます。
※面接委員の質問など，二次試験に関する音声はCDに収録されていません。

受験者用問題　カード　A

Umbrellas

Umbrellas are very useful. They help people to stay dry on rainy days. Department stores sell different kinds of colorful umbrellas, and convenience stores are good places to buy cheap and simple ones.

No. 1　　Please look at the passage. What do department stores sell?

No. 2　　Please look at the picture. How many cars are there in front of the store?

No. 3　　Please look at the girl wearing a cap. What is she doing?

Now, Mr. / Ms. ＿＿＿, please turn over the card.

No. 4　　How many hours do you sleep every night?

No. 5　　Do you like to travel?
　　　　　　　Yes. → Please tell me more.
　　　　　　　No. → What are you planning to do tomorrow?

Playing the Guitar

Playing the guitar is a popular hobby. Many people want to learn how to play their favorite songs, so they practice playing the guitar every day. Some people take lessons with a guitar teacher.

No. 1　　Please look at the passage. Why do many people practice playing the guitar every day?

No. 2　　Please look at the picture. How many children are there under the tree?

No. 3　　Please look at the boy wearing a cap. What is he going to do?

Now, Mr. / Ms. ＿＿＿, please turn over the card.

No. 4　　What did you do last weekend?

No. 5　　Do you often go to a movie theater?
　　　　　　　　　Yes. → Please tell me more.
　　　　　　　　　No. → Why not?

2022年度 第回

一次試験　2022.10.9実施

二次試験　A日程　2022.11.6実施
　　　　　B日程　2022.11.13実施

一次試験・筆記（50分）
　　　　　　　pp.90〜98

一次試験・リスニング（約26分）
　　　　　　　pp.99〜104
　　　　　　　CD青-1〜33

二次試験・面接（約7分）
　　　　　　　pp.105〜106

※解答一覧は別冊p.87
※解答と解説は別冊pp.88〜114

※別冊の巻末についている解答用マークシートを使いましょう。

合格基準スコア

● 一次試験　1103
　（満点1650／リーディング550, リスニング550, ライティング550）
● 二次試験　353（満点550／スピーキング550）

1 次の(1)から(15)までの（　　）に入れるのに最も適切なものを **1, 2, 3, 4** の中から一つ選び，その番号のマーク欄をぬりつぶしなさい。

(1) The principal gave (　　　) to the winners of the speech contest.
1 designs　　**2** mistakes　　**3** prizes　　**4** capitals

(2) **A:** Excuse me.　How do I get to Bakerstown?
B: Just drive (　　　) down this road for about ten minutes.
1 suddenly　　**2** straight　　**3** forever　　**4** finally

(3) **A:** Are you busy tomorrow night?
B: Yes.　I'll practice the piano (　　　) late at night.　I'm taking part in a piano competition on Sunday.
1 until　　**2** over　　**3** about　　**4** since

(4) Karen is very (　　　) because she has to work this weekend.　She had plans to see a concert on Sunday.
1 useful　　**2** bright　　**3** clean　　**4** angry

(5) **A:** Mom, I think I need glasses.　I can't see the blackboard (　　　).
B: OK.　Let's go to see the eye doctor next week.
1 clearly　　**2** greatly　　**3** quietly　　**4** slowly

(6) **A:** It was nice to meet you.　Could I have your e-mail (　　　)?
B: Sure.　I was just going to ask you the same thing.
1 address　　**2** ocean　　**3** society　　**4** coat

(7) **A:** Did you find (　　　) at the bookstore?
B: Yes, I did.　I bought a book about the history of music.
1 nothing　　**2** nobody　　**3** anything　　**4** other

(8) Janet's friend gave her a (　　　) home because it was raining hard after work.

1 point **2** star **3** view **4** ride

(9) On the first day of school, the gym was (　　　) with many new students and their families.

1 pulled **2** filled **3** ordered **4** showed

(10) **A:** I tried calling you last night.
B: Sorry, I was talking (　　　) the phone with my sister.

1 on **2** for **3** as **4** of

(11) When the little boy saw a big spider on the tree, he (　　　) away very quickly to his mother.

1 sat **2** picked **3** ran **4** washed

(12) **A:** How did you and Chris meet?
B: We grew up together in Canada. (　　　) fact, we met over 30 years ago.

1 To **2** After **3** In **4** Near

(13) This baseball bat was (　　　) to me by a professional baseball player.

1 gave **2** given **3** give **4** giving

(14) **A:** I saw the (　　　) movie on TV last night. It was so boring.
B: I think I saw the same movie.

1 too bad **2** worse **3** badly **4** worst

(15) **A:** Lisa, is the baby crying again?
B: Yes, Matt. I don't know (　　　) she won't go to sleep.

1 why **2** then **3** what **4** which

(16)　　**Man** : Have you been to England before?

Woman : Actually, (　　　　) My family moved to Japan when I was eight.

1　I don't have time.　　　　**2**　I have an older sister.

3　I'll ask my English teacher.　**4**　I was born there.

(17)　**Woman** : Excuse me. Is there a bakery in this area?

Man : Sorry, I don't know. (　　　)

1　I'm glad you like it.　　**2**　It's delicious.

3　I'm not from here.　　　**4**　It was my turn.

(18)　**Girl 1** : Do you want to go to the aquarium with me on Sunday?

Girl 2 : (　　　　) I'm really interested in fish.

1　It's not mine.　　　**2**　I'd love to.

3　That's all for today.　**4**　You'll do well.

(19)　**Brother** : Are you ready to go to the library?

Sister : No. Mom asked me to wash the dishes first. (　　　)

Brother : OK. I'll see you there.

1　Please go ahead.　　**2**　Good job.

3　You can keep it.　　**4**　I've read that book.

(20)　　**Sister** : Let's buy a cake for Mom's birthday.

Brother : (　　　　) Let's make one!

1　It was my party.　　**2**　I know a good cake shop.

3　She made a mistake.　**4**　I have a better idea.

3

次の掲示の内容に関して，*(21)* と *(22)* の質問に対する答えとして最も適切なもの，または文を完成させるのに最も適切なものを**1**，**2**，**3**，**4**の中から一つ選び，その番号のマーク欄をぬりつぶしなさい。

[A]

A New Café in Leadville Bookstore

From November 1, you'll be able to read books in Leadville Bookstore's new café. The café will be inside the bookstore on the second floor. Come and enjoy some cakes and drinks!

Cakes
Carrot cake, strawberry cake, chocolate cake

Drinks
Coffee, tea, soft drinks

If you buy two books, you'll receive a cup of coffee or tea for free!

There are more than 30,000 books to choose from in our bookstore. We also sell calendars, magazines, and newspapers. The café will open at 6 a.m., so come in and read a newspaper before you go to work.

(21) What is this notice about?
   1 A bookstore that will close on November 1.
   2 A café that will open inside a bookstore.
   3 A book written by the owner of a café.
   4 A magazine with many recipes.

(22) People who buy two books will get
   1 a free magazine.
   2 a free newspaper.
   3 a free cake.
   4 a free drink.

3

次の手紙文の内容に関して，(23)から(25)までの質問に対する答えとして最も適切なもの，または文を完成させるのに最も適切なものを1，2，3，4の中から一つ選び，その番号のマーク欄をぬりつぶしなさい。

[B]

January 3

Dear Grandma,

How are you and Grandpa doing? I hope you are both well and staying warm. The weather is so cold now. I missed you at Christmas this year. Thank you for sending a beautiful card and some money. I used the money to buy some nice paper and pens. When I use them, I always think of you.

I had a great winter vacation. Do you remember my friend Mia? You met her last year. Well, during the winter vacation, I went skiing in Yamanashi with Mia and her family. We traveled from Osaka to Yamanashi by car. On the way, we stopped in Nagoya. We went to Nagoya Castle and a train museum there. At night, Mia's mother bought us noodles for dinner. My noodles had fried beef in them. They were delicious.

We stayed in Nagoya for one night, and then we went to Yamanashi. On the first day in Yamanashi, I took a skiing lesson with Mia and her little sister. We fell over a lot, but it was a lot of fun. By the end of the trip, I could ski down the mountain really fast. We spent New Year's Eve in Yamanashi and went to a temple there on January 1.

I didn't see you and Grandpa at Christmas, so I hope I can come and see you both in the summer. Do you think I can do that? I really hope so.

Love,
Sara

(23) How did Sara use the money from her grandparents?
1   To go on vacation.
2   To buy a Christmas cake.
3   To buy some paper and pens.
4   To get a present for her friend.

(24) What did Sara do in Yamanashi?
1   She went to a castle.
2   She went skiing.
3   She ate noodles.
4   She went to a museum.

(25) What does Sara want to do in the summer?
1   Visit her grandparents.
2   Go to a temple.
3   Get a part-time job.
4   Go back to Yamanashi.

3

次の英文の内容に関して，(26)から(30)までの質問に対する答えとして最も適切なもの，または文を完成させるのに最も適切なものを1，2，3，4の中から一つ選び，その番号のマーク欄をぬりつぶしなさい。

[C]

The Challenger Deep

Most people know the name of the highest place in the world. It is Mount Everest, and it is a mountain between Nepal and Tibet in Asia. But not many people know the lowest place in the world. It is called the Challenger Deep, and it is at the bottom of the Pacific Ocean.* The Challenger Deep is about 10,984 meters deep in the ocean. It is to the south of Japan in a part of the Pacific Ocean called the Mariana Trench.* This part of the ocean is about 2,550 kilometers long and 69 kilometers wide. The Challenger Deep is at the end of the Mariana Trench, near an island called Guam.

Scientists don't know much about the Challenger Deep. It isn't safe to go there because the water pressure* is too high for most submarines.* In the past, scientists thought that fish and other animals couldn't live in such a place. Also, there is no light from the sun, and the Challenger Deep is very cold. It is usually between 1°C and 4°C.

In 1960, two people traveled to the Challenger Deep for the first time. They went there in a special submarine. This submarine could move in areas with high water pressure. It took the people five hours to get to the bottom of the ocean, but they could only stay there for about 20 minutes. At that time, they saw two kinds of sea animals. Now, scientists know that animals can live in such deep places.

*Pacific Ocean: 太平洋
*Mariana Trench: マリアナ海溝
*water pressure: 水圧
*submarine: 潜水艦

(26) Where is the Mariana Trench?
  1 In the Pacific Ocean.
  2 On the island of Guam.
  3 Between Nepal and Tibet.
  4 At the bottom of a lake in Japan.

(27) How wide is the Mariana Trench?
  1 About 2,550 meters.
  2 About 10,984 meters.
  3 About 20 kilometers.
  4 About 69 kilometers.

(28) Why is the Challenger Deep dangerous for people?
  1 The water pressure is very high.
  2 Dangerous animals and fish live there.
  3 The lights are too bright for their eyes.
  4 The water is too hot for them.

(29) In 1960, two people
  1 lost a special submarine.
  2 drew a map of the bottom of the ocean.
  3 went to the Challenger Deep.
  4 found a mountain under the sea.

(30) What is this story about?
  1 A dark and very deep place in the ocean.
  2 The history of submarines.
  3 A special and delicious kind of fish.
  4 Places to go hiking in Asia.

4

●あなたは，外国人の友達から以下のQUESTIONをされました。
●QUESTIONについて，あなたの考えとその理由を2つ英文で書きなさい。
●語数の目安は25語～35語です。
●解答は，解答用紙のB面にあるライティング解答欄に書きなさい。なお，解答欄の外に書かれたものは採点されません。
●解答がQUESTIONに対応していないと判断された場合は，0点と採点されることがあります。QUESTIONをよく読んでから答えてください。

QUESTION
Do you like eating in parks?

●一次試験・リスニング

3級リスニングテストについて

❶このテストには，第1部から第3部まであります。
　★英文は第1部では一度だけ，第2部と第3部では二度，放送されます。
　第1部……イラストを参考にしながら対話と応答を聞き，最も適切な応答を1，2，3
　　　　　　の中から一つ選びなさい。
　第2部……対話と質問を聞き，その答えとして最も適切なものを1，2，3，4の中か
　　　　　　ら一つ選びなさい。
　第3部……英文と質問を聞き，その答えとして最も適切なものを1，2，3，4の中か
　　　　　　ら一つ選びなさい。
❷No.30のあと，10秒すると試験終了の合図がありますので，筆記用具を置いてください。

第1部

[例題]

CD
青-1

No. 1

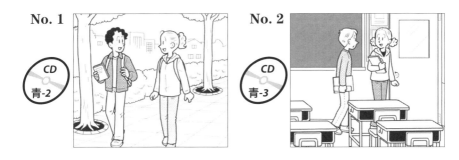

CD
青-2

No. 2

CD
青-3

No. 3

No. 4

No. 5

No. 6

No. 7

No. 8

No. 9

No. 10

No. 11
1 Make lunch.
2 Eat at a restaurant.
3 Go to a movie.
4 Buy some sandwiches.

No. 12
1 Leave the park with her dog.
2 Look for the man's dog.
3 Show the man around the park.
4 Get a new pet.

No. 13
1 Two.
2 Three.
3 Five.
4 Twelve.

No. 14
1 To go skiing.
2 To go hiking.
3 To see his sister.
4 To see his aunt.

No. 15
1 At 8:00.
2 At 8:30.
3 At 9:00.
4 At 9:30.

No. 16
1 Write a report.
2 Study social studies.
3 Draw a picture.
4 Buy some flowers.

No. 17

1 Yesterday morning.
2 Last night.
3 This morning.
4 This afternoon.

No. 18

1 To the mall.
2 To the girl's house.
3 To a gardening store.
4 To a park.

No. 19

1 160 centimeters.
2 165 centimeters.
3 170 centimeters.
4 175 centimeters.

No. 20

1 Ben.
2 Ben's brother.
3 Olivia.
4 Olivia's brother.

No. 21

1 Buy a house by the sea.
2 Move to Hawaii.
3 Take swimming lessons.
4 Teach her son how to swim.

No. 22

1 Clean the living room.
2 Wash the dishes.
3 Buy food for a party.
4 Look for a new apartment.

No. 23

1 Jenny's.
2 Sara's.
3 Donna's.
4 His mother's.

No. 24

1 Paul didn't call her.
2 Paul didn't study hard.
3 Paul lost his library card.
4 Paul was late for school.

No. 25

1 Greg.
2 Greg's sister.
3 Greg's mother.
4 Greg's father.

No. 26

1 This afternoon.
2 Tomorrow morning.
3 Tomorrow afternoon.
4 Next Saturday.

22年度第2回 リスニング No. 17 ～ No. 26

No. 27

1 Potatoes.
2 Lettuce.
3 Onions.
4 Carrots.

No. 28

1 Every day.
2 Once a week.
3 Twice a week.
4 Once a month.

No. 29

1 A book about animals.
2 A book about gardening.
3 A book about traveling.
4 A book about Christmas.

No. 30

1 On the second floor.
2 On the third floor.
3 On the fourth floor.
4 On the fifth floor.

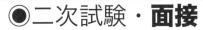

●二次試験・面接

※本書では出題例として2種類のカードを掲載していますが，本番では1枚のみ渡されます。
※面接委員の質問など，二次試験に関する音声はCDに収録されていません。

受験者用問題　カード　A

Chinese Restaurants

There are many Chinese restaurants in Japan. They usually sell noodles and other popular Chinese dishes. Some people want to eat delicious Chinese meals at home, so they order take-out food from Chinese restaurants.

No. 1　　Please look at the passage. Why do some people order take-out food from Chinese restaurants?

No. 2　　Please look at the picture. How many people are holding cups?

No. 3　　Please look at the man wearing glasses. What is he going to do?

Now, Mr. / Ms. _____, please turn over the card.

No. 4　　What time do you usually get up in the morning?

No. 5　　Have you ever been to the beach?
　　　　　　　　Yes. → Please tell me more.
　　　　　　　　No. → What are you going to do this evening?

Beach Volleyball

Beach volleyball is an exciting sport. It is fun to play on hot summer days. Many people like seeing their favorite players, so they enjoy going to professional beach volleyball tournaments.

No. 1　　Please look at the passage. Why do many people enjoy going to professional beach volleyball tournaments?

No. 2　　Please look at the picture. How many people are wearing sunglasses?

No. 3　　Please look at the girl with long hair. What is she going to do?

Now, Mr. / Ms. _____, please turn over the card.

No. 4　　What kind of TV programs do you like?

No. 5　　Do you have any plans for the winter vacation?
　　　　　　　Yes. → Please tell me more.
　　　　　　　No. → What time do you usually get up on weekends?

2022年度 第❶回

一次試験	2022.6.5実施
二次試験	A日程　2022.7.3実施
	B日程　2022.7.10実施

一次試験・筆記（50分）
pp.108〜116

一次試験・リスニング（約26分）
pp.117〜122
CD青-34〜66

二次試験・面接（約7分）
pp.123〜124

※解答一覧は別冊p.115
※解答と解説は別冊pp.116〜142

※別冊の巻末についている解答用マークシートを使いましょう。

合格基準スコア

- 一次試験　1103
（満点1650／リーディング550，リスニング550，ライティング550）
- 二次試験　353（満点550／スピーキング550）

1 次の(1)から(15)までの（　　）に入れるのに最も適切なものを **1**, **2**, **3**, **4**の中から一つ選び、その番号のマーク欄をぬりつぶしなさい。

(1) **A:** Where are you going, Mom?
B: To the market to get some fresh vegetables. They were all grown by local (　　　).
1 doctors **2** pilots **3** farmers **4** musicians

(2) In summer, I often go running just before it gets (　　　). It's too hot to run during the day.
1 young **2** quiet **3** dark **4** real

(3) In Japan, (　　　) are useful because they sell medicine, food, and drinks.
1 churches **2** drugstores **3** libraries **4** post offices

(4) **A:** I love the beach. I want to stay here (　　　).
B: Me, too. But we have to leave tomorrow.
1 forever **2** nearly **3** straight **4** exactly

(5) Ryuji's dream is to become a famous sushi (　　　).
1 carpenter **2** dentist **3** chef **4** singer

(6) For English class, Kenji has to write five (　　　) about himself. Tomorrow, he will read them in front of the class.
1 storms **2** calendars **3** sentences **4** centuries

(7) **A:** Mr. Smith. Could you tell me the (　　　) answer to this question?
B: Sure, David. Let me see it.
1 narrow **2** correct **3** weak **4** quiet

(8) **A:** I can't wait for spring.
B: Me, neither. I'm (　　　) of this snow and cold weather.
1 upset **2** tired **3** silent **4** wrong

(9) I couldn't sleep on the flight from New York, but I (　　　) much better this morning. I slept really well last night.
1 cover **2** brush **3** feel **4** share

(10) **A:** It's going to snow (　　　) day on Saturday.
B: That's great. I'm going skiing this weekend.
1 any **2** more **3** much **4** all

(11) Next week, Dave's brother is getting (　　　). Dave will give a speech at the wedding.
1 collected **2** raised **3** married **4** crowded

(12) **A:** Peter, where were you? I was (　　　) about you!
B: Sorry, Mom. I went to the library after school.
1 worried **2** excited **3** surprised **4** interested

(13) **A:** Has Mom already (　　　) to work?
B: Yes, she left early today. She has an important meeting.
1 go **2** going **3** went **4** gone

(14) **A:** Guess what! I (　　　) second prize in the poster contest.
B: That's great. I'm so proud of you.
1 win **2** won **3** winning **4** to win

(15) **A:** Do you think that dogs are (　　　) than cats?
B: I'm not sure.
1 smart **2** smarter **3** smartest **4** most

次の(16)から(20)までの会話について，（　　）に入れるのに最も適切なものを1，2，3，4の中から一つ選び，その番号のマーク欄をぬりつぶしなさい。

(16) **Woman 1:** I often have lunch at the Treetop Café.
Woman 2: I do, too. （　　　）
Woman 1: OK.
1 Have you tried the spaghetti there?
2 May I take your order?
3 Shall we go there together sometime?
4 Can you make some for me?

(17) **Mother:** I'm going to order the chicken curry. What about you, Fred?
　　Son: （　　　） It looks delicious.
1 I'll have the same. 　　　**2** I went to a restaurant.
3 Not at the moment. 　　　**4** I hope you're right.

(18) **Boy:** I called you last night, but you didn't answer the phone.
Girl: Sorry, （　　　） I have to give it to my English teacher today.
1 I forgot about your question.
2 I was writing a report.
3 I don't have a phone.
4 I don't know the answer.

(19) **Grandmother:** I can't hear the TV, Tony. It's very quiet. （　　　）
　　Grandson: Sure, Grandma. I'll do it right now.
1 May I borrow your radio? 　　**2** Is it too loud for you?
3 Do you like this program? 　　**4** Can you turn it up for me?

(20) **Daughter:** Can we go shopping for clothes tomorrow?
　　Father: （　　　） I'm really busy this week.
1 You're probably right. 　　**2** Maybe some other time.
3 They're in my bedroom. 　　**4** Thanks for this present.

3 次の掲示の内容に関して，*(21)* と *(22)* の質問に対する答えとして最も適切なもの，または文を完成させるのに最も適切なものを **1**, **2**, **3**, **4** の中から一つ選び，その番号のマーク欄をぬりつぶしなさい。

[A]

Come and Dance on Stage!

If you like dancing, please enter the school dance contest. Dance by yourself or with your friends.

When: October 21 from 3 p.m.
Where: School gym

Your performance should be about two minutes long, and you can do any kind of dancing.

Mr. Lee, our P.E. teacher, was a professional hip-hop dancer when he was young. He'll do a special performance at the contest with our principal, Mr. Sharp. Mr. Sharp has never danced on stage before, so he's very excited!

If you're interested, please see Ms. Matthews by October 10. Dancing is fun, so don't be nervous and sign up!

(21) What is this notice about?
   1 A contest at a school.
   2 A party for a teacher.
   3 A new school club.
   4 Some free dance lessons.

(22) Mr. Sharp is going to
   1 teach a P.E. class with Mr. Lee.
   2 watch a dance performance on October 10.
   3 go to a music festival with Ms. Matthews.
   4 dance in the school gym on October 21.

3

次のEメールの内容に関して，(23)から(25)までの質問に対する答えとして最も適切なもの，または文を完成させるのに最も適切なものを **1**, **2**, **3**, **4** の中から一つ選び，その番号のマーク欄をぬりつぶしなさい。

[B]

From: Richard Keyser
To: Kelly Peterson, Joe Rogers
Date: September 18
Subject: Mr. Tanagawa

Hi Kelly and Joe,
Did you hear about our Japanese teacher, Mr. Tanagawa? He lives on my street, and my mom talked to his wife today. Mom heard that Mr. Tanagawa hurt his back. He was working in his garden on Thursday afternoon, and he got a strained back.* He can't come to school until Wednesday. Let's do something for him. Today is Saturday, so maybe we can get him something this weekend. Should we get him some flowers and a card?
Your friend,
Richard

From: Kelly Peterson
To: Richard Keyser, Joe Rogers
Date: September 18
Subject: Oh no!

Hello Richard and Joe,
I'm sad to hear about Mr. Tanagawa. Flowers are a nice idea. I think he likes sunflowers. A card will be nice, too. I have an idea! Let's make a card for him in Japanese. All our classmates can sign it after our class on Monday afternoon. Then, Richard can take the card to Mr. Tanagawa. I'll make it on my computer tomorrow night and bring it to school on Monday morning. What do you think?
See you,
Kelly

From: Joe Rogers
To: Richard Keyser, Kelly Peterson
Date: September 19
Subject: Good idea

Hi,

That's a great idea, Kelly. My uncle owns a flower shop, and I asked him about the flowers. He'll give us some sunflowers. I'll get them from his shop after school on Monday, and then, I'll take them to Richard's house. Richard can give the card and flowers to Mr. Tanagawa on Tuesday morning before school. Also, let's plan something for him when he comes back to school. We can make a sign that says, "Welcome back, Mr. Tanagawa!"

See you tomorrow,

Joe

*strained back: ぎっくり腰

(23) When did Mr. Tanagawa hurt his back?
1 On Monday.
2 On Wednesday.
3 On Thursday.
4 On Saturday.

(24) What will Kelly do tomorrow night?
1 Make a card.
2 Buy a gift.
3 Call Mr. Tanagawa.
4 Take a Japanese lesson.

(25) Who will take the sunflowers to Richard's house?
1 Richard.
2 Richard's mother.
3 Joe.
4 Joe's uncle.

3

次の英文の内容に関して、(26)から(30)までの質問に対する答えとして最も適切なもの、または文を完成させるのに最も適切なものを1，2，3，4の中から一つ選び、その番号のマーク欄をぬりつぶしなさい。

[C]

Edwin Land

Many people like to take photos. These days, people usually take photos with smartphones or digital* cameras, so they can see their photos right away. Before digital photos, people usually had to wait to see their pictures. They took pictures on film* and sent the film to a store. Then, someone developed* the film and printed the pictures on paper. This usually took a few days. But in those days, there was one way to get pictures much more quickly. People could use instant cameras.*

A scientist named Edwin Land made the first instant camera. Land was born in 1909 in Connecticut in the United States. When he was a child, he enjoyed playing with things like radios and clocks. Land liked to understand how things worked, so he studied science at Harvard University. In 1932, he started a company with George Wheelwright, and they called it Land-Wheelwright Laboratories. In 1937, the company name was changed to Polaroid.

One day, Land was on vacation with his family. He took a photo of his daughter. She asked him, "Why can't I see the photo now?" This gave him an idea. Land built an instant camera in 1947. It developed and printed photos in less than one minute.

Land's company made 60 instant cameras in 1948. The cameras were very popular, and they were sold out in one day. The company made more instant cameras, and customers all around the United States bought them. After that, people were able to see their pictures right away.

*digital: デジタルの
*film: フィルム
*develop: ～を現像する
*instant camera: インスタントカメラ

(26) What did Edwin Land like to do when he was a child?
1 Play with radios and clocks.
2 Make things with paper.
3 Dream about starting a company.
4 Study to get into a good school.

(27) What happened in 1937?
1 Land got into Harvard University.
2 Land met George Wheelwright.
3 Land-Wheelwright Laboratories changed its name.
4 Polaroid built a new kind of camera.

(28) Who gave Land the idea for an instant camera?
1 His daughter.
2 His wife.
3 A customer.
4 A friend.

(29) The first instant cameras
1 were too expensive.
2 were all sold very quickly.
3 could only be used for one day.
4 took a few minutes to print pictures.

(30) What is this story about?
1 The history of digital cameras.
2 A famous photo collection.
3 The first smartphone with a camera.
4 A man who built a special camera.

4

● あなたは，外国人の友達から以下のQUESTIONをされました。
● QUESTIONについて，あなたの考えとその<u>理由を2つ</u>英文で書きなさい。
● 語数の目安は25語～35語です。
● 解答は，解答用紙のB面にあるライティング解答欄に書きなさい。<u>なお，解答欄の外に書かれたものは採点されません。</u>
● 解答がQUESTIONに対応していないと判断された場合は，<u>0点と採点されることがあります。</u>QUESTIONをよく読んでから答えてください。

QUESTION
Do you like going to festivals in summer?

●一次試験・リスニング

3級リスニングテストについて

❶ このテストには，第1部から第3部まであります。
　★英文は第1部では一度だけ，第2部と第3部では二度，放送されます。
　第1部……イラストを参考にしながら対話と応答を聞き，最も適切な応答を**1，2，3**
　　　　　　の中から一つ選びなさい。
　第2部……対話と質問を聞き，その答えとして最も適切なものを**1，2，3，4**の中か
　　　　　　ら一つ選びなさい。
　第3部……英文と質問を聞き，その答えとして最も適切なものを**1，2，3，4**の中か
　　　　　　ら一つ選びなさい。
❷ No. 30のあと，10秒すると試験終了の合図がありますので，筆記用具を置いてください。

第1部

[例題]

No. 1

No. 2

No. 3

No. 4

No. 5

No. 6

No. 7

No. 8

No. 9

No. 10

No. 11

CD
青-46

1 Tonight.
2 Tomorrow morning.
3 Tuesday afternoon.
4 Tuesday night.

No. 12

CD
青-47

1 Bob's father.
2 Bob's friend.
3 Bob's mother.
4 Bob's mother's friend.

No. 13

CD
青-48

1 It was too expensive.
2 He was far from the mountains.
3 He had a bad headache.
4 There wasn't enough snow.

No. 14

CD
青-49

1 He went on a business trip.
2 He bought a Japanese textbook.
3 He visited Alice's family.
4 He looked for a new office.

No. 15

CD
青-50

1 Pick up Sam.
2 Clean the house.
3 Buy dinner.
4 Call her friend.

No. 16

CD
青-51

1 At a supermarket.
2 At a bank.
3 At a library.
4 At an airport.

22年度第1回　リスニング No. 3 〜 No. 16

CD
青

No. 17

1 Two.
2 Three.
3 Four.
4 Five.

No. 18

1 Send an e-mail to Mr. Kim.
2 Take a math test.
3 Ask Meg about their homework.
4 Look for their textbooks.

No. 19

1 The pizza.
2 The sandwiches.
3 The potato salad.
4 The vegetable soup.

No. 20

1 Work at a bookstore.
2 Go shopping with her friend.
3 Buy a Christmas present.
4 Make some cards.

No. 21

1 $10.
2 $14.
3 $25.
4 $40.

No. 22

1 In Canada.
2 In the United States.
3 In Japan.
4 In England.

No. 23

1 He runs in a park.
2 He calls his friend.
3 He works late.
4 He walks to his office.

No. 24

1 The water was warm.
2 They met a famous swimmer.
3 They saw a dolphin.
4 They got a new pet.

No. 25

1 He lost his notebook.
2 He forgets people's names.
3 His notebook is too small.
4 He is not good at writing.

No. 26

1 Buy some tickets.
2 Go to Mexico.
3 Get a passport.
4 Clean her suitcase.

No. 27

1 A tent.
2 A jacket.
3 A hat.
4 A blanket.

No. 28

1 Rice.
2 Curry.
3 Meat.
4 Vegetables.

No. 29

1 At a rock concert.
2 At a music store.
3 At her brother's school.
4 At a birthday party.

No. 30

1 On Tuesday night.
2 On Wednesday morning.
3 On Thursday night.
4 On Friday morning.

●二次試験・面接

※本書では出題例として2種類のカードを掲載していますが，本番では1枚のみ渡されます。
※面接委員の質問など，二次試験に関する音声はCDに収録されていません。

受験者用問題　カード　A

Ice Cream

Ice cream is a popular dessert.　Many people eat it outside on hot summer days.　People often buy ice cream at supermarkets, and some people like to make different kinds of ice cream at home.

No. 1　Please look at the passage.　What do some people like to do at home?

No. 2　Please look at the picture.　How many people are wearing caps?

No. 3　Please look at the woman.　What is she going to do?

Now, Mr. / Ms. _____, please turn over the card.

No. 4　How did you come here today?

No. 5　Do you enjoy going shopping in your free time?
　　　　Yes. → Please tell me more.
　　　　No. → Where would you like to go next weekend?

Climbing Mountains

Climbing mountains can be exciting. Many people like taking photos of nature, so they carry a camera with them when they climb mountains. People should always take a map and warm clothes with them, too.

No. 1   Please look at the passage. Why do many people carry a camera with them when they climb mountains?

No. 2   Please look at the picture. How many birds are flying?

No. 3   Please look at the woman with long hair. What is she going to do?

Now, Mr. / Ms. _____, please turn over the card.

No. 4   What do you want to do this summer?

No. 5   Do you like to eat at restaurants?
　　　　　Yes. → Please tell me more.
　　　　　No. → Why not?

3級

2021年度 第3回

一次試験 2022.1.23実施

二次試験 A日程 2022.2.20実施
B日程 2022.2.27実施

一次試験・筆記（50分）
pp.126〜134

一次試験・リスニング（約26分）
pp.135〜140
CD青-67〜99

二次試験・面接（約7分）
pp.141〜142

※解答一覧は別冊p.143
※解答と解説は別冊pp.144〜170

※別冊の巻末についている解答用マークシートを使いましょう。

合格基準スコア

● 一次試験　1103
（満点1650／リーディング550, リスニング550, ライティング550）
● 二次試験　353（満点550／スピーキング550）

1 次の(1)から(15)までの（　）に入れるのに最も適切なものを**1**, **2**, **3**, **4**の中から一つ選び，その番号のマーク欄をぬりつぶしなさい。

(1) A: Mom, look! I taught Shiro to open the door.
B: Wow. He's a very (　　　) dog, isn't he?
1 correct　　　**2** careless　　**3** clear　　　**4** clever

(2) A: I don't know much about baseball. Can you (　　　) the rules to me?
B: Sure. It's easy.
1 sell　　　　**2** save　　　**3** happen　　**4** explain

(3) A: These pancakes are good, Mom. Can I have (　　　) one?
B: Yes, here you are.
1 other　　　**2** all　　　　**3** another　　**4** anything

(4) A: Do you have any (　　　) for tomorrow?
B: Yes. I'm going shopping in Shibuya.
1 plans　　　**2** symbols　　**3** kinds　　　**4** voices

(5) A: Brian, where's Janet?
B: She's (　　　) at the library. She said she had to study for a math test.
1 slowly　　**2** widely　　**3** probably　　**4** cheaply

(6) A: What did you think of the new French restaurant?
B: It was great. The food looked beautiful, and it (　　　) nice, too.
1 grew　　　**2** held　　　**3** tasted　　**4** joined

(7) In the United States, it's a (　　　) to watch fireworks on the Fourth of July.
1 voice　　　**2** surprise　　**3** tradition　　**4** meaning

(8) **A:** Bob, could you give me a (　　　)? I have to move this desk.
B: Sure.
1 face　　　**2** hand　　　**3** finger　　　**4** head

(9) **A:** This jacket is a little big for me. Can I (　　　) on a smaller one?
B: Certainly, sir. How about this one?
1 hit　　　**2** make　　　**3** enter　　　**4** try

(10) Laura's mother was reading a sad book to her at bedtime. At the
(　　　) of the story, Laura cried.
1 back　　　**2** end　　　**3** page　　　**4** letter

(11) **A:** Are you (　　　) for your piano concert, Paula?
B: Yes. I practiced for three hours every day this week.
1 late　　　**2** ready　　　**3** near　　　**4** dark

(12) The ice skater didn't (　　　) any mistakes. She skated beautifully,
so she got a great score.
1 meet　　　**2** make　　　**3** move　　　**4** miss

(13) **A:** Where did you meet Jack?
B: We met in high school, so I've (　　　) him for over 20 years.
1 knows　　　**2** knew　　　**3** known　　　**4** knowing

(14) Peter is very good at (　　　) stories. His English teacher says he
should become a writer.
1 writing　　　**2** to write　　　**3** wrote　　　**4** writes

(15) **A:** I want to buy something for Jacob's birthday.
B: I know (　　　) he wants. Let's go shopping together.
1 what　　　**2** that　　　**3** how　　　**4** why

(16) ***Brother:*** What are you looking for?
　　　　Sister: My red scarf. (　　　　)
　　Brother: No, not today.
　　1　Can I give you some?　　　　**2**　Have you seen it?
　　3　May I get it?　　　　　　　　**4**　Do you like the color?

(17) 　　　***Son:*** Why isn't Mom eating dinner with us tonight?
　　Father: (　　　　) so she went to bed.
　　1　She loves chicken curry,　　**2**　She's still at her office,
　　3　She called me this afternoon,　**4**　She has a bad stomachache,

(18) 　　　***Wife:*** How many cups of coffee have you had today?
　　Husband: (　　　　)
　　　　Wife: Wow, that's a lot.
　　1　This is my fourth one.　　　**2**　You can have one, too.
　　3　Only one dollar each.　　　　**4**　I'll have tea, please.

(19) ***Man1:*** I'm going fishing with Jim Clark tomorrow.　Do you know
　　　　　him?
　　Man2: Yes, we're friends. (　　　　)
　　Man1: I will.
　　1　He has a fishing boat.　　　**2**　Thanks for asking me.
　　3　I'd like to go with you.　　　**4**　Say hello to him for me.

(20) ***Girl:*** The movie starts in 20 minutes.　Are we going to be late?
　　Boy: Don't worry. (　　　　)
　　1　I lost your ticket.　　　　　**2**　We'll be on time.
　　3　That's a nice idea.　　　　　**4**　I like that actor.

[A]

Staff Member Wanted

Are you interested in a part-time job? Do you enjoy riding a bike? Perry's Pizza Place is looking for a new staff member to take our pizzas to people's houses by bike.

Hours: Fridays 5 p.m. to 8 p.m. and Saturdays 11 a.m. to 6 p.m.
Pay: $10 an hour

You need to be 18 or older to do this job. You can use one of our bikes, so you don't need your own. You don't need to do any cooking or cleaning for this job.

If you're interested in this job, please send an e-mail to our manager, Perry Pitino (pitino@pizzaplace.com).

(21) What time will the new staff member finish work on Saturdays?
1 At 11 a.m.
2 At 5 p.m.
3 At 6 p.m.
4 At 8 p.m.

(22) People can't do this job if they
1 can't make delicious pizzas.
2 don't have their own bike.
3 are busy on Friday mornings.
4 are 17 years old or younger.

3

次のＥメールの内容に関して，*(23)* から *(25)* までの質問に対する答えとして最も適切なものを **1**，**2**，**3**，**4** の中から一つ選び，その番号のマーク欄をぬりつぶしなさい。

[B]

From: Sandra Noble
To: Smithville Garden Center
Date: March 25
Subject: Flowers

Hello,

My name is Sandra Noble. My friend said your garden center is the best, but it's far from my house. I want to ask you for some advice, and maybe I'll visit your garden center next week. My husband and I bought a house in Smithville in January. This spring, we want to plant some flowers in front of our house. I don't have much time for gardening every year, so I want flowers that live longer than one or two years. What kind of flowers would be good?

Sincerely,

Sandra Noble

From: Smithville Garden Center
To: Sandra Noble
Date: March 25
Subject: My advice

Dear Ms. Noble,

Thanks for your e-mail. Flowers that live longer than two years are called perennials. We have lots of perennials at Smithville Garden Center. Many of them are easy to take care of, but different flowers need different things. Some flowers need lots of sun, but others don't. Some flowers even like dry soil.* You said you wanted to put the flowers in front of your house. How many hours of sunshine* does that area get? Is the soil dry? What colors do you like? I'll be at the center every day next week from eight until noon.

Best wishes,
Gary Logan
Manager, Smithville Garden Center

From: Sandra Noble
To: Smithville Garden Center
Date: March 26
Subject: Thank you

Hello Mr. Logan,
My front yard has some big trees, so it doesn't get much sun in summer. The soil is a little wet. I'd like to have some pink or blue flowers. I'll come and visit your garden center and speak to you next Wednesday.
Sincerely,
Sandra Noble

*soil: 土
*sunshine: 日光

(23) What did Sandra Noble do in January?
    1 She got married.
    2 She got a new house.
    3 She asked her friend for advice.
    4 She visited a garden center.

(24) What does Gary Logan say about flowers called perennials?
    1 His garden center doesn't sell them.
    2 They don't need any sunlight.
    3 They are too expensive to buy.
    4 They live longer than two years.

(25) What will Sandra Noble do next week?
    1 Meet with Gary Logan.
    2 Buy some soil.
    3 Plant trees in front of her house.
    4 Start working at a garden center.

3

次の英文の内容に関して，(26)から(30)までの質問に対する答えとして最も適切なもの，または文を完成させるのに最も適切なものを**1**，**2**，**3**，**4**の中から一つ選び，その番号のマーク欄をぬりつぶしなさい。

[C]

Phar Lap

Around the world, many people love to watch horse racing. Each year, thousands of horses take part in races. Most of them don't win, but sometimes there are horses that become famous. One of these horses was from New Zealand, and his name was Phar Lap.

Phar Lap was born in 1926. His father was a champion racehorse, so Phar Lap's owners thought he would run fast, too. But when Phar Lap was young, he was thin and weak,* and he lost every race he took part in. His owners weren't happy with him, so they sold him to an American businessman named David J. Davis in 1928. The trainer* for Phar Lap was a man from Australia named Harry Telford.

When Telford saw Phar Lap for the first time, he was very surprised to see the horse's bad health. However, he thought Phar Lap could become a successful racehorse, so they began training very hard together. Phar Lap became stronger and grew to 174 centimeters tall. Although he lost his first few races in Australia, in April 1929, he finally won his first race, the Maiden Juvenile Handicap in Rosehill.

After that, Phar Lap became much more popular with people. Between 1929 and 1931, large groups of people came to watch his races in Australia and other countries. During this time, he won 36 of the 41 races he took part in. He also made many new world records.* Because of this, Phar Lap will always be remembered as an amazing racehorse in the history of horse racing.

*weak: 弱い
*trainer: 調教師
*world record: 世界記録

(26) When was Phar Lap sold?
  1 In 1926.
  2 In 1928.
  3 In 1929.
  4 In 1931.

(27) Who was Harry Telford?
  1 An Australian horse racer.
  2 An Australian horse trainer.
  3 An American businessman.
  4 An American runner.

(28) What happened in Australia in April 1929?
  1 Telford won a lot of money.
  2 Telford first met Phar Lap.
  3 Phar Lap won a race for the first time.
  4 Phar Lap started taking part in races.

(29) People will never forget Phar Lap because he
  1 never lost a horse race.
  2 ran in every race in Australia.
  3 was the smallest horse at horse races.
  4 made a lot of new world records.

(30) What is this story about?
  1 A famous racehorse.
  2 Different types of horse racing.
  3 How to train horses.
  4 A popular place for pet owners.

4

●あなたは，外国人の友達から以下のQUESTIONをされました。
●QUESTIONについて，あなたの考えとその<u>理由を2つ</u>英文で書きなさい。
●語数の目安は25語～35語です。
●解答は，解答用紙のB面にあるライティング解答欄に書きなさい。<u>なお，解答欄の外に書かれたものは採点されません。</u>
●解答がQUESTIONに対応していないと判断された場合は，<u>0点と採点されることがあります。</u>QUESTIONをよく読んでから答えてください。

QUESTION
What do you enjoy doing on weekends?

●一次試験・リスニング

3級リスニングテストについて

❶このテストには,第1部から第3部まであります。
　★英文は第1部では一度だけ,第2部と第3部では二度,放送されます。
　第1部……イラストを参考にしながら対話と応答を聞き,最も適切な応答を1,2,3
　　　　　の中から一つ選びなさい。
　第2部……対話と質問を聞き,その答えとして最も適切なものを1,2,3,4の中か
　　　　　ら一つ選びなさい。
　第3部……英文と質問を聞き,その答えとして最も適切なものを1,2,3,4の中か
　　　　　ら一つ選びなさい。
❷No. 30のあと,10秒すると試験終了の合図がありますので,筆記用具を置いてください。

第1部

[例題]

CD
青-67

No. 1

CD
青-68

No. 2

CD
青-69

No. 3

No. 4

No. 5

No. 6

No. 7

No. 8

No. 9

No. 10

No. 11

1 Looking for his ruler.
2 Buying a pencil case.
3 Cleaning his desk.
4 Doing his homework.

No. 12

1 She opened her own store.
2 She called Dan.
3 She went to the bank.
4 She bought a necklace.

No. 13

1 One and a half hours.
2 Two hours.
3 Two and a half hours.
4 Three hours.

No. 14

1 He is older than her.
2 She is taller than him.
3 They got birthday presents.
4 They have the same birthday.

No. 15

1 Make pies.
2 Talk to his grandmother.
3 Eat blueberries.
4 Go shopping.

No. 16

1 The English club.
2 The science club.
3 The music club.
4 The drama club.

No. 17

1 Eat at a restaurant.
2 Save money for a trip.
3 Travel to Japan.
4 Learn how to make curry.

No. 18

1 Jenny's.
2 Jenny's sister's.
3 Jenny's friend's.
4 The man's.

No. 19

1 In Carl's office.
2 In the meeting room.
3 On Tracy's desk.
4 On the copy machine.

No. 20

1 Once a week.
2 Twice a week.
3 Once a month.
4 Twice a month.

No. 21

1 Some balloons.
2 Some drinks.
3 Some cake.
4 Some presents.

No. 22

1 At school.
2 At her friend's house.
3 At the park.
4 At home.

No. 23

1 The monkeys.
2 The elephants.
3 The birds.
4 The snakes.

No. 24

1 A famous baseball player.
2 A new baseball stadium.
3 His ski trip.
4 His job.

No. 25

1 She took a bus tour.
2 She made new friends.
3 She went to a church.
4 She visited a museum.

No. 26

1 In his bag.
2 In the library.
3 In his classroom.
4 In the cafeteria.

21年度第3回 リスニング No. 17 〜 No. 26

No. 27

1 His friend.
2 His children.
3 His high school teacher.
4 His father.

No. 28

1 Her mother was sick.
2 Her mother was busy.
3 Her father is the coach.
4 Her father loves sports.

No. 29

1 He goes by train.
2 He goes by bus.
3 He rides his bike.
4 He walks.

No. 30

1 Give a speech.
2 Clean the cafeteria.
3 Make some posters.
4 Make some cookies.

●二次試験・面接

※本書では出題例として2種類のカードを掲載していますが，本番では1枚のみ渡されます。
※面接委員の質問など，二次試験に関する音声はCDに収録されていません。

受験者用問題　カード　A

Pasta

Pasta is eaten in countries around the world.　Pasta tastes good with both meat and vegetables, so it is a popular dish with many people. Some stores sell many different kinds and colors of pasta.

No. 1　　Please look at the passage.　Why is pasta a popular dish with many people?

No. 2　　Please look at the picture.　How many tomatoes is the man holding?

No. 3　　Please look at the girl with long hair.　What is she going to do?

Now, Mr. / Ms. _____, please turn over the card.

No. 4　　What did you do during your winter vacation?

No. 5　　Do you like to go to festivals?
　　　　　　　Yes. → Please tell me more.
　　　　　　　No. → What would you like to do this spring?

Lakes

Japan has many beautiful lakes. They are often quiet and relaxing places to visit. There are places to camp near some lakes, and some people like to go swimming in lakes when it is sunny.

No. 1　　Please look at the passage. What do some people like to do when it is sunny?

No. 2　　Please look at the picture. How many people are sitting in the boat?

No. 3　　Please look at the man wearing a hat. What is he doing?

Now, Mr. / Ms. _____, please turn over the card.

No. 4　　What are you going to do this evening?

No. 5　　Would you like to study abroad?
　　　　　　Yes. → Please tell me more.
　　　　　　No. → Why not?

MEMO

CD作成協力●ELEC録音スタジオ　　本文デザイン●松倉浩・鈴木友佳
編集協力●一校舎　　　　　　　　　企画編集●成美堂出版編集部

本書に関する正誤等の最新情報は，下記のアドレスで確認することができます。
https://www.seibidoshuppan.co.jp/support/

上記URLに記載されていない箇所で正誤についてお気づきの場合は，書名・発行日・質問事項・ページ数・氏名・郵便番号・住所・FAX番号を明記の上，**郵送またはFAXで成美堂出版**までお問い合わせください。
※電話でのお問い合わせはお受けできません。
※本書の正誤に関するご質問以外にはお答えできません。また受験指導などは行っておりません。
※ご質問の到着確認後，10日前後に回答を普通郵便またはFAXで発送いたします。
　ご質問の受付期限は，2024年度の各試験日10日前到着分までとさせていただきます。
　ご了承ください。

・本書の付属CDは，CDプレーヤーでの再生を保証する規格品です。
・CDプレーヤーで音声が正常に再生されるCDから，パソコンやiPodなどのデジタルオーディオプレーヤーに取り込む際にトラブルが生じた場合は，まず，そのソフトまたはプレーヤーの製作元にご相談ください。
・本書の付属CDには，タイトルなどの文字情報はいっさい含まれておりません。CDをパソコンに読み込んだ際，異なった年版や書籍の文字情報が表示されることがありますが，それは弊社の管理下にはないデータが取り込まれたためです。必ず音声をご確認ください。

このコンテンツは，公益財団法人 日本英語検定協会の承認や推奨，その他の検討を受けたものではありません。

英検®3級過去6回問題集 '24年度版

2024年3月10日発行

編　者　成美堂出版編集部

発行者　深見公子

発行所　成美堂出版
　　　　〒162-8445　東京都新宿区新小川町1-7
　　　　電話(03)5206-8151　FAX(03)5206-8159

印　刷　株式会社フクイン

©SEIBIDO SHUPPAN 2024 PRINTED IN JAPAN
ISBN978-4-415-23811-1
落丁・乱丁などの不良本はお取り替えします
定価はカバーに表示してあります

• 本書および本書の付属物を無断で複写，複製(コピー)，引用することは著作権法上での例外を除き禁じられています。また代行業者等の第三者に依頼してスキャンやデジタル化することは，たとえ個人や家庭内の利用であっても一切認められておりません。

文部科学省後援

'24
年度版

英検®
過去6回
問題集

3級

別冊 解答・解説

矢印の方向に引くと切り離せます。

成美堂出版

CONTENTS

※別冊は，付属の赤シートで答えを隠してご利用下さい。

●合格基準スコア●

一次試験 ‥‥‥‥‥‥‥‥‥‥‥‥‥‥‥‥‥‥‥‥ 1103
（満点1650／リーディング550, リスニング550, ライティング550）

二次試験 ‥‥‥‥‥‥‥‥‥‥‥‥‥‥‥‥‥‥‥‥‥ 353
（満点550／スピーキング550）

間違った問題は特によく解説を読みましょう。

本書で使用する記号

S＝主語　　　V＝動詞　　　O＝目的語　　　C＝補語

to *do* / *do*ing＝斜体の*do*は動詞の原形を表す

空所を表す(　)以外の(　)＝省略可能・補足説明
[　]＝言い換え可能

2023年度 第❷回

解答欄

問題番号	1	2	3	4
(1)	①	②	③	●
(2)	①	●	③	④
(3)	①	●	③	④
(4)	①	②	●	④
(5)	●	②	③	④
(6)	①	②	③	●
(7)	●	②	③	④
(8)	①	●	③	④
(9)	①	②	③	●
(10)	①	②	③	●
(11)	①	●	③	④
(12)	●	②	③	④
(13)	①	②	●	④
(14)	①	②	③	●
(15)	①	●	③	④

1

解答欄

問題番号	1	2	3	4
(16)	①	②	③	●
(17)	①	②	③	●
(18)	①	②	●	④
(19)	①	②	●	④
(20)	●	②	③	④
(21)	●	②	③	④
(22)	●	②	③	④
(23)	①	●	③	④
(24)	①	●	③	④
(25)	①	②	③	●
(26)	①	②	●	④
(27)	●	②	③	④
(28)	●	②	③	④
(29)	①	②	③	●
(30)	①	②	●	④

2 (16–20), **3** (21–30)

4 の解答例は
p.14をご覧ください。

リスニング解答欄

問題番号	1	2	3	4
例題	①	②	●	
No. 1	●	②	③	
No. 2	①	②	●	
No. 3	●	②	③	
No. 4	●	②	③	
No. 5	①	②	●	
No. 6	①	●	③	
No. 7	①	●	③	
No. 8	●	②	③	
No. 9	①	②	●	
No. 10	●	②	③	
No. 11	①	②	●	④
No. 12	①	②	●	④
No. 13	①	●	③	④
No. 14	①	②	③	●
No. 15	①	②	●	④
No. 16	①	●	③	④
No. 17	●	②	③	④
No. 18	●	②	③	④
No. 19	①	●	③	④
No. 20	①	②	●	④
No. 21	●	②	③	④
No. 22	①	②	③	●
No. 23	①	②	●	④
No. 24	①	②	③	●
No. 25	●	②	③	④
No. 26	①	②	③	●
No. 27	①	②	●	④
No. 28	●	②	③	④
No. 29	●	②	③	④
No. 30	①	●	③	④

第1部 (No.1–10), 第2部 (No.11–20), 第3部 (No.21–30)

(1) 正解 **4**

訳 A：私にこの本を貸してくれてありがとう。私はとてもそれを楽しんだよ。

B：あなたが気に入ったのなら、それを持ったままでいいよ。

解説 Bに借りた本をとても楽しんだというAに，BがYou can（　）it（＝this book）「あなたはそれ（＝この本）を（　）できる」if you like「あなたが気に入ったのなら」と言っている。選択肢の中で空所に入れて意味が通るのは，**4**のkeep「持ったままでいる」。win「勝つ」，wait「待つ」，rise「上がる」。

(2) 正解 **2**

訳 ぼくは今日雨の中でサッカーをした，だからぼくのユニフォームは今，とても汚れている。

解説 「雨の中でサッカーをした」の後に接続詞so「だから」がある。選択肢にはさまざまな形容詞が並んでいるが，雨の中サッカーをした後のmy uniform「ぼくのユニフォーム」の状態を表すのにふさわしいのは**2**のdirty「汚れた」。new「新しい」，long「長い」，quick「速い」。

(3) 正解 **2**

訳 A：あなたが毎朝5km走るって聞いたよ。

B：それは正確じゃない。ぼくはふだんたった3kmしか走らないよ。

解説 Bが毎朝5km走ると聞いたというAに対し，BはThat's not（　）.「それは（　）ではない」と答えている。続けてふだんは3kmしか走らないと言っているので，空所に**2**のtrue「正確な，本当の」を入れると会話の流れに合う。warm「暖かい」，ready「準備ができた」，fast「速い」。

(4) 正解 **3**

訳 私は先月日本に行く前に，父からいいアドバイスをもらった。彼は私に，旅行の前にいくつか簡単な日本語の単語を学ぶように言った。

解説 選択肢にはさまざまな名詞が並んでいるが，I got some good（　）from my father「父からいい（　）をもらった」の空所に入れて意味が通るのは**3**のadvice「アドバイス」だけ。sky「空」，meaning「意味」，time「時間」。

(5) 正解 **1**

訳 今日は雪が降っていたが，リンダは暖かい手袋をせずに出かけた。彼女の手はとても冷たくなった。

解説 〈without＋〜ing〉で「〜しないで」という意味になる。空所に**1**を入れて「手袋をしないで」とすると，第2文の「手が冷たくなった」にも合う。among「〜（3つ以上のもの）の間に」，through「〜を通って」，between「〜（2つのもの）の間に」。

(6)　正解　**4**

訳　A：大丈夫，ジム？

　　　B：指が痛いんだ。保健室の先生に診てもらうつもり。

解説　Are you OK? は何か不具合がありそうな相手に様子をうかがう言い方。Bの第2文に the school nurse「保健室の先生」に会う（＝診てもらう）とあることから，空所に**4**の hurts「痛む，痛い」を入れると会話の流れに合う。shout「叫ぶ」，laugh「笑う」，know「知っている」。

(7)　正解　**1**

訳　ポールは誕生日パーティーに9人の友だちを招待したが，6人だけが来た。他の3人は忙しすぎた。

解説　〈invited＋人＋to ～〉で「～に（人）を招待した」という意味になる。正解は**1**。introduced＜introduce「紹介する」，met＜meet「会う」，felt＜feel「感じる」。

(8)　正解　**2**

訳　A：あなたはどのくらいの頻度でスキーに行くの？

　　　B：1年に2，3回。ぼくはたいてい，新潟に1回と長野に1回行くよ。

解説　How often ～?は頻度をたずねる質問。どのくらいの頻度でスキーに行くのかという質問に対する応答としてふさわしいのは，A couple of times「2，3回」a year「1年に（つき）」。正解は**2**。hobby「趣味」，fact「事実」，group「グループ」。

(9)　正解　**4**

訳　A：今日のルーシーの競泳はどうだった？

　　　B：勝ちはしなかったけれど，最善を尽くしたよ。私は彼女を誇りに思う。

解説　イディオムの問題。do one's best で「最善を尽くす」という意味になる。**4**が正解。ここでは過去の話なので過去形didが使われている。just「ちょうど」，next「次の」，first「最初の」。

(10)　正解　**4**

訳　A：今夜のディナーパーティーの前に私たちの家を掃除する必要がある。

　　　B：うん。まず最初に，リビングを掃除しよう。それから，その後にキッチンとお手洗いを掃除できる。

解説　イディオムの問題。first of all で「まず最初に」という意味になる。正解は**4**。家を掃除する必要があるというAに賛成したBが，掃除の順番を提案している会話である。right「正しい」，straight「まっすぐな」，next「次の」。

(11)　正解　**2**

訳　ユウコの父親は少しスペイン語を話せる。彼は子どもの頃，しばらくスペインに住んでいた。

解説　イディオムの問題。for a while で「しばらく（の間）」という意味になる。**2**が正解。matter「事柄」，chance「機会」，future「未来」。

(12) 正解 **1**

訳 スコットはボストンに1日しかいなかったが，有名な美術館を見て回る時間はあった。彼はそこでたくさんの美しい絵を見た。

解説 イディオムの問題。空所のあとの a famous art museum「有名な美術館」の前に置いて意味が通るようにするには，**1**を入れて look around 〜「〜を見て回る」とする。against「〜に反対して」，away「〜から離れて」，like「〜のような」。

(13) 正解 **3**

訳 A：あの建物は東京タワーよりも高い？
B：そう思う。

解説 文法の問題。選択肢には形容詞 tall「（背が）高い」のさまざまな形が並んでいる。空所のあとに than「〜よりも」があるので，**3**の taller「もっと背が高い」を入れて taller than Tokyo Tower「東京タワーより高い」とする。tallest「いちばん高い」，tall「高い」，too tall「高すぎる」。

(14) 正解 **4**

訳 A：ピーターは午後5時の会議に来る予定ですか。
B：いいえ。彼はすでに帰宅してしまいました。彼は，気分が良くないと言っていました。

解説 文法の問題。選択肢には動詞 go「行く」のさまざまな形が並んでいる。空所の前に has already があるので，**4**の過去分詞 gone を入れて，完了を表す現在完了形 has already gone home「すでに帰宅してしまった」の形にする。to go（不定詞），went（過去形），go（原形）。

(15) 正解 **2**

訳 ユリコには2人の兄弟がいる。彼女は毎週末，彼らと一緒にテレビゲームをして楽しむ。

解説 文法の問題。選択肢には動詞 play「（スポーツやゲームなどを）する」のさまざまな形が並んでいる。空所の前に enjoys「〜を楽しむ」がある。enjoy *do*ing で「〜して楽しむ」という意味になるので，正解は**2**。played（過去形，過去分詞），plays「3人称単数現在形」，play（原形）。

2 一次試験・筆記
(問題編p.38)

(16) 正解 **4**

訳 少年：ぼく，今週末泳ぎに行くんだ。君もぼくと一緒に来ない？
少女：ごめんなさい，私はとても忙しいの。たぶんまたの機会にね。

選択肢の訳 1 電車で約1時間。　2 週に5回。　3 1回だけ。　4 たぶんまたの機会にね。

解説 Do you want to *do*?は「〜しない？」とカジュアルに誘う表現。今週末泳ぎに行く少年が少女にも来ないかと誘っているが，少女はSorry「ごめんなさい」と断っている。断った後に言うせりふとして適切なのは，4のMaybe some other time.「たぶんまたの機会にね」である。

(17) 正解 **4**

訳 少年1：メリークリスマス！　いい冬休みを。
少年2：君もね，マイク。また来年会おう。

選択肢の訳 1 大丈夫だよ，　2 彼はそうするよ，　3 ちょっと待って，
4 君もね，

解説 クリスマスの，少年2人の会話。Have a nice 〜.は「いい〜を」と休暇などの前に言うあいさつ。それに対する応答の決まり文句は，4のSame to you「君もね」。「いい冬休みを」と言われて「君もいい冬休みを」と返している。

(18) 正解 **3**

訳 息子：暗くなってきたよ。明かりをつけようか？
母親：うん，お願い。あとカーテンも閉めて。

選択肢の訳 1 すぐ家に帰ってもいい？　2 テレビを見ているの？　3 明かりをつけようか？　4 朝食はいかがですか？

解説 息子がdark「暗く」なってきたと言った後のせりふが空所になっている。母親がYes, please.「うん，お願い」と答えているので，Shall I 〜?「〜しましょうか」と申し出る表現を使った3が正解。turn on the light「明かりをつける」という内容も，前の文からの流れに合う。

(19) 正解 **3**

訳 母親：中国史の授業はどう，ボビー？
息子：それはとてもおもしろいよ。ぼくはたくさん学んでいる。

選択肢の訳 1 あなたもするといいなと思う。　2 ぼくは授業をとりたい。
3 ぼくはたくさん学んでいる。　4 あなたがそれを好きで嬉しい。

解説 母親と息子の会話。It's really interesting.「それはとてもおもしろいよ」のItはChinese history class「中国史の授業」をさしている。後に続くせりふとして自然なのは，3のI'm learning a lot.「ぼくはたくさん学んでいる」。

(20) 正解 **1**

訳 父親：ルーシー，通りを走って横切ってはいけないよ。危ないよ。
　　　娘：心配しないで，お父さん。しないよ。

選択肢の訳 **1** 危ない。　　**2** もう行く時間だよ。　　**3** それは君にだよ。
4 それは向こうだよ。

解説 父親と娘の会話。don't run across the street「通りを走って横切ってはいけないよ」のあとに続くせりふとしてふさわしいのは**1**のIt's dangerous.「危ないよ」。娘のせりふI won'tのあとにはrun across the street「通りを走って横切る」が省略されている。

3[A] 一次試験・筆記
(問題編p.39)

Key to Reading 3級では3種類の長文が出題される。最初の長文は掲示文。タイトルには掲示のテーマが書かれているので，必ず確認しよう。掲示文では，日付や場所などの情報を正しく読み取ることが重要。特に時を表す言葉は必ず確認しよう。ここでは時刻が文の中にも複数出てくるので，何時に何が起こるのか，整理して読み取ることが重要となる。

訳　今週土曜日のバスケットボールの試合
ブラウンズビル中学校のバスケットボールチームは今週末，大事な試合があります。全生徒のみなさんに来てほしいです！

場所：スプリングフィールド中学校体育館
あなたをスプリングフィールド中学校に連れていくよう，ご両親に頼んでください。そこは遠いので，彼らはそこへ車で行かなくてはならないでしょう。彼らはその学校の近くの駐車場に駐車することができます。それから，そこから正門まで5分歩かなくてはなりません。

時間：午後7:00 – 午後8:30
試合は午後7時に始まりますが，午後6時30分より前に到着してください。学校のドアは午後6時までは閉まっています。

楽しみましょう！

語句　parking lot「駐車場」

(21)　正解　**1**

質問の訳　生徒たちが試合を見たい場合，彼らは…行かなくてはならない。

選択肢の訳　**1**　駐車場から正門まで歩いて
　　　　　　2　ブラウンズビル中学校の体育館まで車で
　　　　　　3　スプリングフィールド中学校まで自転車で
　　　　　　4　スプリングフィールドまで電車で

解説　中ほどの Place:「場所」で始まる段落に，試合会場とアクセス方法が書かれている。段落最終文に you have to walk five minutes「5分歩かなくてはなりません」from there to the front gate「そこから正門まで」とあり，この there は前の文の the parking lot「駐車場」をさす。正解は**1**。

(22)　正解　**1**

質問の訳　土曜日，学校のドアはいつ開きますか。

選択肢の訳　**1**　午後6時。
　　　　　　2　午後6時30分。
　　　　　　3　午後7時。
　　　　　　4　午後8時30分。

解説　When を使って時をたずねているので，本文の Time:「時間」のところに答えが書かれていると見当をつける。この段落最後の文に The doors of the school will be closed「学校のドアは閉まっています」until 6:00 p.m.「午後6時まで」とあるので，ドアが開くのは**1**の At 6:00 p.m. である。

Key to Reading 2番目の長文はEメールまたは手紙文。今回のように，2通または3通のメールがセットで出題されることが多い。まずヘッダーのFrom:（送信者）とTo:（受信者）を確認して，本文中のIやyouが誰を指しているのかをつかもう。今回は，1通目の書き手（＝I）であるキャシー・ラミレスと，2通目の書き手であるアリソン・ラミレスという姉妹によるやりとりである。

訳

送信者：キャシー・ラミレス
受信者：アリソン・ラミレス
日付：4月3日
件名：マークのためのパーティー
....

こんにちはアリソン，
何だかわかる？　マークが4年間勉強するためにヒルサイド大学に行くの！　私たちの弟がそんないい大学に行くなんて信じられない。私はそのニュースを聞いたときすごく驚いたけど，彼が高校で一生懸命勉強して，成績が良かったのを知っています。彼は科学を学ぶつもりだと言っているよ。私は今週の土曜日，お母さんとお父さんの家で彼のためのパーティーをしようと計画しているの。彼の友だちの何人かにも来るよう頼むつもり。私がパーティーの準備をするのを手伝ってくれる？　パーティーは午後4時に始まる予定だから，私と一緒に両親の家を掃除するために，午後3時までに到着してほしいの。もちろん，お母さんとお父さんも手伝ってくれる。それから，カレーライスを作ってパーティーに持ってきてくれない？　それはマークのいちばん好きな食べ物で，彼はあなたの料理がとてもおいしいと思っているから。
あなたの姉[妹]，
キャシー

送信者：アリソン・ラミレス
受信者：キャシー・ラミレス
日付：4月3日
件名：すごいニュース！
....

こんにちはキャシー，
それはすごいニュースね！　マークがもうすぐ大学に行くなんて信じられない！　彼は本当にいい大学に行きたがっていたから，きっとすごく幸せだと思う。私は土曜日，あなたがパーティーの準備をするのを手伝えるよ。午前10時から11時30分まで歌のレッスンがあるの。その後，スーパーマーケットに行って肉と野菜を買って，それから自分の家でカレーライスを作るわ。お母さんとお父さんの家には午後2時30分に着く予定。それから，あなたが家を掃除するのを手伝えるよ。
土曜日に会いましょう，

アリソン

(23)　正解　**2**

質問の訳　キャシーはなぜ驚いたのですか。

選択肢の訳　**1**　彼女の弟は高校で成績が良くなかった。
　　　　　　2　彼女の弟がヒルサイド大学に行く。
　　　　　　3　彼女の弟が科学を好きではないと言った。
　　　　　　4　彼女の弟が別の高校に行く。

解説　キャシーが書いた1通目のメールを見る。本文第4文に I was so surprised when I heard that news「私はそのニュースを聞いたときすごく驚いた」とあり，この that news は第2文の Mark is going to go to Hillside University「マークがヒルサイド大学に行く」という内容をさす。第3文からマークはキャシーの弟だとわかるので，正解は**2**の Her brother will go to Hillside University.「彼女の弟がヒルサイド大学に行く」。

(24)　正解　**2**

質問の訳　キャシーはアリソンに…ほしい。

選択肢の訳　**1**　マークの友だちに電話して
　　　　　　2　パーティーのために食事を作って
　　　　　　3　両親にキャシーの計画について話して
　　　　　　4　パーティーをする場所を見つけて

解説　〈want＋人＋to＋動詞の原形〉で「（人）に〜してほしい」という意味になる。1通目のキャシーのメールで本文最後から2文目に could you make curry and rice and bring it to the party?「カレーライスを作ってパーティーに持ってきてくれない？」とあるので，キャシーがアリソンにしてほしいのは**2**の make some food for the party「パーティーのために食事を作る」こと。

(25)　正解　**4**

質問の訳　アリソンは歌のレッスンの後に何をするでしょうか。

選択肢の訳　**1**　レストランでカレーライスを食べる。
　　　　　　2　自分の家を掃除する。
　　　　　　3　学校に，車でマークを迎えに行く。
　　　　　　4　スーパーマーケットへ買い物に行く。

解説　2通目のアリソンが書いたメールを見る。本文第5文に午前10時から11時30分まで歌のレッスンがあると書かれていて，続けて第6文に After that, I'll go to the supermarket and buy meat and vegetables「その後，スーパーマーケットに行って肉と野菜を買う」とある。正解は**4**。

Key to Reading 3番目の長文は説明文。世界の文化・風習や人物の伝記など，さまざまなジャンルの説明文が出題されている。文章が長いので，先に設問文を読んで何が聞かれているかをつかみ，その答えを探しながら本文を読み進めるのもよいだろう。設問は5問。ここでは本文の一部に関する問題が4問，最後に全体のテーマが問われている。今回の内容は，世界各地で使われている香辛料，サフランについて。

訳 サフラン

サフランは世界中の多くの国で料理に使われる香辛料だ。それはクロッカスと呼ばれる花の小さなパーツから作られる。これらのパーツは赤色だが，サフランを使って料理された食べ物は黄色だ。多くの人々は，この味が濃く，とてもおいしいと考えている。サフランは米や肉，スープなど，多くの種類の食べ物を料理するのに使われる。

アジアの一部の人々は長い間，料理するときにサフランを使ってきた。それはまた，南ヨーロッパの一部でも数百年にわたって人気がある。後に，別の場所の人々もそれを使い始めた。多くの人々はサフランを料理に使うが，別のものごとにそれを使う人々もいる。それは気分を改善するのに役立つように，病気の人々に与えられた，また人々は衣服を染めるのにもそれを使った。

サフランを作るのは簡単ではない。通常，1グラムのサフランを作るのに150個を超えるクロッカスの花を集める必要がある。この花は秋と冬の数か月にしか育たない。この花は弱いので，人々は手でそれらを集めなくてはならない。これには長い時間がかかるため，花を集めるためには多くの人々が必要とされる。また，花は朝早く，太陽が花を傷つける前に集められなくてはならない。

これらの理由から，サフランは高価である。それは世界で最も高価な香辛料だ。過去には，それは金よりも高価だった。しかし，その濃い味のために，人々は料理するときにそれをたくさんは必要としない。そのため，多くの人々は今も自宅で使うためにサフランを買う。

語句 crocus「クロッカス」

(26) 正解 **3**

質問の訳 サフランは何からできていますか。

選択肢の訳 **1** 肉。 **2** 米。 **3** 花のパーツ。 **4** 黄色い野菜。

解説 質問文のbe made from 〜は，「〜からできている」という原料を示す表現。第1段落第2文にIt is made from small parts of a flower called a crocus.「それはクロッカスと呼ばれる花の小さなパーツから作られる」とあり，このItは前文のSaffron「サフラン」をさしている。正解は**3**。

(27) 正解 **1**

質問の訳 長い間，南ヨーロッパの一部では何が人々に人気ですか。

選択肢の訳 **1** サフランを食事に使うこと。 **2** 具合の悪いとき，黄色い衣服を着

ること。　　**3**　サフランで衣服を洗うこと。　　**4**　アジアの医師を訪ねること。

解説　第2段落第2文にIt has also been popular for hundreds of years in parts of southern Europe.「それはまた，南ヨーロッパの一部でも数百年にわたって人気がある」とあり，この文のItは前文の「料理するときにサフランを使う」ことをさす。正解は**1**のUsing saffron in their meals.「サフランを食事に使うこと」。

(28)　正解　**1**

質問の訳　人々はクロッカスの花を集めるとき，何をする必要がありますか。

選択肢の訳　**1**　自分たちの手を使う。　　**2**　外が暑いときに始める。　　**3**　古い機械を使う。　　**4**　午後早くに始める。

解説　クロッカスの花の収穫については第3段落に書かれている。第4文後半にpeople have to collect them with their hands「人々は手でそれらを集めなくてはならない」とあり，このthemは文前半のThe flowers，つまりクロッカスの花をさす。正解は**1**のUse their hands.「自分たちの手を使う」。

(29)　正解　**4**

質問の訳　人々は料理するときたくさんのサフランを使わない，なぜなら…から。

選択肢の訳　**1**　大部分の人々を具合悪くさせる　　**2**　赤は人気のある色ではない　**3**　買うのが難しい　　**4**　濃い味をしている

解説　第4段落第4文にpeople don't need to use much of it (＝ saffron) when they cook「人々は料理するときにそれらをたくさんは必要としない」とあり，続けてbecause of its strong taste「その濃い味のために」と理由が書かれている。正解は**4**のit has a strong taste「濃い味をしている」。

(30)　正解　**3**

質問の訳　この話は何についてのものですか。

選択肢の訳　**1**　人々がもう食べない香辛料。　　**2**　多くの種類の花を育てる新しい方法。　　**3**　多くの料理に使われている人気の香辛料。　　**4**　花で有名な場所。

解説　この長文はタイトルがSaffron「サフラン」で，最初の文にa spice that is used for cooking in many countries around the world「世界中の多くの国で料理に使われる香辛料だ」という説明があり，その後もサフランについての詳しい説明が続いている。正解は**3**。

QUESTIONの訳　あなたは将来外国で働きたいですか。

解答例　Yes, I do.　First, I want to work with foreign people and learn about their cultures.　Second, my dream is to work for a famous fashion company in Europe.

解答例の訳　はい，働きたいです。第1に，外国の人々と一緒に働いて，彼らの文化について学びたいです。第2に，私の夢はヨーロッパの有名なファッション会社で働くことです。

解説　まず，「将来外国で働きたいか」という質問に対する自分の立場をはっきりさせる。働きたい場合は解答例のように答え，働きたくない場合はNo, I don't.　とする。続けて理由を列挙する。解答例のように，First, ... Second, 〜.「第1に，…。第2に〜」と述べるほか，One reason is ....　Another is 〜.「1つの理由は…。もう1つは〜」としてもよい。Noで答えた場合の理由としては，例えばI want to live near my family and friends.「家族や友だちの近くで暮らしたい」，I think Japan is a safe country to live in.「日本は住むのに安全な国だと思う」，I love Japanese food.「私は日本の食べ物が大好きだ」などが考えられる。

第**1**部	一次試験・リスニング

（問題編pp.45〜46）

〔例題〕*A:* I'm hungry, Annie.

　　　　B: Me, too.　Let's make something.

　　　　A: How about pancakes?

　　　1　On the weekend.

　　　2　For my friends.

　　　3　That's a good idea.　　　　　　　　　　　　　　　〔正解　**3**〕

訳　A：アニー，お腹がすいたよ。

　　　B：私もよ。何かを作りましょうよ。

　　　A：パンケーキはどう？

選択肢の訳　**1**　週末にね。　　**2**　私の友だちのためにね。　　**3**　それはいい考えね。

No.1　正解　**1**

放送文　*A:* What did you do last weekend?

　　　　B: I went to Forest Park.

　　　　A: Oh, that park is beautiful.

　　　1　It's my favorite place.

　　　2　We have an hour.

　　　3　I'll do it later.

訳　A：あなたは先週末何をしたの？

　　　B：ぼくはフォレスト・パークに行ったよ。

　　　A：ああ，その公園は美しいわね。

選択肢の訳　**1**　それはぼくのお気に入りの場所なんだ。　　**2**　1時間あるよ。

3　ぼくはあとでそれをやるよ。

解説　会社の同僚どうしの会話。フォレスト・パークに行ったというB（＝男性）に対し，A（＝女性）が「その公園は美しいわね」と感想を言っている。それに対する応答としてふさわしいのは，**1**のIt's my favorite place.「それはぼくのお気に入りの場所なんだ」。このItはthat park，つまりForest Parkをさす。

No.2　正解　**3**

放送文　*A:* Hi, Mike.

　　　　B: Hi, Tracy.　Is that a new phone?

　　　　A: Yeah, I bought it yesterday.

　　　1　I sent one this morning.

　　　2　Not yet.

　　　3　It looks cool.

訳　A：こんにちは，マイク。

　　　B：こんにちは，トレイシー。それ，新しい電話？

A：うん。私はそれを昨日買ったの。

1 ぼくは今朝1台送ったよ。　**2** まだだよ。　**3** よさそうだね。

解説 友だちどうしの会話。A（＝トレイシー）が手に持っている電話についてB（＝マイク）がIs that a new phone?「それ，新しい電話？」とたずね，AがYeah「うん」と肯定してからI bought it yesterday「私はそれを昨日買った」と言っている。それに対する応答としてふさわしいのは，It looks cool.「よさそうだね」と感想を述べている **3**。この文のItはa new phoneをさす。

No.3 正解 **1**

放送文 *A:* Have you seen this movie yet?

　　　　B: Yeah. I saw it last week.

　　　　A: How was it?

　　　　1 It was funny.

　　　　2 Two and a half hours.

　　　　3 Only seven dollars.

訳 A：あなたはもうこの映画を見た？

　　 B：うん。ぼくはそれを先週見たよ。

　　 A：それはどうだった？

選択肢の訳 **1** おもしろかった。　**2** 2時間半。　**3** たった7ドルだよ。

解説 映画のポスターが並んでいる前での会話。ポスターの映画を先週見たというB（＝少年）に対し，A（＝少女）がHow was it?「それはどうだった？」と感想をたずねている。It was funny.「おもしろかった」と感想を言っている **1** が正解。itはどちらも，Aの最初のせりふにあるthis movie「この映画」をさす。

No.4 正解 **1**

放送文 *A:* You look happy, Peter.

　　　　B: Yeah, I got into Carlton University.

　　　　A: Well done! What are you going to study?

　　　　1 European history.

　　　　2 About three hours a day.

　　　　3 I'll do my best.

訳 A：嬉しそうだね，ピーター。

　　 B：ええ，ぼくはカールトン大学に合格したんです。

　　 A：よくやったわね！　あなたは何を勉強するつもり？

選択肢の訳 **1** ヨーロッパ史を。　**2** 1日約3時間。　**3** 最善を尽くすよ。

解説 うれしそうなB（＝ピーター）が，大学に合格したと言っている。get into ～には「～に合格する，～に受け入れられる」という意味があり，ここでは過去形で用いられている。それに対し，A（＝先生と思われる女性）がWell done!「よくやったわね！」とお祝いを言った後，「何を勉強するつもりなのか」とたずねている。具体的に科目名を答えている **1** のEuropean history.「ヨーロッパ史を」が正解。

No.5　正解　3

放送文　*A:* Do you need help, Carl?
　　　　B: Yes. Can you try this soup?
　　　　A: Hmm. I think there isn't enough pepper.
　　　1　I like Italian food.
　　　2　I went to the supermarket.
　　　3　I'll put some more in, then.

訳　A：手伝いが必要，カール？
　　　B：うん。このスープを味見してくれる？
　　　A：うーん。コショウが十分じゃないと思う。

選択肢の訳　**1**　ぼくはイタリア料理が好きだ。　　**2**　ぼくはスーパーに行ったよ。
3　じゃあ，もう少し入れるよ。

解説　料理をしているB（＝カール）がA（＝女性）に対し，Can you try this soup?「このスープを味見してくれる？」と頼んでいる。Aはthere isn't enough pepper「コショウが十分ではない」と言っているので，それに対するBの応答として適切なのは，**3**のI'll put some more in, then.「じゃあ，もう少し入れるよ」。Some moreのあとにはpepperが省略されている。

No.6　正解　2

放送文　*A:* You look lost. What's wrong?
　　　　B: I'm looking for the Garden Hotel.
　　　　A: It's on the next block.
　　　1　On business.
　　　2　Thanks for your help.
　　　3　He was late.

訳　A：道に迷っているようですね。どうしましたか。
　　　B：ぼくはガーデン・ホテルを探しているんです。
　　　A：それは次のブロックにありますよ。

選択肢の訳　**1**　仕事で。　　**2**　助けてくれてありがとうございます。　　**3**　彼は遅刻しました。

解説　A（＝女性）の最初のせりふにあるlook lostは「道に迷っているように見える」という意味。道に迷っていそうなB（＝男性）にAが声をかけて，道案内をしている会話である。BはI'm looking for 〜.「私は〜を探しています」の形を使ってホテルの場所をたずね，AがIt's on the next block.「それは次のブロックにありますよ」と場所を伝えている。道案内をしてもらったBが言うせりふとしてふさわしいのは，**2**のThanks for your help.「助けてくれてありがとうございます」。

No.7　正解　2

放送文　*A:* Alex, where are you going?
　　　　B: To the park to play soccer.
　　　　A: OK, but let's have dinner at six.

1 I've been there, Mom.

2 I'll be home by then.

3 That's my soccer ball, Mom.

訳 　A：アレックス，あなたはどこに行くの？

　　B：サッカーをしに公園へ。

　　A：わかった，でも6時に夕食を食べましょうね。

選択肢の訳 　**1** ぼくはそこに行ったことがあるよ，お母さん。　**2** それまでに家に帰るよ。　**3** それはぼくのサッカーボールだよ，お母さん。

解説 　A（＝母親）とB（＝アレックス）の会話。公園に行くというBに対し，AがOK「わかった」と認めた後でlet's have dinner at six「6時に夕食を食べましょう」と言っている。それに対する応答としてふさわしいのは，I'll be home by then.「それまでに家に帰るよ」という**2**。

No.8　正解　**1**

放送文 　*A:* Could you take this chair outside?

　　B: Sure.

　　A: You're so helpful.　Thanks.

　1 My pleasure.

　2 In the garden.

　3 Me, too.

訳 　A：この椅子を外に持って行っていただける？

　　B：いいよ。

　　A：あなたはとても助けになるわ。ありがとう。

選択肢の訳 　**1** どういたしまして。　**2** 庭で。　**3** ぼくもです。

解説 　テーブルと椅子が並んでいる前で，A（＝女性）がB（＝男性）に対してCould you take this chair outside?「この椅子を外に持って行っていただける？」とていねいに頼み，BがSure.「いいよ」と引き受けてくれたのでAは礼を言っている。お礼に対する決まり文句My pleasure.「どういたしまして」で答えている**1**が正解。お礼を言われたときは，ほかにYou're welcome. なども使うことができる。

No.9　正解　**3**

放送文 　*A:* Jane, how was your trip to Mexico?

　　B: Great!

　　A: Will you go again?

　1 Enjoy your trip.

　2 A new passport.

　3 Maybe next year.

訳 　A：ジェーン，メキシコへの旅行はどうだった？

　　B：すばらしかった！

　　A：君はまた行くつもり？

選択肢の訳 　**1** 旅行を楽しんでね。　**2** 新しいパスポート。　**3** たぶん来年に。

解説 　メキシコへの旅行がすばらしかったというB（＝ジェーン）に対し，A（＝男性）

がWill you go again?「君はまた行くつもり？」とたずねている。YesやNoで答えている選択肢はなく，**Maybe next year.**「たぶん来年に」と内容的にYesを含む答え方をしている**3**が正解となる。

No.10 正解 **1**

放送文 *A:* Dad, can you please bring me a red pencil?
B: Sure. Why?
A: I'm drawing a picture.
　1 I'd love to see it.
　2 On the desk.
　3 We can go together.

訳 A：お父さん，私に赤鉛筆を持ってきてくれる？
　B：いいよ。どうして？
　A：私，絵を描いているの。

選択肢の訳 **1** ぜひそれを見たいな。　**2** 机の上だよ。　**3** ぼくたち一緒に行けるよ。

解説 A（＝少女）とB（＝父親）の会話。I'm drawing a picture.「私，絵を描いているの」というAに対してBが言うせりふとして適切な選択肢は，**1**のI'd love to see it.「ぜひそれを見たいな」。I'd love to *do.*は「ぜひ〜したい」という表現で，itはa pictureをさしている。なお今回の問題で解答するのに直接関係はないが，Aの最初のせりふにあるCan you please 〜?はていねいに依頼する言い方。会話でよく使われるので覚えておこう。

第2部 一次試験・リスニング
(問題編pp.47〜48)

No.11 正解 **3**

放送文 *A:* You look sad, Bob. What's wrong?
B: My friend Mike called. He can't come to my birthday party tonight.
A: Oh no! Why not?
B: He caught a cold.
Question: Why is Bob sad?

訳 A：悲しそうだね，ボブ。どうしたの？
　B：友だちのマイクが電話してきたんだ。彼は，今夜ぼくの誕生日パーティーに来られないって。
　A：うわあ！　どうして来られないの？
　B：風邪を引いたんだ。

質問の訳 なぜボブは悲しいのですか。

選択肢の訳 **1** 彼はプレゼントを買うのを忘れた。　**2** 彼の母親が風邪を引いた。
3 マイクは彼のパーティーに来ることができない。　**4** 誰も彼の誕生日ケーキを気に入らなかった。

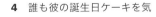

What's wrong?「どうしたの？」は，何か悪いことがあったように思われる相手に対して様子をたずねる質問。ここでは悲しそうなB（＝ボブ）に対し，A（＝女性）が質問している。Bは最初のせりふ第2文でHe can't come to my birthday party「彼は今夜ぼくの誕生日パーティーに来られない」と言っており，このHeは前文のMikeをさすので，正解は**3**のMike can't come to his party.「マイクは彼のパーティーに来ることができない」。

No.12 正解 **3**

放送文 *A:* Do you want to go to a movie?

B: Sure, Mom. But I want to finish my homework first.

A: OK. The movie starts at three.

B: Let's leave at 2:30.

Question: What time does the movie start?

訳 A：映画に行かない？

B：もちろん，お母さん。でも先に宿題を終わらせたいんだ。

A：わかった。映画は3時に始まるよ。

B：2時30分に出よう。

質問の訳 映画は何時に始まるでしょうか。

選択肢の訳 **1** 1時。 **2** 2時30分。 **3** 3時。 **4** 3時30分。

解説 映画はいつ始まるのかという質問。会話はA（＝母親）とB（＝息子）によるもので，Aが2番目のせりふでThe movie starts at three.「映画は3時に始まるよ」と言っているので，正解は**3**。会話の最後に出てくる2:30は2人が家を出る予定の時刻なので，間違えないように注意。

No.13 正解 **2**

放送文 *A:* Are you going to the concert tomorrow night, Sue?

B: Yes, my aunt and I are going together. How about you, Tom?

A: I can't go, but my brother and my cousin are going.

B: I see.

Question: Who will Sue go to the concert with?

訳 A：明日の夜コンサートに行くつもり，スー？

B：うん，おばと私で一緒に行くの。あなたはどう，トム？

A：ぼくは行けないけれど，兄といとこが行くよ。

B：わかった。

質問の訳 スーは誰と一緒にコンサートに行くでしょうか。

選択肢の訳 **1** 兄。 **2** おば。 **3** トム。 **4** トムのいとこ。

解説 B（＝スー）が誰と一緒にコンサートに行くかという質問。A（＝トム）にコンサートに行くかと聞かれたBは，最初のせりふでYesと答えてから my aunt and I are going together「おばと私で一緒に行くの」と言っている。正解は**2**のHer aunt.「彼女のおば」。Aの2番目のせりふからトムは行かず，トムの兄といとこが行くことがわかる。

No.14　正解　**4**

放送文　*A:* Is there any dessert today, Mom?

B: Yes. I made an apple pie.

A: Can I have some now?

B: No, Bob. You have to wait until dinnertime.

Question: What does Bob want to do now?

訳　Ａ：今日は何かデザートある，お母さん？

Ｂ：うん。アップルパイを作ったよ。

Ａ：今いくらか食べてもいい？

Ｂ：いいえ，ボブ。夕食の時間まで待たなくちゃいけないわ。

質問の訳　ボブは今，何をしたいですか。

選択肢の訳　**1**　遊びに出かける。　　**2**　夕食を作る。　　**3**　母親を手伝う。

4　デザートを食べる。

解説　Ａ（＝ボブ）が今したいことは何かが聞かれている。Ａは最初のせりふでdessert「デザート」はあるかとたずね，Ｂ（＝母親）がan apple pie「アップルパイ」を作ったと聞いて2番目のせりふでCan I have some now?「今いくらか食べてもいい？」と許可を求めている。正解は**4**のEat some dessert.「デザートを食べる」。

No.15　正解　**3**

放送文　*A:* Hello, Mary Smith speaking.

B: Hi. It's Todd. Sorry, I can't come to work today.

A: Oh. What's the matter?

B: My son has a fever. I need to take care of him.

Question: What will Todd do today?

訳　Ａ：もしもし，メアリー・スミスです。

Ｂ：こんにちは，トッドです。ごめんなさい，ぼくは今日仕事に行けません。

Ａ：まあ。何かあったのですか。

Ｂ：息子が，熱があるんです。ぼくが彼の面倒を見なくてはなりません。

質問の訳　トッドは今日何をするでしょうか。

選択肢の訳　**1**　遅れて仕事を始める。　　**2**　仕事を早退する。　　**3**　息子の面倒を見る。　　**4**　医師に診てもらう。

解説　電話での会話。Ｂ（＝トッド）は最初のせりふで仕事に行けないと言った後，2番目のせりふ第2文でI need to take care of him.「ぼくが彼の面倒を見なくてはなりません」と言っている。このhimは前文のMy son「ぼくの息子」をさすので，正解は**3**のLook after his son.「息子の面倒を見る」。take care of ～とlook after ～はどちらも「～の面倒を見る，世話をする」という意味の表現。

No.16　正解　**2**

放送文　*A:* I need notebooks for my project, Mom.

B: I have two here.

A: Thanks, but I need five.

B: OK, I'll buy three more tonight.

Question: How many notebooks will the woman buy?

訳　　A：研究課題用にノートが必要なんだ，お母さん。
　　　B：ここに2冊あるわよ。
　　　A：ありがとう，でも5冊必要なんだよ。
　　　B：わかった，今夜もう3冊買うね。

質問の訳　女性は何冊ノートを買うでしょうか。

選択肢の訳　**1** 2冊。　　**2** 3冊。　　**3** 4冊。　　**4** 5冊。

解説　B（＝女性）が買うノートの数が聞かれている。会話中にはいくつか数字が出てくるが，Bが最後にI'll buy three more tonight「今夜もう3冊買う」と言っているので，正解は**2**。

No.17　正解　**1**

放送文　*A:* Hey, Mark. What's wrong?

　　　　B: I can't find my pen.

　　　　A: Is it in your bag?

　　　　B: No, I think it's on my desk at home.

　　　　Question: What is the boy's problem?

訳　　A：ねえマーク。どうしたの？
　　　B：ぼくのペンを見つけられないんだ。
　　　A：あなたのかばんの中にある？
　　　B：ううん。家の，ぼくの机の上にあると思う。

質問の訳　少年の問題は何ですか。

選択肢の訳　**1** 彼は今，ペンを持っていない。　　**2** かばんをなくした。　　**3** 机を壊した。　　**4** 教科書が自宅にある。

解説　最初にA（＝少女）がB（＝マーク）に対し，What's wrong?「どうしたの？」と声をかけている。Bが最初のせりふでI can't find my pen.「ぼくのペンを見つけられない」と言っていて，その後もペンのありかについて話題が続いている。正解は**1**のHe doesn't have his pen now.「彼は今，ペンを持っていない」。

No.18　正解　**1**

放送文　*A:* Is that a new watch?

　　　　B: Yes. My mom bought it for me.

　　　　A: I want a watch like that.

　　　　B: You should ask for one for your birthday.

　　　　Question: Who has a new watch?

訳　　A：それ，新しい腕時計？
　　　B：うん。お母さんがぼくに買ってくれたんだ。
　　　A：私，そういう時計がほしい。
　　　B：きみの誕生日に1つ頼むといいよ。

質問の訳　新しい腕時計を持っているのは誰ですか。

選択肢の訳　**1** 少年。　　**2** 少女。　　**3** 少年の母親。　　**4** 少女の母親。

解説 A（＝少女）が最初に Is that a new watch? 「それ，新しい腕時計？」とたずね，B（＝少年）が Yes で答えている。新しい時計を持っているのは**1**の The boy.「少年」。選択肢に人の名前や関係性（家族，友だちなど）が並んでいるときは，Who でたずねる質問がくると予想して人に注目して聞くとよい。

No.19　正解　**2**

放送文 *A:* I hope I do well on the math test.

B: Me, too. It's in two days. Are you ready?

A: Almost. I should study for three or four more hours.

B: Good luck!

Question: When is the math test?

訳 A：数学のテストでいい成績を取れるといいな。

B：私も。それは2日後だよ。準備はできてる？

A：だいたい。ぼくはあと3～4時間勉強しなくちゃ。

B：幸運を祈るね！

質問の訳　数学のテストはいつですか。

選択肢の訳　**1**　1日後。　　**2**　2日後。　　**3**　3日後。　　**4**　4日後。

解説 the math test「数学のテスト」について話し出した A（＝男性）に対し，B（＝女性）は It's in two days.「それ（＝数学のテスト）は2日後だよ」と言っている。正解は**2**。数字がいくつか出てくるので，整理して聞き取ろう。

No.20　正解　**2**

放送文 *A:* You'll be 12 next month, Ellie. Do you want to have a party?

B: Yes, I want to invite 15 friends!

A: Our apartment isn't very big. How about 10?

B: OK, Dad.

Question: How many friends will Ellie invite?

訳 A：きみは来月12歳になるね，エリー。パーティーをしたい？

B：うん，私，15人の友だちを招待したい！

A：うちのアパートはあまり大きくない。10人はどう？

B：わかった，お父さん。

質問の訳　エリーは何人の友だちを招待するでしょうか。

選択肢の訳　**1**　5人。　　**2**　10人。　　**3**　12人。　　**4**　15人。

解説 誕生日パーティーをしたいかとたずねる A（＝父親）に対し，B（＝エリー）は最初のせりふで15人招待したいと言うが，A はアパートが大きくないから How about 10?「10人はどう？」と提案している。B が OK と承諾しているので，正解は**2**。

No.21　正解　1

放送文　Kazu is good at sports.　He is on the swimming team at his high school, and he plays golf on weekends.　He hopes to become a professional golfer after university.

Question: What does Kazu want to do in the future?

訳　カズはスポーツが得意だ。彼は高校で水泳チームに入っていて，週末はゴルフをする。彼は大学を卒業後，プロのゴルファーになりたいと思っている。

質問の訳　カズは将来何をしたいと思っていますか。

選択肢の訳　**1**　プロのゴルファーになる。　**2**　水泳チームに入る。　**3**　子どもたちにスポーツを教える。　**4**　大学で働く。

解説　放送文の最初にKazu「カズ」が出てきて，その後のheはすべてKazuをさしている。最後の文にHe hopes to become a professional golfer after university.「彼は大学を卒業後，プロのゴルファーになりたいと思っている」とあるので，正解は**1**のBecome a professional golfer.「プロのゴルファーになる」。

No.22　正解　2

放送文　The weather has been strange this week.　It was sunny and warm on Tuesday, but the next day it snowed.　Then, it rained all Thursday and Friday.

Question: When did it snow?

訳　今週は天気が奇妙だった。火曜日は晴れて暖かかったが，翌日には雪が降った。それから，木曜日と金曜日はずっと雨が降っていた。

質問の訳　いつ雪が降りましたか。

選択肢の訳　**1**　火曜日に。　**2**　水曜日に。　**3**　木曜日に。　**4**　金曜日に。

解説　第2文前半にIt was sunny and warm on Tuesday「火曜日は晴れて暖かかった」，後半にthe next day it snowed「翌日には雪が降った」とある。火曜日の翌日は水曜日なので，正解は**2**のOn Wednesday.「水曜日に」。

No.23　正解　3

放送文　George usually washes his mother's car on Saturdays.　Last Saturday, he had a football game, so he asked his sister to wash it.　She wasn't happy, but she did it.

Question: Who washed the car last Saturday?

訳　ジョージはふつう，毎週土曜日に母親の車を洗う。この前の土曜日，彼はフットボールの試合があったので，妹にそれを洗うよう頼んだ。彼女は嬉しくはなかったが，それをした。

質問の訳　この前の土曜日は誰が車を洗いましたか。

選択肢の訳　**1**　ジョージ。　**2**　ジョージの母親。　**3**　ジョージの妹。　**4**　ジョー

ジの父親。

解説　質問文と同じ last Saturday「この前の土曜日」が第2文の最初に出てくる。この文の後半に he asked his sister to wash it「彼は妹にそれを洗うよう頼んだ」とあり，この he は前文の George「ジョージ」，it は his mother's car「彼の母親の車」をさす。さらに，最終文の she は「ジョージの妹」を，did it の it は「母親の車を洗うこと」をさし，ジョージの妹が車を洗ったことがわかるので，正解は**3**の**George's sister.**「ジョージの妹」。

No.24　正解　**4**

放送文　Sarah went to a film festival and saw three movies. On the first day, she saw a musical. The next day, she saw a horror movie. But her favorite was a comedy about a dog.
Question: Which movie did Sarah like the most?

訳　サラは映画祭に行って3本の映画を見た。初日，彼女はミュージカルを見た。次の日，彼女はホラー映画を見た。でも彼女のお気に入りは犬に関するコメディーだった。

質問の訳　サラはどの映画がいちばん気に入りましたか。

選択肢の訳　**1**　ホラー映画。　　**2**　アクション映画。　　**3**　ミュージカル。
4　コメディー。

解説　放送文中の she は最初に出てきた Sarah「サラ」をさす。最終文に her favorite was a comedy「彼女のお気に入りはコメディーだった」とあるので，正解は**4**の**The comedy.**「コメディー」。

No.25　正解　**1**

放送文　I love music. I play the piano, and I also play the drums in a band. However, I can't sing well, so I started taking lessons. My teacher is great.
Question: What is the man trying to do?

訳　ぼくは音楽が大好きだ。ぼくはピアノを弾くし，バンドでドラムも演奏する。でも，ぼくはうまく歌えない，だからレッスンを受け始めた。ぼくの先生はすばらしい。

質問の訳　男性は何をしようとしていますか。

選択肢の訳　**1**　歌い方を学ぶ。　　**2**　音楽の先生になる。　　**3**　ピアノを売る。
4　バンドに入る。

解説　質問文の the man「男性」は放送文の話し手のこと。第3文に I can't sing well「ぼくはうまく歌えない」，so I started taking lessons「だからレッスンを受け始めた」とある。**1**の**Learn how to sing.**「歌い方を学ぶ」が正解。

No.26　正解　**4**

放送文　I had lunch with my sister yesterday. She told me about her new math teacher. After that, I told her about my new basketball coach and my field trip to the art museum.
Question: What did the boy's sister talk about yesterday?

訳　ぼくは昨日，姉[妹]と昼食を食べた。彼女はぼくに，彼女の新しい数学の先生について話した。その後，ぼくは彼女に新しいバスケットボールのコーチと美術館への校外

学習について話した。

質問の訳　少年の姉[妹]は昨日，何について話しましたか。

選択肢の訳　**1**　お気に入りの美術館。　　**2**　バスケットボールのコーチ。　　**3**　校外学習。　　**4**　数学の先生。

解説　質問文の the boy は話し手の少年のこと。第2文に She told me about her new math teacher.「彼女はぼくに，彼女の新しい数学の先生について話した」とあり，この文の She は前文の my sister，つまり少年の姉[妹]をさす。したがって，正解は**4**の Her math teacher.「数学の先生」。

No.27　正解　**3**

放送文　Jim had a headache this morning, so he asked his sister to bring him some tea from the convenience store. She bought him some mango ice cream, too.

Question: What did Jim ask his sister to do?

訳　ジムは今朝頭痛がしたので，コンビニエンスストアでお茶を買ってくるよう姉[妹]に頼んだ。彼女は彼にマンゴーアイスクリームも買った。

質問の訳　ジムは姉[妹]に何をするよう頼みましたか。

選択肢の訳　**1**　店で彼に合う。　　**2**　果物を切る。　　**3**　お茶を買う。　　**4**　彼の医師に電話する。

解説　第1文の後半に he asked his sister to bring him some tea from the convenience store「彼はコンビニエンスストアでお茶を買ってくるよう姉[妹]に頼んだ」とある。〈bring＋人＋もの＋from＋（店を表す言葉）〉「(店)から(人)に(もの)を持ってくる」ということは，「買ってくる」ということ。**3**の Buy some tea.「お茶を買う」が正解。

No.28　正解　**1**

放送文　Cathy's uncle made some beef soup for dinner today. Cathy doesn't eat meat, so she made some salad and rice. Cathy's mother made apple pie for dessert.

Question: What did Cathy's uncle make?

訳　キャシーのおじは今日，夕食用に牛肉のスープを作った。キャシーは肉を食べないのでサラダとご飯を作った。キャシーの母親はデザート用にアップルパイを作った。

質問の訳　キャシーのおじは何を作りましたか。

選択肢の訳　**1**　スープ。　　**2**　ご飯。　　**3**　サラダ。　　**4**　アップルパイ。

解説　キャシーのおじが作ったものが聞かれている。放送文の最初だけ聞いて答えられる問題。Cathy's uncle made some beef soup「キャシーのおじは牛肉のスープを作った」とあるので，正解は**1**の Some soup.「スープ」。

No.29　正解　**1**

放送文　Everyone, please follow me. First, we'll see the monkeys and gorillas. Then we'll see some other animals from Africa, like lions and elephants.

Question: Where is the woman talking?

訳 皆さま，私についてきてください。まず，私たちはサルとゴリラを見ます。それからライオンやゾウなど，アフリカからきた動物を数種見る予定です。

質問の訳 女性はどこで話していますか。

選択肢の訳 **1** 動物園。　　**2** 学校。　　**3** コンサート。　　**4** 書店。

解説 話し手の女性がいる場所が聞かれている。monkeys and gorillas「サルとゴリラ」，animals from Africa, like lions and elephants「ライオンやゾウなど，アフリカからきた動物」がいるのは**1**のAt a zoo.「動物園」。

No.30 正解 **2**

放送文 Brianna took two tests on Friday, and then she had a soccer tournament on Saturday. She feels tired and a little sick now. Her mother told her to rest at home today, so she will.

Question: Why is Brianna staying home today?

訳 ブリアンナは金曜日に2つテストを受けた，それから土曜日にはサッカーの大会があった。今，彼女は疲れて少し気分が悪い。母親が彼女に今日は家で休むよう言ったので，彼女はそうするつもりだ。

質問の訳 ブリアンナはなぜ今日家にいるのですか。

選択肢の訳 **1** テストのために勉強するため。　　**2** 休息をとるため。　　**3** 母親の世話をするため。　　**4** 大会の準備をするため。

解説 第2文に She（＝Brianna）feels tired and a little sick now.「今，彼女（＝ブリアンナ）は疲れて少し気分が悪い」，第3文に Her mother told her to rest at home today, so she will「母親が彼女に今日は家で休むよう言ったので，彼女はそうするつもりだ」とある。正解は**2**の To get some rest.「休息をとるため」。

カードA 二次試験・面接
(問題編p.51)

訳 野球の帽子

　日本では野球の帽子が人気だ。野球ファンはお気に入りのチームを見るとき，スタジアムでよくそれをかぶる。一部の人々は強い太陽光を心配するので，暑い夏の日に野球の帽子をかぶる。

質問の訳 No.1　文章を見てください。なぜ一部の人々は暑い夏の日に野球の帽子をかぶるのですか。

No.2　イラストを見てください。何人の人々が木の下に座っていますか。

No.3　長い髪の少女を見てください。彼女は何をしようとしていますか。

では，〜さん（受験者の氏名），カードを裏返しにしてください。

No.4　あなたはふだん何時に寝ますか。

No.5　あなたは動物園に行ったことがありますか。

No.1　解答例　Because they worry about strong sunlight.

解答例の訳　彼らは強い太陽光を心配するから。

解説　No.1は文章に関する質問。Why 〜?「なぜ〜」の文で理由を聞かれたら，本文中からso「〜だから…」またはbecause「なぜなら〜だから」を探そう。ここでは第3文の中ほどにあるsoの後に質問文と同じ内容が続いている。この文の前半に理由が書かれているので，理由を表すBecauseで文を始めて，主語some peopleを代名詞theyにかえて答える。

No.2　解答例　Two people are sitting under the tree.

解答例の訳　2人の人々が木の下に座っています。

解説　No.2はイラストに関する質問。How many「何人の，いくつの」の文を使ってイラスト中の人やものの数をたずねる質問はよく出題される。ここでは sitting under the tree「木の下に座っている」人々の数が聞かれている。イラストを見ると，木の下に座っているのは2人。答えるときはTwo.と数字だけ言うのではなく，文の形にするのが望ましい。解答例のように，質問文と同じ進行形を使って答えるとよい。

No.3　解答例　She's going to throw the ball.

解答例の訳　彼女はボールを投げようとしています。

解説　No.3もイラストに関する質問。the girl with long hair「長い髪の少女」が何をしようとしているかが聞かれている。このようにイラストの人物からふきだしが出ているときは，その人物がこれから何をしようとしているか聞かれることが多い。ここでは少女がふきだしの中でボールを投げている。質問文と同じ〈is going to＋動詞の原形〉の形を使って答える。「ボールを投げる」はthrow the ball。

No.4　解答例　I go to bed at ten.

解答例の訳　私は10時に寝ます。

解説　No.4は受験者自身に関する質問。What time「何時に」の疑問文を使って，go to bed「寝る」時間が聞かれている。質問文の形を利用して，〈I go to bed at＋時刻.〉「私は〜時に寝ます」と答えよう。atのかわりにaboutやaroundを使って「〜時ごろ」と答えてもよい。また，goの前にusuallyをつけ足してもよい。

No.5　解答例　Yes. → Please tell me more. ── I visited a zoo on Sunday.
　　　　　　　　No. → What do you like to do in winter? ── I go skiing with my friends.

解答例の訳　はい。→ もっと詳しく話してください。── 私は日曜日に動物園に行きました。
いいえ。→ あなたは冬に何をするのが好きですか。── 私は友だちとスキーに行きます。

解説　No.5も受験者自身に関する質問。Have you ever been to 〜? は「〜に行ったことがありますか」と経験をたずねる文で，動物園に行ったことがあるかどうかが聞かれ

28

ている。Yes と答えた場合はもっと詳しい情報を求められるので，解答例のように〈I visited a zoo ＋時を表す言葉．〉でいつ行ったかを答えるほか，I like Ueno Zoo.「私は上野動物園が好きです」などと好きな動物園を答えてもよい。

No と答えた場合は，冬に何をするのが好きかと聞かれている。解答例のように答えるほか，質問文の表現を利用して，〈I like to ＋動詞の原形 ～．〉「私は～するのが好きです」の形で答えてもよい。go skiing[skating]「スキー［スケート］に行く」，eat hot soup「熱いスープを飲む」，stay home「家にいる」など。

カードB 二次試験・面接
（問題編p.52）

訳 生花店

日本にはたくさんの生花店がある。それらはさまざまなタイプのカラフルな花を売っている。多くの人々が自宅に美しい花を置くのが好きなので，彼らはそれぞれの季節に花を買いに行く。

質問の訳 No.1 文章を見てください。なぜ多くの人々がそれぞれの季節に花を買いに行くのですか。
No.2 イラストを見てください。ネコはどこにいますか。
No.3 長い髪の女性を見てください。彼女は何をしようとしていますか。
では，～さん（受験者の氏名），カードを裏返しにしてください。
No.4 あなたは平日，ふだん何時に起きますか。
No.5 あなたは学生ですか。

No.1 解答例 Because they like to keep beautiful flowers in their homes.

解答例の訳 彼らは自宅に美しい花を置くのが好きだからです。
解説 No.1は文章に関する質問。Why「なぜ」を使って多くの人々がそれぞれの季節に花を買いに行く理由が聞かれている。第3文の後半にこの質問文とほぼ同じ内容があり，直前にso「だから」がある。つまり，文前半のMany people like to keep beautiful flowers in their homesが花を買いに行く理由。理由を表すBecauseで文を始め，Many peopleをtheyにかえて答える。

No.2 解答例 It's on the chair.

解答例の訳 いすの上にいます。
解説 No.2はイラストに関する質問。Where「どこ」を使ってthe cat「ネコ」がいる場所が聞かれている。ネコがいるのはthe chair「いす」の上なので，the catをItにかえて，It's on the chair. と答える。the chairのかわりにa chairとしてもよい。

No.3　解答例　She's going to open a box.

解答例の訳　彼女は箱を開けようとしています。

解説　No.3もイラストに関する質問。the woman with long hair「長い髪の女性」が何をしようとしているかが聞かれている。イラストを見ると，女性からふきだしが出ており，彼女はふきだしの中で箱を開けている。質問文と同じ〈is going to＋動詞の原形〉の形を使って答える。a box「箱」のかわりにa cardboard box「段ボール箱」，a package「小包，荷物」としてもよい。

No.4　解答例　I get up at seven.

解答例の訳　私は7時に起きます。

解説　解説　No.4は受験者自身に関する質問。What time「何時に」の疑問文を使って，on weekdays「平日」にget up「起きる」時間が聞かれている。質問文の形を利用して，〈I get up at＋時刻.〉「私は〜時に起きます」と答えよう。atのかわりにaboutやaroundを使って「〜時ごろ」と答えてもよい。また，usuallyやon weekdaysをつけ足してもよい。

No.5　解答例　Yes. → Please tell me more. ── I like to study math.
　　　　　　　　No. → What are you going to do this evening?── I'm going to read a book.

解答例の訳　はい。→　もっと詳しく話してください。──　私は数学を勉強するのが好きです。

　　　　　　　いいえ。→ あなたは今晩何をする予定ですか。── 私は本を読む予定です。

解説　No.5も受験者自身に関する質問。ここでは学生かどうかが聞かれている。Yesで答えた場合はより詳しい情報が求められるので，解答例のように〈I like to study＋教科名.〉で好きな教科を答えるほか，I'm a college[a high school / a junior high school / an elementary school] student.「私は大学生［高校生 / 中学生 / 小学生］です」のように通っている学校の種類を答えてもよい。

Noで答えた場合，this evening「今晩」何をするつもりなのかが聞かれている。解答例のように〈I'm going to＋動詞の原形 〜.〉の形で予定を答える。eat dinner with my family「家族と夕食を食べる」，watch TV[a movie]「テレビ［映画］を見る」など。

2023 年度 第 ① 回

一次試験・筆記　解答・解説　　　　pp.32〜41
一次試験・リスニング　解答・解説　　pp.42〜55
二次試験・面接　解答・解説　　　　　pp.55〜58

解 答 欄

問題番号	1	2	3	4
(1)	①	❷	③	④
(2)	①	②	❸	④
(3)	❶	②	③	④
(4)	①	②	③	❹
(5)	①	❷	③	④
(6)	①	②	❸	④
(7)	①	②	❸	④
(8)	①	❷	③	④
(9)	①	②	③	❹
(10)	❶	②	③	④
(11)	①	②	❸	④
(12)	①	②	❸	④
(13)	①	❷	③	④
(14)	①	②	③	❹
(15)	①	②	❸	④

（問題番号 **1**）

解 答 欄

問題番号	1	2	3	4
(16)	①	②	③	❹
(17)	①	②	❸	④
(18)	❶	②	③	④
(19)	①	❷	③	④
(20)	①	②	❸	④
(21)	❶	②	③	④
(22)	①	②	❸	④
(23)	❶	②	③	④
(24)	①	❷	③	④
(25)	①	②	③	❹
(26)	①	❷	③	④
(27)	①	②	❸	④
(28)	①	❷	③	④
(29)	❶	②	③	④
(30)	①	❷	③	④

（問題番号 **2**：(16)〜(20)、**3**：(21)〜(30)）

4 の解答例は
p.41 をご覧ください。

リスニング解答欄

問題番号	1	2	3	4
例題	①	②	●	
No. 1	①	❷	③	
No. 2	①	❷	③	
No. 3	❶	②	③	
No. 4	❶	②	③	
No. 5	❶	②	③	
No. 6	①	②	❸	
No. 7	①	②	❸	
No. 8	①	②	❸	
No. 9	①	❷	③	
No. 10	①	❷	③	
No. 11	①	❷	③	④
No. 12	❶	②	③	④
No. 13	❶	②	③	④
No. 14	①	❷	③	④
No. 15	①	❷	③	④
No. 16	①	②	③	❹
No. 17	①	②	❸	④
No. 18	❶	②	③	④
No. 19	❶	②	③	④
No. 20	①	②	❸	④
No. 21	①	❷	③	④
No. 22	①	②	③	❹
No. 23	❶	②	③	④
No. 24	❶	②	③	④
No. 25	❶	②	③	④
No. 26	①	②	❸	④
No. 27	①	❷	③	④
No. 28	①	②	③	❹
No. 29	❶	②	③	④
No. 30	①	②	③	❹

（第1部：No.1〜No.10、第2部：No.11〜No.20、第3部：No.21〜No.30）

(1) 正解 **2**

訳 A：お母さん，このパンは古いと思うわ。
B：私もそう思うわ。それをごみに捨ててちょうだい。

解説 Aが「このパンは古い」と言い，Bも賛成しているので，**2**を選んでthrow 〜 in the garbage「〜をごみに捨てる」とすると話の流れに合う。future「未来」，lesson「レッスン」，north「北」。

(2) 正解 **3**

訳 インターネットにはたくさんの役立つ情報がある，だから人々は外国旅行をする前，場所について知るためによくそれを使う。

解説 選択肢にはさまざまな名詞が並んでいるが，この中でThe Internet「インターネット」と組み合わせ，usefulのあとに置いて意味が通るのは**3**のinformation「情報」だけ。breakfast「朝食」，police「警察」，smell「におい」。

(3) 正解 **1**

訳 A：私，今週末に農場でボランティアの仕事をする予定なの。
B：それはおもしろそうだね。

解説 空所の文のThatはAの話している内容全体をさす。That＝interestingの形になるが，この形を作れる動詞は選択肢の中では**1**のsounds「〜に聞こえる，〜なようだ」のみ。hope「望む」，explain「説明する」，grow「育つ，成長する」。

(4) 正解 **4**

訳 ハリーは今朝，傘を持っていくのを忘れた。雨が激しく降ったので，彼は学校に着いたときぬれていた。

解説 1文目に「今朝傘を持っていくのを忘れた」，2文目前半に「雨が激しく降った」とあり，そのあとso「だから」が続いているので，**4**のwet「ぬれている」を入れると文の流れに合う。light「軽い」，narrow「（幅が）せまい」，deep「深い」。

(5) 正解 **2**

訳 A：どのくらいの頻度で運動をするの，おじいちゃん？
B：毎日だよ。毎朝1時間犬の散歩をするんだ。

解説 How often 〜?は頻度をたずねる文。Bが「毎日」と答えた後でwalk my dog「犬の散歩をする」と言っている。毎日しているのはexercise「運動する」こと。正解は**2**。introduce「紹介する」，happen「起こる」，keep「保つ」。

(6) 正解 **3**

訳 その人気のある歌手がコンサートを始めたとき，人々は全員静かになった。彼ら

は彼女の歌を聴くことを楽しんだ。

解説 became は become の過去形で，〈become ＋形容詞〉で「〜（な状態）になる」という意味を表す。第2文に「彼女の歌を聴くことを楽しんだ」とあるので，**3** の silent「静かな」を入れて「静かになった」とすると文の流れに合う。fast「速い」，low「低い」，expensive「高価な」。

(7) 正解 **3**

訳 A：お母さん，ぼくの財布を見た？　買い物に行くんだ。
　　　B：私はそれをキッチンテーブルで見たわ。

解説 Have you seen 〜? は「〜を見ましたか」とたずねる言い方。on the kitchen table「キッチンテーブルの上」にある可能性のある選択肢は，**3** の wallet「財布」。これを入れると，A の第2文にある go(ing) shopping「買い物に行く」ときに必要なものとしても適切。garden「庭」，museum「博物館」，gym「体育館」。

(8) 正解 **2**

訳 A：すみません，図書館はどこですか。
　　　B：それはここから遠くありません。その道を2分間だけ歩いてください。

解説 図書館の場所を聞かれて答える文に空所があり，続く文で「2分間だけ歩いてください」と言っている。空所の前には not があるので，**2** の from を入れて not far from here で「ここから遠くない」とすると会話の流れに合う。through「〜を通り抜けて」，across「〜を横切って」，over「〜を越えて」。

(9) 正解 **4**

訳 最初，少年たちと少女たちはうまく一緒に歌えなかった。でも1カ月一生懸命練習した後で，彼らは非常にうまく歌った。

解説 イディオムの問題。at first で「最初は」という意味になる。正解は **4**。stick「棒」，minute「分」，time「時間」。

(10) 正解 **1**

訳 A：あなたはなぜその映画が気に入ったの，カレン？
　　　B：ええと，若い少女の夢が実現したの。彼女は有名な歌手になったんだ。

解説 a dream comes true で「夢が実現する」という意味になる。選択肢には動詞の過去形が並んでいて，正解の **1** came は come の過去形。grew＜grow「育つ」，had＜have「持つ」，went＜go「行く」。

(11) 正解 **3**

訳 タカヒロは英語のスピーチ中にいくつか間違いをしたが，それでも彼の両親は彼のことをとても誇りに思った。

解説 選択肢には動詞の過去形が並んでいる。この中で空所のあとの some mistakes と組み合わせて意味が通るのは，**3** の made（make の過去形）だけ。make a mistake で「間違いをする」という意味になる。did＜do「する」は「間違いをする」というときは使わないので注意。bought＜buy「買う」，spent＜spend「すごす，（お金や時間を）使う」。

(12) 正解 **1**

訳 A：私，あなたの新しい自転車が大好き。

B：ありがとう。それはぼくの兄[弟]のと同じなんだ。

解説 イディオムの問題。the same as ～で「～と同じ」という意味になる。正解は**1**。ほかの前置詞をこの形で組み合わせて使うことはない。

(13) 正解 **2**

訳 A：あなたは今朝もう朝ごはんを食べたのよね？

B：うん，お母さん。今からピアノのレッスンに行くところだよ。

解説 付加疑問文。肯定文のあとに〈，否定形＋代名詞?〉を続けると，「ですよね」と確認したり念を押したりする表現になる。ここではhadが使われていることから過去の一般動詞の文なので，否定形は**2**のdidn't を使う。

(14) 正解 **4**

訳 A：もっと大きな声で話してもらえる？　あなたの声があまりよく聞こえないの。

B：もちろんだよ，おばあちゃん。

解説 文法の問題。選択肢にあるloud「大きな声[音]で」という意味の副詞。Aの第2文に「あなたの声があまりよく聞こえない」とあるので，比較級にして「もっと大きな声で」とすると会話の流れに合う。loudのように短い語の比較級は，語尾に-erをつけて作る。正解は**4**のlouder。

(15) 正解 **3**

訳 A：もうヘンリーに電話した？

B：7時だから，彼に電話するには早すぎるよ。8時に彼に電話するつもりだ。

解説 もう電話したかと聞かれて「7時だから，彼に（　　）には早すぎる」と答えている。〈too ～ to ＋動詞の原形〉「…するには～すぎる，～すぎて…できない」の形にする。正解は**3**。

2　一次試験・筆記

(問題編p.56)

(16)　正解　**4**

訳　息子：これらのクッキーはとてもおいしそうだね。あなたはいつそれらを作ったの？
　　　母親：今日の午後だよ。1つ食べたい？
　　　息子：うん，お願い！

選択肢の訳　**1**　あなたのお友だちはそれらを気に入った？　　**2**　あなたは何個食べたの？　　**3**　十分に時間ある？　　**4**　1つ食べたい？

解説　息子と母親の会話。クッキーを見て「とてもおいしそう」と言う息子に対して言うせりふとしてふさわしいのは，**4**のWould you like to try one?「1つ食べたい？」。Would you like 〜? は人にものをすすめるときに使う表現。

(17)　正解　**3**

訳　少女1：私たち，どのくらい長く走ってる？
　　　少女2：50分。しばらく歩こう。私は疲れてきたよ。
　　　少女1：いい考えだね。

選択肢の訳　**1**　私，あなたのランニングシューズ好き。　　**2**　私，時計を持ってこなかった。　　**3**　しばらく歩こう。　　**4**　私は4年前に始めたよ。

解説　ランニング中の少女2人の会話。選択肢の中で空所のあとのI'm getting tired.「私は疲れてきたよ」の前に言うせりふとして適切なのは，**3**のLet's walk for a while.「しばらく歩こう」。これを入れると，応答のGood idea.「いい考えだね」にもうまくつながる。

(18)　正解　**1**

訳　母親：ダン，あなたは今日5時にピアノのレッスンがあるのよ。遅れないでね。
　　　息子：遅れないよ，お母さん。時間通りにそこに行く。

選択肢の訳　**1**　遅れないでね。　　**2**　そこに行かないでね。　　**3**　ピアノを練習するのをやめなさい。　　**4**　私から先生によろしく伝えてね。

解説　母親と息子の会話。息子のせりふの最初にあるI won't. は，〈Don't＋動詞の原形〜.〉「〜してはいけない」という否定の命令文に対して「しないよ」と答える言い方なので，空所にはDon't 〜.の文が入る。さらに，息子がI'll be there on time.「時間通りにそこに行く」と言っていることから，**1**のDon't be late.「遅れないでね」を入れると会話の流れに合う。

(19)　正解　**2**

訳　夫：この近くに郵便局はある？
　　　妻：わからない。あの警察官に聞こう。

選択肢の訳　**1**　気をつけて。　　**2**　わからない。　　**3**　私が何枚か切手を持ってるよ。　　**4**　それはできないよ。

解説　夫と妻の会話。夫の「近くに郵便局はあるか」という質問に対する妻の答えが空所になっている。続けて「警察官に聞こう」と言っているので，妻も郵便局の場所を知ら

ないことがわかるので，**2**の I'm not sure.「わからない」を入れると会話の流れに合う。

(20) 正解 **3**

> **訳** 男性：サラ，このコーヒーマシンの使い方を知ってる？
> 女性：簡単だよ。そのボタンを押すだけでいいの。

> **選択肢の訳** **1** いいえ，結構です。 **2** 向こうにあるよ。 **3** 簡単だよ。 **4** 砂糖入りで，お願い。

> **解説** 男性と女性の会話。男性が〈how to＋動詞の原形〉「〜のし方」を使ってコーヒーマシンの使い方をたずねている。空所のあとで女性が「そのボタンを押すだけでいい」と言っているので，**3**の It's easy.「簡単だよ」が適切。

3[A] 一次試験・筆記
(問題編p.57)

Key to Reading 3級の長文は3種類。最初の長文は掲示文。タイトルには掲示のテーマが書かれているので，最初に確認しよう。掲示文は何かのお知らせや広告なので，日付や場所などの情報をしっかり読み取ることが大切。特に日時を表す語句は解答を探すカギになることが多いので，必ずチェックしよう。

> **訳** 美術部の遠足で写真を撮ろう！
> 5月10日，ブルームヴィル中学校の美術クラブではラビット川に遠足に行きます。どの生徒でも参加できます！　その日はクラブからカメラを借りて，その地域の美しい写真を撮ることができます。
> 来たい場合は，5月3日までに美術のエドワーズ先生に話をする必要があります。
> 川の近くにはたくさん虫がいるので，長ズボンを着用してください。また，自分のお弁当を持ってこなくてはなりません。
> 5月17日，当クラブでは放課後にパーティーを開きます。クラブが撮った写真を見ることができます。もしできたら，来てください！

> **語句** bug「虫」

(21) 正解 **1**

> **質問の訳** 遠足の日，美術クラブは生徒たちに何を貸すでしょうか。

> **選択肢の訳** **1** カメラ。
> **2** 写真。
> **3** 長ズボン。
> **4** 弁当箱。

> **解説** 第1段落第1文から，May 10「5月10日」に a trip「遠足」があることがわかる。そして第3文に You can borrow a camera「カメラを借りることができる」，from the club「クラブから」，on that day「その日に」とある。したがって，遠足の日に美術クラブが貸すのは**1**のA camera.「カメラ」。動詞 borrow「借りる」と lend「貸す」はセットで覚えておこう。

(22) 　正解　**3**

質問の訳　5月17日のパーティーで，生徒たちは…することができる。

選択肢の訳　**1**　新しいズボンを買う
　　　　　　　2　川で泳ぐ
　　　　　　　3　遠足の写真を見る
　　　　　　　4　虫を見る

解説　on May 17「5月17日」については最終段落に書かれている。この掲示は第1段落からthe Bloomville Junior High School「ブルームヴィル中学校」にあてて書かれているものなので，最終段落第2文のYouはstudents「生徒たち」をさす。生徒たちができるのはsee the pictures that the club took「クラブが撮った写真を見る」こと。クラブが写真を撮るのは第1段落から遠足のときなので，正解は**3**のlook at pictures of the trip「遠足の写真を見る」。

3[B]　一次試験・筆記
（問題編pp.58〜59）

Key to Reading　2番目の長文はEメールまたは手紙文。今回のように3通または2通のメールがセットで出題されることが多い。本文中のIやyouが誰を指しているのかを確認するために，最初にヘッダーのFrom:（送信者）とTo:（受信者）の項目をチェックすることが大切。今回は，1・3通目の書き手（＝I）であるメリッサ・ベイカーと，2通目の書き手であるリック・トンプソンとのやりとりである。

訳

送信者：メリッサ・ベイカー
受信者：リック・トンプソン
日付：4月8日
件名：クラス遠足
………………………………………………………………………………………………

こんにちはリック,
私は来週の市立水族館へのクラス遠足でとてもわくわくしているの。あなたは去年その水族館に行ったと言っていたよね。そこはどんな感じ？　水族館の中は寒い？　そして私は何を着ればいい？　ジャケットや暖かいセーターを着る必要はあるかな？　私はそこで魚やその他の海の動物を見ることに興味があるんだ。ペンギンを見ることを本当に楽しみにしているの。その水族館では人々がペンギンたちと一緒に写真を撮れると聞いているよ。それは本当？
あなたの友だち,
メリッサ

送信者：リック・トンプソン
受信者：メリッサ・ベイカー
日付：4月8日

件名：水族館
....

こんにちはメリッサ,
ぼくたちの水族館へのクラス遠足はすごく楽しいものになるだろうね！　うん，ぼくはこの前の夏，家族と一緒にその水族館へ行ったよ。いとこが僕たちを訪ねてきて，みんなで一緒に行ったんだ。ぼくはたった5歳のときにも，両親と一緒に行ったよ。その水族館には2つの部分がある。1つの部分は屋内で，もう1つは屋外だよ。中はそんなに寒くないけれど，外の部分ではジャケットが必要だ。今月はすごく寒いね！　ペンギンは外の部分にいるよ。2年前，人々はペンギンたちと一緒に写真を撮れたけれど，水族館が規則を変えたんだ。人々は今は彼らと写真を撮れないよ。
きみの友だち,
リック

送信者：メリッサ・ベイカー
受信者：リック・トンプソン
日付：4月8日
件名：ありがとう
....

こんにちはリック,
あなたの水族館への遠足について私に教えてくれてありがとう。ジャケットを持っていくのを忘れないようにするわ。水族館の新しい規則についても教えてくれてありがとう。ペンギンと一緒に写真を撮ることはできないけれど，彼らを見ることは楽しいでしょうね。待ちきれない！　私はおもちゃのペンギンも買うつもり。
あなたの友だち,
メリッサ

(23)　正解　**1**

質問の訳　メリッサはリックに…についてたずねた。

選択肢の訳　**1**　水族館に着ていくのに最適な服装
　　　　　　　　2　水族館でいちばん危険な海の動物
　　　　　　　　3　学校の新しい制服
　　　　　　　　4　学校の教室にいる魚

解説　メリッサが書いた1通目のメールを見る。本文第1文に our class trip to the city aquarium「市立水族館へのクラス遠足」とあり，このメールのやりとりは全体がこのクラス遠足についてのものである。この水族館に行ったことのあるリックに対し，メリッサは第3文からいくつか続けて質問している。このうち，第5～6文で... what should I wear?「私は何を着ればいい？」, Do I need to wear a jacket or a warm sweater?「ジャケットや暖かいセーターを着る必要はあるかな？」と，水族館に着ていくのに適する服装についてたずねているので，**1**の the best clothes to wear to the aquarium「水族館に着ていくのに最適な服装」が適切。

(24) 正解 **2**

質問の訳 リックはいついとこと一緒に水族館を訪れましたか。

選択肢の訳　**1**　先週。

　　　　　　　2　この前の夏。

　　　　　　　3　2年前。

　　　　　　　4　彼が5歳のとき。

解説 リックが書いた2番目のメール本文第2文にI went to the aquarium ... last summer「ぼくはこの前の夏…その水族館へ行った」とある。続けて第3文にMy cousins visited us, and we all went together.「いとこが僕たちを訪ねてきて，みんなで一緒に行ったんだ」とあるので，いとこと一緒に水族館を訪れたのは**2**のLast summer.「この前の夏」。

(25) 正解 **4**

質問の訳 メリッサは水族館で何をするでしょうか。

選択肢の訳　**1**　新しい規則についてスタッフにたずねる。

　　　　　　　2　ペンギンたちと一緒に写真を撮る。

　　　　　　　3　新しいジャケットを買う。

　　　　　　　4　おもちゃのペンギンを手に入れる。

解説 メリッサの書いた3通目のメールを見る。本文最終文にI'm going to buy a toy penguin, too.「私はおもちゃのペンギンも買うつもり」とある。このbuyをget「手に入れる，買う」で言いかえた**4**のGet a toy penguin.「おもちゃのペンギンを手に入れる」が正解。

3[C] 一次試験・筆記
(問題編pp.60〜61)

Key to Reading 3番目の長文は説明文。人物の伝記や世界の風習など，さまざまな文章が出題されている。文章量が多いので，先に設問文を読んで読み取るべき情報を絞り込んでから本文を読み進めるのがよいだろう。原則として，本文の一部に関する問題が4問，最後に全体のテーマを問う問題が出題される。文章は時系列に沿って書かれ，設問の順番とその根拠となる内容が本文に出てくる順番は同じであることが多い。今回の長文は，黒人女性ファッションデザイナー，アン・ローについて。

訳 アン・ロー

　アン・ローはアフリカ系アメリカ人のファッションデザイナーである。彼女は1898年ごろ，アメリカ合衆国のアラバマ州で生まれた。ローが子どものころ，母親と祖母が彼女に服の作り方を教えた。母親も祖母も仕事を持っていた。彼女たちはアラバマ州の裕福な人々のために衣服を作っていた，そしてローはよく彼女らの仕事を手伝った。

　ローの母親は1914年に亡くなった。亡くなったとき，母親はアラバマ州で何着かドレスを作っているところだった。それらのドレスは完成していなかったので，ローがそれら

を作り終えた。1916年，彼女はデパートでフロリダ出身の裕福な女性に出会った。ローは自分で作った服を着ていて，女性はそれをとても気に入った。それで，ローはフロリダ州で彼女のための洋裁師になった。その後，ローは1917年にニューヨークに行き，暮らすようになった。

　ニューヨークで，ローはS.T.テイラー・スクール・オブ・デザインに通った。ローはその学校で唯一のアフリカ系アメリカ人学生だった，そして彼女は他の学生たちと一緒に学ぶことができなかった。彼女は部屋に1人だけで授業を受けた。彼女は1919年にそのデザインスクールでの勉強を終えて，フロリダ州で自分自身の店を開店した。

　その後，ローは何年もドレスを作った。彼女のドレスは特別だった，なぜなら美しい花のデザインがついていたからだ。彼女は数人の裕福で有名な人々のためにドレスを作ったが，それほど多くの人が彼女の仕事を知っているわけではなかった。また，ときには自分のドレスで多くのお金をもらわないこともあった。ローは1981年に亡くなったあと，より有名になった。今日，彼女がとてもすぐれたファッションデザイナーであり，洋裁師であったことを多くの人々が知っている。

語句 dressmaker「洋裁師」

(26)　正解　**4**

質問の訳 アン・ローの母親と祖母は何をしましたか。

選択肢の訳 **1** ローをフロリダ州に送った。　**2** ローがアラバマ州に行くのを止めた。　**3** 仕事を得るようにローに言った。　**4** ローに服の作り方を教えた。

解説 第1段落第3文にLowe's mother and grandmother taught her how to make clothes「ローの母親と祖母が彼女に服の作り方を教えた」と書かれている。正解は**4**のThey taught Lowe how to make clothes.「ローに服の作り方を教えた」。

(27)　正解　**3**

質問の訳 ローはいつニューヨークに行きましたか。

選択肢の訳 **1** 1898年。　**2** 1914年。　**3** 1917年。　**4** 1981年。

解説 第2段落最終文にLowe went to live in New York in 1917「ローは1917年にニューヨークに行き，暮らすようになった」とある。正解は**3**。

(28)　正解　**2**

質問の訳 ローがS.T.テイラー・スクール・オブ・デザインに行ったとき，何が起きましたか。

選択肢の訳 **1** 授業でいい成績を収めなかった。　**2** 他の学生たちと一緒に勉強することができなかった。　**3** 先生とけんかした。　**4** 大好きなファッションデザイナーに会った。

解説 S.T.テイラー・スクール・オブ・デザインでの生活については第3段落に書かれている。第2文後半にshe couldn't join the class with the other students「彼女は他の学生たちと一緒に学ぶことができなかった」，第3文にShe took classes in a room by herself「彼女は部屋に1人だけで授業を受けた」とあるので，正解は**2**のShe couldn't study with the other students「他の学生たちと一緒に勉強することができなかった」。その理由は学校で唯一のアフリカ系アメリカ人だったからだと，第2文前

半に書かれている。

(29) 正解 **1**

質問の訳 ローのドレスは特別だった，なぜなら

選択肢の訳 **1** 美しい花のデザインがついていた。　**2** おもしろい色をしていた。
3 多くの人々によって作られていた。　**4** 作るのに多くの時間がかかった。

解説 第4段落第2文にHer dresses were special「彼女のドレスは特別だった」because they had beautiful flower designs on them「なぜなら美しい花のデザインがついていたからだ」とある。正解は**1**の they had beautiful flower designs「美しい花のデザインがついていた」。

(30) 正解 **2**

質問の訳 この話は何についてのものですか。

選択肢の訳 **1** ニューヨークで人気のあるドレス店。　**2** すばらしい洋裁師だった女性。　**3** ファッションスクールの先生。　**4** アメリカ合衆国のデザインスクール。

解説 この長文はタイトルがAnn Lowe「アン・ロー」という人名で，最初の文にAfrican American fashion designer「アフリカ系アメリカ人のファッションデザイナー」とあり，続けて母親や祖母に服の作り方を習った子ども時代から，その後洋裁師やデザイナーとして活躍した人生について書かれている。正解は**2**のA woman who was a great dressmaker.「すばらしい洋裁師だった女性」。

---

4 一次試験・筆記
(問題編p.62)

QUESTIONの訳 あなたにとっていちばんわくわくするスポーツは何ですか。

解答例 Baseball is the most exciting sport for me. First, I enjoy seeing famous baseball players at the stadium. Second, I'm very happy when my favorite team wins a big game.

解答例の訳 野球が私にとっていちばんわくわくするスポーツです。第1に，私はスタジアムで有名な野球選手たちを見て楽しみます。第2に，私はお気に入りのチームが大事な試合で勝つととてもうれしいです。

解説 まず，自分にとっていちばんわくわくするスポーツは何かを述べる。QUESTIONに出てくる表現を利用して，〈スポーツ名＋is the most exciting sport for me.〉「〜が私にとっていちばんわくわくするスポーツです」と答えるとよい。続けて好きな理由を2つ書く。解答例のように，First, ... Second, 〜.「第1に，…。第2に，〜」と列挙するとよい。

〔例題〕*A:* I'm hungry, Annie.

　　　B: Me, too. Let's make something.

　　　A: How about pancakes?

　　1　On the weekend.

　　2　For my friends.

　　3　That's a good idea.　　　　　　　　　　　　　　〔正解　**3**〕

訳　　A：アニー，お腹がすいたよ。

　　　　B：私もよ。何かを作りましょうよ。

　　　　A：パンケーキはどう？

選択肢の訳　**1**　週末にね。　　**2**　私の友だちのためにね。　　**3**　それはいい考えね。

No.1　正解　**2**

放送文　*A:* Do you need something?

　　　　B: Yes, is Mr. Williams here?

　　　　A: I think he's in the library.

　　1　Yes, that's my favorite book.

　　2　Thanks, I'll look for him there.

　　3　No, it's on his desk.

訳　　A：何か必要かしら？

　　　　B：はい，ウィリアムズ先生はここにいらっしゃいますか。

　　　　A：彼は図書室にいると思うわ。

選択肢の訳　**1**　はい，それは私の大好きな本です。　　**2**　ありがとうございます，そこで彼を探してみます。　　**3**いいえ，それは彼の机の上にあります。

解説　先生と生徒の会話。ウィリアムズ先生はいるかとたずねるB（＝男子生徒）に対し，A（＝先生）が「彼は図書室にいると思う」と居場所を答えている。お礼を言ってから I'll look for him there.「そこで彼を探してみます」と伝えている**2**が正解。

No.2　正解　**2**

放送文　*A:* Are you going home now, Jane?

　　　　B: No, I still have some work to do.

　　　　A: Do you want any help?

　　1　No, I wasn't at the office.

　　2　No, I'll finish soon.

　　3　No, I can't find it.

訳　　A：今から家に帰るの，ジェーン？

　　　　B：いいえ，私はまだいくらかやるべき仕事があるの。

　　　　A：何か手伝いはいる？

選択肢の訳 **1** いいえ，私はオフィスにいなかった。 **2** いいえ，私はもうすぐ終わるわ。 **3** いいえ，それを見つけられないの。

解説 会社での同僚同士の会話。壁の時計と窓の外の暗さから，今が夜の7時であるとわかる。まだ仕事があるという B（＝女性）に対して A（＝男性）が，何か手伝いはいるかとたずねている。選択肢はすべて No で始まっているが，手伝いはいるかどうかという質問の答えとして適切なのは **2** の No, I'll finish soon.「いいえ，私はもうすぐ終わるわ」。

No.3 正解 **1**

放送文 *A:* What will the music club do for the school festival?

B: We'll sing some Spanish songs.

A: Are you practicing a lot?

1 Yes, every day after lunch.

2 Yes, it's next to my radio.

3 Yes, I've been there before.

訳 A：音楽部は文化祭で何をやる予定なの？

B：何曲かスペイン語の歌を歌う予定だよ。

A：あなたたちはたくさん練習している？

選択肢の訳 **1** うん，毎日昼食の後に。 **2** うん，それはぼくのラジオのとなりにあるよ。 **3** うん，ぼくは以前そこに行ったことがあるよ。

解説 文化祭で音楽部がやることについて，生徒同士で話している。Spanish songs「スペイン語の歌」を歌うつもりだという B（＝少年）に対して A（＝少女）がたくさん練習しているかとたずねている。それに対する応答として適切なのは，Yes で肯定した後 every day after lunch「毎日昼食の後に」と具体的な頻度を答えている **1**。

No.4 正解 **1**

放送文 *A:* Where are the ninth-grade students today?

B: They're on a school trip.

A: Oh. Where did they go?

1 On a hike in the mountains.

2 In their classroom.

3 At yesterday's meeting.

訳 A：今日中学3年生はどこにいるの？

B：彼らは遠足中だよ。

A：ああ，彼らはどこに行ったの？

選択肢の訳 **1** 山へハイキングだよ。 **2** 彼らの教室だよ。 **3** 昨日のミーティングだよ。

解説 誰もいない教室の前で生徒2人が話している。（この部屋の生徒は）school trip「遠足」中だと説明する B（＝少年）に対し，A（＝少女）がどこへ行ったのかとたずねている。On a hike in the mountains.「山へハイキングに」と具体的に行き先を答えている **1** が正解。

No.5　正解　**1**

放送文　*A:* Dad, I'm hungry.

　　　　B: I just ordered a pizza.

　　　　A: Great. When will it arrive?

　　　　1 In about 20 minutes.

　　　　2 Mushroom and cheese.

　　　　3 From the restaurant in town.

訳　A：お父さん，おなかすいた。

　　　B：ちょうどピザを注文したよ。

　　　A：いいね。それはいつ届く予定？

選択肢の訳　**1**　約20分後だよ。　　**2**　キノコとチーズだよ。　　**3**　町のレストランから。

解説　娘と父親の会話。ピザを注文したというB（＝父親）にA（＝娘）がいつ届くのかとたずねている。**In about 20 minutes.**「約20分後だよ」と到着予定時刻を答えている**1**が正解。〈in＋時を表す言葉〉が「〜後」という意味を表すことを確認しておこう。

No.6　正解　**3**

放送文　*A:* Excuse me. Could you help me?

　　　　B: Sure.

　　　　A: Where is the hospital?

　　　　1 You should see a doctor.

　　　　2 That's too bad.

　　　　3 It's right over there.

訳　A：すみません。助けていただけますか。

　　　B：もちろん。

　　　A：病院はどこですか。

選択肢の訳　**1**　医師に診てもらうべきです。　　**2**　それはお気の毒です。　　**3**　すぐ向こうです。

解説　路上での道案内の会話。A（＝女性）が**Where is 〜?**「〜はどこですか」と病院の場所をたずねているので，**It's right over there.**「すぐ向こうです」と場所を答えている**3**が正解。

No.7　正解　**3**

放送文　*A:* What are you doing tomorrow?

　　　　B: I have a basketball game.

　　　　A: Great. I hope your team wins.

　　　　1 It's your turn.

　　　　2 I heard about that.

　　　　3 I think we will.

訳　A：あなたは明日何をする予定？

　　　B：ぼくはバスケットボールの試合があるんだ。

A：いいね。あなたたちのチームが勝つといいな。

選択肢の訳　**1**　きみの番だよ。　　**2**　それについて聞いたよ。　　**3**　そうなると思う。

解説　バスケットボールの試合があるというB（＝少年）に対してA（＝少女）がI hope your team wins.「あなたたちのチームが勝つといいな」と言っている。それに対する応答としてふさわしいのは，I think we will.「そうなると思う」と答えている**3**。weはour team「ぼくたちのチーム」のことで，willのあとにはwin「勝つ」が省略されている。

No.8　正解　**3**

放送文　*A:* Do you have any plans this weekend?

　　　　B: I want to go to the art museum.

　　　　A: Let's go together.

　　　　1 OK, it's on Wednesday.

　　　　2 OK, I'm at work.

　　　　3 OK, that sounds fun.

訳　A：今週末，何か予定はある？

　　B：美術館に行きたいの。

　　A：一緒に行こう。

選択肢の訳　**1**　いいよ，それは水曜日。　　**2**　いいよ，私は仕事。　　**3**　いいよ，楽しそうだね。

解説　会社で今週末の予定について話している。美術館に行きたいというB（＝女性）に対してA（＝男性）が「一緒に行こう」と言っている。選択肢がすべてOKということは，Bは誘いを受けるつもりだということ。その場合ふさわしいせりふは，**3**のOK, that sounds fun.「いいよ，楽しそうだね」。

No.9　正解　**2**

放送文　*A:* You look happy.

　　　　B: I'm excited about our P.E. class.

　　　　A: Why is that?

　　　　1 Because there's a math test.

　　　　2 Because we'll play baseball today.

　　　　3 Because I like hamburgers.

訳　A：楽しそうだね。

　　B：体育の授業にわくわくしてるんだ。

　　A：それはなぜ？

選択肢の訳　**1**　数学のテストがあるから。　　**2**　今日ぼくたちは野球をするから。　　**3**　ハンバーガーが好きだから。

解説　P.E. class「体育の授業」にわくわくしているというBに対し，AがWhyを使って理由をたずねている。体育の授業内容について答えている**2**のBecause we'll play baseball today.「今日ぼくたちは野球をするから」が正解。

No.10 正解 **3**

放送文 *A:* Mom, I had a science test today.

B: How was it?

A: I thought it was difficult.

1 I hope it's warm.

2 I'll look for it later.

3 I'm sure you did well.

訳 A：お母さん，ぼくは今日，理科のテストがあったんだ。

B：どうだった？

A：それは難しいと思った。

選択肢の訳 **1** 暖かいといいわね。　　**2** あとでそれを探してみるね。　　**3** きっとよくできたと思うよ。

解説 車の中での，少年と母親の会話。science test「理科のテスト」を受けたという A（＝少年）がB（＝母親）にどうだったかと聞かれ，難しいと思ったと答えている。それに対するB（＝母親）の応答としてふさわしい選択肢は，**3**のI'm sure you did well. 「きっとよくできたと思うよ」。

第2部 一次試験・リスニング
（問題編pp.65〜66）

No.11 正解 2

放送文 *A:* Who did you go shopping with?

B: Kate. She bought a bag, and I got a pair of gloves.

A: Did you look for soccer shoes, too?

B: Not today.

Question: What did the boy buy today?

訳 A：あなたは誰と一緒に買い物に行ったの？

B：ケイトだよ。彼女はバッグを買って，ぼくは手袋を買った。

A：サッカーの靴も探した？

B：今日は探さなかった。

質問の訳 少年は今日何を買いましたか。

選択肢の訳 **1** バッグ。 **2** 手袋。 **3** サッカーボール。 **4** 靴。

解説 A（＝女性）の最初のせりふにあるgo shopping「買い物に行く」がキーワード。ものの名前がたくさん出てくるので，誰が何を買ったのか整理することが大切。B（＝少年）の最初のせりふ後半にI got a pair of gloves「ぼくは手袋を買った」とあるので，正解は**2**。「買う」と言うとき，buy（過去形bought）のかわりにget（過去形got）もよく使われるので覚えておこう。

No.12 正解 1

放送文 *A:* Can you wash the dishes, Bill?

B: I've got a lot of homework, Mom. Can Patty or Dad do them?

A: They're busy, too, and it's your turn.

B: All right.

Question: Who will wash the dishes?

訳 A：お皿を洗ってくれる，ビル？

B：ぼくはいっぱい宿題があるんだよ，お母さん。パティかお父さんがそれらを洗えるかな？

A：彼らも忙しいの，そしてあなたの番だよ。

B：わかった。

質問の訳 だれがお皿を洗うでしょうか。

選択肢の訳 **1** ビル。 **2** ビルの母親。 **3** ビルの父親。 **4** パティ。

解説 Can you 〜?は「〜してくれますか」と依頼する言い方。A（＝母親）がB（＝ビル）に，wash the dishes「皿を洗う」よう頼んでいる。ビルは宿題がたくさんあるので他の家族ができないかと提案するが，母親は2番目のせりふで改めてit's your turn「あなたの番だよ」と言い，ビルもそれを受け入れている。正解は**1**。

No.13 正解 **1**

放送文 *A:* Hello?

B: Hi, Sally. This is Ben's father. Is Ben at your house?

A: Yes, we're doing our math homework.

B: Can you tell him to come home by six?

A: Sure.

Question: What does Ben's father want Ben to do?

訳 A：もしもし。

B：こんにちは，サリー。ベンの父です。ベンはきみの家にいる？

A：はい，私たち数学の宿題をしているんです。

B：6時までに家に帰るよう彼に言ってくれる？

A：わかりました。

質問の訳 ベンの父親はベンに何をしてほしいですか。

選択肢の訳 **1** 6時までに帰宅する。 **2** サリーの父親に電話する。 **3** サリーの数学の教科書を返す。 **4** サリーの宿題を手伝う。

解説 質問にあるBen's father「ベンの父親」が放送文のBの人物。質問の〈want＋人＋to *do*〉は「（人）に〜してほしい」という意味。Bは2番目のせりふで Can you tell him(＝Ben) to come home by six? 「6時までに家に帰るよう彼（＝ベン）に言ってくれる？」と言っているので，父親がベンにしてほしいことは，**1**のArrive home by six o'clock.「6時までに帰宅する」こと。

No.14 正解 **2**

放送文 *A:* Dad, can you help me with this box? I can't move it by myself.

B: Where do you want to put it?

A: Outside, by my bike.

B: Sure.

Question: What does the girl want to do?

訳 A：お父さん，この箱手伝ってくれない？　自分だけじゃ動かせないの。

B：きみはそれをどこに起きたいの？

A：外だよ，私の自転車のそば。

B：わかった。

質問の訳 少女は何をしたいですか。

選択肢の訳 **1** 自転車を買う。 **2** 箱を動かす。 **3** 自転車に乗る。 **4** 本を見つける。

解説 A（＝少女）は最初のせりふでB（＝父親）に対し can you help me with this box? 「この箱手伝ってくれない？」，I can't move it by myself. 「自分だけじゃ動かせないの」と言っている。つまり少女がしたいのは，**Move a box.**「箱を動かす」こと。正解は**2**。

No.15 正解 **2**

放送文 *A:* Hello?

B: Hello, this is Mike. Is Karen home?

A: Sorry, she's out now. Can I take a message?

B: She left her pencil case in the art room. The teacher has it.

A: Thank you. I'll tell her.

Question: Where did Karen leave her pencil case?

訳　A：もしもし？

　　B：もしもし，マイクです。カレンは家にいますか。

　　A：ごめんなさい，彼女は今出かけているの。伝言はありますか。

　　B：彼女が美術室に筆箱を置き忘れたんです。先生がそれを持っています。

　　A：ありがとう。彼女に伝えます。

質問の訳　カレンはどこに筆箱を置き忘れたでしょうか。

選択肢の訳　**1**　自分の部屋。　　**2**　美術室。　　**3**　少年の家。　　**4**　先生の家。

解説　B（＝マイク）がカレンの自宅に電話をかけている。カレンは出かけており，電話で話しているAはカレンの家族（おそらく母親）。Bが2番目のせりふでShe(＝ Karen) left her pencil case in the art room.「彼女（＝カレン）が美術室に筆箱を置き忘れたんです」と言っている。正解は**2**。

No.16　正解　**4**

放送文　***A:*** Why do you always have that camera, Bob?

　　　B: I like taking photos.

　　　A: Can you take one of my dog?

　　　B: Sure.

　　　Question: What is Bob's hobby?

訳　A：あなたはなぜいつもそのカメラを持っているの，ボブ？

　　B：写真を撮るのが好きなんだ。

　　A：私の犬の写真を撮ってくれる？

　　B：もちろん。

質問の訳　ボブの趣味は何ですか。

選択肢の訳　**1**　彼の犬の散歩をする。　　**2**　動物について読む。　　**3**　カメラを集める。　　**4**　写真を撮る。

解説　質問に出てくるhobby「趣味」という単語そのものは会話に出てこない。A（＝少女）がB（＝ボブ）について always have that camera「いつもカメラを持っている」理由をたずね，ボブはI like taking photos.「写真を撮るのが好きなんだ」と答えているので，正解は**4**。

No.17　正解　**3**

放送文　***A:*** Excuse me. I bought this TV last week, but it doesn't work.

　　　B: I'm sorry.

　　　A: Can you please give me my money back?

　　　B: I'll ask my manager.

　　　Question: What is the woman's problem?

訳　A：すみません，先週このテレビを買ったのですが，動かないんです。

B：申し訳ありません。

A：私のお金を返金していただけますか。

B：店長に聞いてみます。

質問の訳 女性の問題は何ですか。

選択肢の訳 **1** 今日働かなければならない。 **2** お金を見つけることができない。

3 テレビが壊れている。 **4** テレビの音が大きすぎる。

解説 A（＝女性客）がB（＝男性店員）に対し，最初のせりふ第2文でI bought this TV last week「先週このテレビを買いました」but it doesn't work「でも動かないんです」と言っている。doesn't work「動かない」をis broken「壊れている」と言いかえた**3**が正解となる。

No.18 正解 1

放送文 *A:* Luke, when will you get home from school today?

B: Classes end at four, but I have a basketball game until six.

A: So, you'll be home by seven?

B: Yes.

Question: When do Luke's classes end?

訳 A：ルーク，今日学校からいつ帰ってくる？

B：授業は4時に終わるけれど，6時までバスケットボールの試合があるんだ。

A：じゃあ，7時までには家に帰る？

B：うん。

質問の訳 ルークの授業はいつ終わりますか。

選択肢の訳 **1** 4時。 **2** 5時。 **3** 6時。 **4** 7時。

解説 B（＝ルーク）が最初のせりふで Classes end at four「授業は4時に終わる」と言っているので，正解は**1**。さまざまな時刻を表す数字が出てくるので，整理して聞き取ろう。

No.19 正解 1

放送文 *A:* I love this red jacket! It's so cute.

B: That blue one is cheaper. It looks warmer, too.

A: But I really want this red one.

B: OK.

Question: Why does the woman like the red jacket?

訳 A：この赤いジャケット大好き！ すごくかわいい。

B：あの青いののほうが安いよ。それのほうが暖かそうにも見える。

A：でも私はこの赤いのがほんとにほしいの

B：わかった。

質問の訳 なぜ女性は赤いジャケットが好きなのですか。

選択肢の訳 **1** かわいい。 **2** 暖かい。 **3** 安い。 **4** 長い。

解説 A（＝女性）は最初のせりふでI love this red jacket!「この赤いジャケット大好き！」と言ったあと，It's so cute.「すごくかわいい」と理由をつけ加えている。正解は**1**。

No.20 正解 **3**

放送文 *A:* I saw you this morning. You were riding a bicycle.

B: Where were you?

A: In my husband's car. He drives me to work every day.

B: I ride my bike or walk to work.

Question: How does the woman go to work?

訳 A：今朝あなたを見たよ。自転車に乗っていた。

B：きみはどこにいたの？

A：夫の車。彼が毎日私を車で職場に送ってくれるの。

B：ぼくは職場まで自転車に乗るか歩くよ。

質問の訳 女性はどうやって職場に行きますか。

選択肢の訳 **1** 電車で。 **2** 自転車で。 **3** 車で。 **4** 徒歩で。

解説 A（女性）は2番目のせりふ第2文で，He(= My husband) drives me to work every day.「彼（＝夫）が毎日私を車で職場に送ってくれるの」と言っている。正解は**3**。

No.21　正解　2

放送文　Robert is learning to cook.　He watches a cooking program on TV every Tuesday, and on Wednesdays he takes a cooking class after work.　He makes dinner for his family on Fridays.

Question: When does Robert take a cooking class?

訳　ロバートは料理のし方を学んでいる。彼は毎週火曜日テレビで料理番組を見て、毎週水曜日には仕事後に料理教室に通っている。毎週金曜日は家族のために夕食を作る。

質問の訳　ロバートはいつ料理教室に通っていますか。

選択肢の訳　**1**　毎週火曜日。　**2**　毎週水曜日。　**3**　毎週木曜日。　**4**　毎週金曜日。

解説　第2文後半に on Wednesdays「毎週水曜日」he(= Robert) takes a cooking class after work「彼（＝ロバート）は仕事後に料理教室に通っている」とある。正解は**2**。

No.22　正解　4

放送文　Good morning, everyone, and welcome to the Riverside Museum. Please follow me for a free tour of our main attractions.　Today, we have a special show about the pyramids in Egypt on the second floor.　This way, please.

Question: Who is talking?

訳　おはようございます、皆さん、そしてリバーサイド博物館へようこそ。当館の主な呼び物をめぐる無料ツアーです、私についてきてください。本日、当館では2階でエジプトのピラミッドに関する特別なショーを行います。こちらです、どうぞ。

質問の訳　誰が話していますか。

選択肢の訳　**1**　学生。　**2**　ミュージシャン。　**3**　販売員。　**4**　博物館のガイド。

解説　最初の文後半でwelcome to the Riverside Museum「リバーサイド博物館へようこそ」と言い、その後 free tour「無料ツアー」に関する説明をして、最後 This way, please.「こちらです、どうぞ」と案内している。これらの言動にあてはまるのは、**4**の A museum guide.「博物館のガイド」。

No.23　正解　1

放送文　I usually take the bus to school, but this morning, I got up late.　I asked Dad to drive me to school, but he had to go to work.　So I borrowed my brother's bike.

Question: How did the girl get to school this morning?

訳　私はふだんバスに乗って学校に行くが、今朝は寝坊した。私はお父さんに車で学校に送ってくれるよう頼んだが、彼は仕事に行かなければならなかった。だから私は兄［弟］の自転車を借りた。

質問の訳 少女は今朝どうやって学校に行きましたか。

選択肢の訳 **1** 自転車に乗った。 **2** バスに乗った。 **3** 父親が彼女を送った。 **4** 兄[弟]が彼女を送った。

解説 質問文は，Howを使って話し手である少女のthis morning「今朝」の交通手段をたずねている。第1文後半にthis morning, I got up late「今朝は寝坊した」とあり，最終文にI borrowed my brother's bike「私は兄[弟]の自転車を借りた」とある。正解は**1**。

No.24 正解 **4**

放送文 Peter had to write a report about Japanese temples for his history class. He couldn't find any good books at the library, so he looked on the Internet. He found lots of useful information there.

Question: How did Peter learn about Japanese temples?

訳 ピーターは歴史の授業で日本の寺についてレポートを書かなければならなかった。彼は図書館でいい本を何も見つけられなかったので，インターネットを見た。彼はそこでたくさんの有益な情報を見つけた。

質問の訳 ピーターは日本の寺についてどのように学びましたか。

選択肢の訳 **1** 歴史の先生に聞いた。 **2** 日本を訪れた。 **3** 本を読んだ。 **4** インターネットを見た。

解説 第2文後半にhe (= Peter) looked on the Internet「彼（＝ピーター）はインターネットを見た」，第3文に He found lots of useful information there.「彼はそこでたくさんの有益な情報を見つけた」とある。正解は**4**。

No.25 正解 **1**

放送文 Brian wanted to go hiking today, but it started to rain. He decided to go and see a movie instead. At the theater, he bought popcorn and a drink. He had a relaxing afternoon.

Question: What did Brian do today?

訳 ブライアンは今日ハイキングに行きたかったが，雨が降り始めた。彼はかわりに映画を見に行くことに決めた。映画館で, 彼はポップコーンと飲み物を買った。彼はリラックスした午後をすごした。

質問の訳 ブライアンは今日何をしましたか。

選択肢の訳 **1** 映画に行った。 **2** ハイキングに行った。 **3** 家でポップコーンを作った。 **4** レストランで食事をした。

解説 第2文にHe (= Brian) decided to go and see a movie「彼（＝ブライアン）は映画を見に行くことに決めた」とあり，その後映画館でのできごとが書かれている。ブライアンがしたことは，**1**のHe went to a movie.「映画に行った」。

No.26 正解 **3**

放送文 I enjoy spending time alone. In the mornings, I drink tea and read the news. After dinner, I like to jog in the park.

Question: What does the man like to do after dinner?

訳 ぼくは1人で時間をすごすのを楽しむ。朝，ぼくはお茶を飲んでニュースを読む。夕食後，ぼくは公園でジョギングをするのが好きだ。

質問の訳 男性は夕食後に何をするのが好きですか。

選択肢の訳 **1** お茶を飲む。　**2** デザートを食べる。　**3** ジョギングに行く。
4 ニュースを読む。

解説 話し手の男性に関する質問。第3文にAfter dinner「夕食後」I like to jog in the park「ぼくは公園でジョギングをするのが好きだ」とある。正解は**3**のGo jogging.「ジョギングに行く」。

No.27　正解　**2**

放送文 I'm a doctor. One of the other doctors at my hospital was sick today, so I was very busy. I usually finish at 6:30, but today I had to work until 8:30.
Question: What happened today?

訳 私は医師です。私の病院の他の医師たちの1人が今日病気だったので，私はとても忙しかったです。私はふだん6:30に終業ですが，今日は8:30まで働かなくてはなりませんでした。

質問の訳 今日何が起きましたか。

選択肢の訳 **1** 新しい医師が働き始めた。　**2** 女性が遅くまで働いた。　**3** 女性が病気になった。　**4** 病院が早く閉院した。

解説 話し手の女性は第1文で自分が医師であると言い，その後今日のできごとについて話している。第3文でI usually finish at 6:30「私はふだん6:30に終業です」，but today I had to work until 8:30「でも今日は8:30まで働かなくてはなりませんでした」と言っているので，正解は**2**のThe woman worked late.「女性が遅くまで働いた」。

No.28　正解　**4**

放送文 It's Saturday today. I don't have any homework, so I'll go to the park. My friend Rob and I will go skating there. Then I'll have lunch with my dad at home.
Question: What is the boy going to do in the park?

訳 今日は土曜日だ。宿題がないので，公園に行くつもりだ。友だちのロブとぼくはそこでスケートをしにいく。その後ぼくは家でお父さんと一緒に昼食を食べる予定だ。

質問の訳 少年は公園で何をするつもりですか。

選択肢の訳 **1** 昼食を食べる。　**2** 宿題をする。　**3** 父親とゲームをする。
4 友だちとスケートをする。

解説 話し手の少年が公園でするつもりのことをたずねる質問。第2文後半でI'll go to the park「公園に行くつもりだ」，第3文でMy friend Rob and I will go skating there「友だちのロブとぼくはそこでスケートをしにいく」と言っているので，正解は**4**のSkate with his friend.「友だちとスケートをする」。

No.29　正解　**1**

放送文 Simon makes lunch every day. He made a ham sandwich on Monday and tuna salad yesterday. Today, he'll make beef soup.

Question: What is Simon going to make for lunch today?

訳 サイモンは毎日昼食を作る。彼は月曜日にハムのサンドイッチを，昨日はツナサラダを作った。今日，彼は牛肉のスープを作る予定だ。

質問の訳 サイモンは今日の昼食に何を作る予定ですか。

選択肢の訳 **1** 牛肉のスープ。 **2** ツナサラダ。 **3** ハムのサンドイッチ。 **4** 鶏肉のサンドイッチ。

解説 サイモンが毎日昼食を作るという話から，具体的に作ったもの，これから作るものが述べられている。最終文に Today「今日」he'll make beef soup「彼は牛肉のスープを作る予定だ」とあるので，正解は**1**。

No.30 正解 **4**

放送文 When Michael got home last night, he couldn't find his house key. It wasn't in his bag or in his car. Finally, he went back to his office and found it on his desk.

Question: Where did Michael find his key?

訳 マイケルは昨夜帰宅したとき，家の鍵を見つけられなかった。それは彼のバッグにも車にもなかった。最終的に，彼は職場に戻って机の上にそれを見つけた。

質問の訳 マイケルはどこで鍵を見つけましたか。

選択肢の訳 **1** バッグの中。 **2** 車の中。 **3** 自宅の椅子の上。 **4** 職場の机の上。

解説 第1文にマイケルがcouldn't find his house key「家の鍵を見つけられなかった」とあり，最終文にhe went back to his office「彼は職場に戻った」and found it on his desk「そして机の上にそれを見つけた」とある。正解は**4**。

カードA 二次試験・面接
(問題編p.69)

訳 ペット

多くの人々がペットの犬を飼いたいと思っている。犬と遊ぶことは，リラックスすることになり得る。一部の人々は犬を散歩に連れて行く時間がないので，ハムスターや鳥などのペットを手に入れる。

質問の訳 No.1 文章を見てください。なぜ一部の人々はハムスターや鳥などのペットを手に入れるのですか。

No.2 イラストを見てください。何人の人々が帽子をかぶっていますか。

No.3 男性を見てください。彼は何をしていますか。

では，〜さん（受験者の氏名），カードを裏返しにしてください。

No.4 あなたはこの前の日曜日に何をしましたか。

No.5 あなたは自由時間に買い物をするのが好きですか。

55

No.1 解答例 Because they don't have time to take dogs for walks.

解答例の訳 彼らは犬を散歩に連れて行く時間がないから。

解説 No.1は文章に関する質問。Why ～?「なぜ～」と理由を聞かれたら，本文中からso「～だから…」またはbecause「なぜなら～だから」を探そう。ここでは第3文の中ほどにあるsoの後に質問文と同じ内容が続いている。この文の前半が後半の理由になっているので，理由を表すBecauseで文を始めて，主語Some peopleを代名詞theyにかえて答える。

No.2 解答例 Three people are wearing hats.

解答例の訳 3人の人々が帽子をかぶっています。

解説 No.2はイラストに関する質問。イラスト中の人やものの数について，How many「何人の，いくつの」でたずねる質問はよく出題される。ここではwearing hats「帽子をかぶっている」人々の数が聞かれている。帽子をかぶっているのは，右のテーブルにいる3人。答えるときはThree. と数字だけ言うのではなく，文の形にするのが望ましい。解答例のように，質問文と同じ進行形を使って答えるとよい。

No.3 解答例 He's cooking.

解答例の訳 彼は料理をしています。

解説 No.3もイラストに関する質問。the man「男性」が何をしているかが聞かれている。イラストの中にいる男性は左側の1人だけで，彼は肉を焼いている。質問文と同じ現在進行形の文を使って答える。解答例のようにcook「料理する」だけを使って答えてもよいし，He's cooking meat.「彼は肉を料理している」，He's grilling meat.「彼は肉を焼いている」としてもよい。

No.4 解答例 I played with my cousins.

解答例の訳 私はいとこと遊びました。

解説 No.4は受験者自身に関する質問。What did you do「あなたは何をしましたか」last Sunday「この前の日曜日に」? という過去の行動についての質問なので，過去形の動詞を使って，したことを答える。解答例のように〈I played with＋人.〉「私は（人）と遊びました」と答えるほか，〈I went to＋場所.〉で行った場所を答えたり，read books「本を読んだ」，cleaned my room「部屋をそうじした」，ate out「外食した」，watched TV「テレビを見た」などと言ってもよい。

No.5 解答例 Yes. → What do you like to buy? —— I like to buy books.
No. → What do you want to do this summer? —— I want to go to a foreign country.

解答例の訳 はい。→ あなたは何を買うのが好きですか。—— 私は本を買うのが好きです。
いいえ。→ あなたは今年の夏何をしたいですか。—— 私は外国に行きたいです。

解説 No.5も受験者自身に関する質問。自由時間にshopping「買い物をすること」が好きかどうかが聞かれている。Yesと答えた場合は何を買うのが好きかと聞かれるので，解答例のように〈I like to buy＋もの.〉の形で答えるとよい。「もの」のところにはclothes「服」，stationery「文房具」，toys「おもちゃ」などが入る。
Noと答えた場合は，今年の夏何をしたいかが聞かれている。質問文の表現を利用して，〈I want to＋動詞の原形.〉の形で答える。go to ～「～に行く」のほか，watch movies「映画を見る」，〈practice＋スポーツ名［the 楽器名］〉「～を練習する」など。

カードB 二次試験・面接
（問題編p.70）

訳 歌うこと
　歌うことはリラックスするのにいい方法になる可能性がある。一部の人々は多くの人の前で歌うことを楽しむので，合唱グループやバンドに入る。歌のレッスンを受けることは，人々がより上手に歌うのに役立つ可能性がある。

質問の訳 No.1　文章を見てください。なぜ一部の人々は合唱グループやバンドに入るのですか。
　　　　No.2　イラストを見てください。ベンチの上には何冊の本がありますか。
　　　　No.3　少年を見てください。彼は何をしていますか。
　　　　では，～さん（受験者の氏名），カードを裏返しにしてください。
　　　　No.4　あなたは週末よくどこに行きますか。
　　　　No.5　あなたは海辺に行ったことがありますか。

No.1 解答例　Because they enjoy performing in front of many people.

解答例の訳 彼らは多くの人の前で歌うことを楽しむからです。
解説 No.1は文章に関する質問。Why「なぜ」を使って一部の人々が合唱グループやバンドに入る理由が聞かれている。第2文の後半にこの質問文とほぼ同じ内容があり，直前にso「だから」がある。つまり，文前半のSome people enjoy performing in front of many peopleが合唱グループやバンドに入る理由。理由を表すBecauseで文を始め，Some peopleをtheyにかえて答える。

No.2 解答例　There are two books on the bench.

解答例の訳 ベンチの上には2冊の本があります。
解説 No.2はイラストに関する質問。on the bench「ベンチの上」のbooks「本」の数が聞かれている。このような質問ではTwo.と数だけ答えるのではなく，文の形で答えよう。There are ～.で「～がある」の意味になる。文の最後はon the benchのかわりにthere「そこに」としてもよい。

57

No.3　解答例　He's drawing.

解答例の訳　彼は絵を描いています。

解説　No.3もイラストに関する質問。the boy「少年」が何をしているかが聞かれている。イラストの中にいる少年は右端の1人だけで，彼は絵を描いている。質問文と同じ現在進行形の文を使って答える。解答例のようにdraw1語でも「絵を描く」という意味を表せるが，He's[He is] drawing a picture.「彼は絵を描いています」，He's[He is] drawing something.「彼は何かを描いています」としてもよい。

No.4　解答例　I go to the shopping mall.

解答例の訳　私はショッピングモールに行きます。

解説　No.4は受験者自身に関する質問。on weekends「週末」によく行く場所が聞かれている。質問文の表現を利用して，〈I (often) go to＋場所 (on weekends).〉「私は（週末）（よく）〜へ行きます」と答えるとよい。

No.5　解答例　Yes. → Please tell me more. ── I went to a beach in Chiba.
　　　　　　　　No. → What do you like to do when the weather is cold?── I go jogging.

解答例の訳　はい。→ もっと詳しく話してください。── 私は千葉の海岸に行きました。いいえ。→ あなたは気候が寒いときに何をするのが好きですか。── 私はジョギングに行きます。

解説　No.5も受験者自身に関する質問。ここでは現在完了を使って，海岸に行ったことがあるかどうかが聞かれている。Yesで答えた場合はより詳しい情報が求められるので，解答例のようにI went to 〜.「私は〜へ行きました」の形で行った海岸の場所を答えるほか，I go to a beach every summer.「私は毎夏海岸に行きます」などと行く時期を答えてもよい。

Noで答えた場合，when the weather is cold「気候が寒いとき」何をするのが好きかが聞かれている。解答例のように〈主語＋動詞 〜.〉の形で答えてもよいし，〈I like to＋動詞の原形 〜.〉「私は〜するのが好きです」の形を使ってもよい。解答例のほか，go skiing[skating]「スキー［スケート］に行く」，stay home and read books「家にいて本を読む」，eat hot soup「熱いスープを飲む」，take a long bath「ゆっくり入浴する」など。

2022年度 第❸回

解　答　欄

問題番号		1	2	3	4
1	(1)	①	②	●	④
	(2)	●	②	③	④
	(3)	①	●	③	④
	(4)	①	②	●	④
	(5)	①	②	③	●
	(6)	●	②	③	④
	(7)	①	②	③	●
	(8)	①	●	③	④
	(9)	①	②	●	④
	(10)	●	②	③	④
	(11)	①	②	③	●
	(12)	①	●	③	④
	(13)	①	●	③	④
	(14)	①	②	●	④
	(15)	①	②	③	●

解　答　欄

問題番号		1	2	3	4
2	(16)	①	●	③	④
	(17)	①	②	●	④
	(18)	①	●	③	④
	(19)	①	●	③	④
	(20)	①	②	●	④
3	(21)	●	②	③	④
	(22)	①	●	③	④
	(23)	●	②	③	④
	(24)	①	②	●	④
	(25)	●	②	③	④
	(26)	①	②	③	●
	(27)	①	●	③	④
	(28)	①	●	③	④
	(29)	●	②	③	④
	(30)	●	②	③	④

4 の解答例は
p.70をご覧ください。

リスニング解答欄

	問題番号	1	2	3	4
	例題	①	②	●	
第1部	No. 1	①	②	●	
	No. 2	①	●	③	
	No. 3	●	②	③	
	No. 4	①	②	●	
	No. 5	①	②	●	
	No. 6	●	②	③	
	No. 7	①	②	●	
	No. 8	●	②	③	
	No. 9	①	②	●	
	No. 10	●	②	③	
第2部	No. 11	①	●	③	④
	No. 12	①	②	●	④
	No. 13	①	②	●	④
	No. 14	①	●	③	④
	No. 15	①	②	③	●
	No. 16	①	②	③	●
	No. 17	●	②	③	④
	No. 18	①	●	③	④
	No. 19	●	②	③	④
	No. 20	①	②	●	④
第3部	No. 21	①	●	③	④
	No. 22	①	②	●	④
	No. 23	●	②	③	④
	No. 24	①	②	●	④
	No. 25	①	②	●	④
	No. 26	①	●	③	④
	No. 27	①	②	③	●
	No. 28	●	②	③	④
	No. 29	①	②	●	④
	No. 30	①	②	③	●

(1) 正解 **3**

訳 A：あなたはもうお母さんの誕生日プレゼントを包装した？
B：ううん，今夜それをするよ。

解説 選択肢にはさまざまな動詞の過去形が並んでいるが，空所のあとのMom's birthday present「お母さんの誕生日プレゼント」と組み合わせて意味が通るのは，wrapped「包装した」だけ。正解は**3**。contacted＜contact「連絡を取る」，invited＜invite「招待する」，climbed＜climb「登る」。

(2) 正解 **1**

訳 この前の金曜日，私たちはチームの新メンバーを歓迎するために特別な昼食を食べた。彼はこの会社で働き始めたばかりだ。

解説 「昼食を食べる」はhave lunchだが，形容詞がlunchの前にくるときは冠詞aが必要になる。選択肢の中でlunch「昼食」の前に置いて意味が通るのは**1**のspecial「特別な」だけ。deep「深い」，weak「弱い」，low「（高さなどが）低い」。

(3) 正解 **2**

訳 A：あなたはもうお皿を洗った？
B：うん，すでにそれをやったよ，それに台所の床もきれいにした。

解説 空所の直前にI've（＝I have），直後に過去分詞doneがあるので現在完了の文。already「すでに，もう」を入れて完了の意味を強めると会話の流れに合う。正解は**2**。soon「まもなく，すぐ」，out「外に」，ago「〜前に」。

(4) 正解 **3**

訳 明日，私たちは子どもたちのための動物園へ行く。彼らはそこで一部の動物に触ることができる。

解説 空所のある文のTheyは前文のchildren「子どもたち」，thereはa zoo「動物園」をさしている。選択肢にはさまざまな動詞が並んでいるが，can（　　）some of the animals「一部の動物を（　　）ことができる」の空所に入れて意味が通るのは**3**のtouch「触る」だけ。build「建てる」，close「閉める」，shout「叫ぶ」。

(5) 正解 **4**

訳 一部の人々は毎日30分くらい走ることを好む，なぜなら彼らはそれが健康的だと考えているからだ。

解説 文後半のitは前半のto run for about 30 minutes every day「毎日30分くらい走ること」をさす。選択肢の中で「毎日30分くらい走ること」を表す形容詞としてふさわしいのは**4**のhealthy「健康的な」である。afraid「こわい」，expensive「高価な」，crowded「混雑した」。

(6)　正解　**1**

訳　私の友だちのピーターは賢い。彼はいつも数学のテストで良い点を取る。

解説　選択肢にはさまざまな形容詞が並んでいる。この中でMy friend Peter「私の友だちのピーター」という「人」を表すのにふさわしいのは**1**の clever「賢い」だけ。sunny「晴れの」，clear「明らかな」，early「早い」。

(7)　正解　**4**

訳　このマンガ本はおもしろい。私はそれを読んでいたときにたくさん笑った。

解説　1文目に funny「おもしろい」とあるので，when I was reading it「私がそれを読んでいたとき」にしたこととして適切なのは**4**の laughed「笑った」。drove ＜ drive「運転する」，borrowed ＜ borrow「借りる」，heard ＜ hear「聞く，聞こえる」。

(8)　正解　**2**

訳　ケイタがカナダに引っ越したとき，彼はあまり英語を話すことができなかった。でも今は，彼はそれをとても上手に話す。

解説　イディオムの問題。〈be able to ＋動詞の原形〉で「～することができる」という意味を表す。ここでは否定文の形で使われている。**2**が正解。absent「欠席の」，angry「怒っている」，another「もう1つの」。

(9)　正解　**3**

訳　トムの母親は彼にメッセージを残した。彼女は彼に，夕食前に犬を散歩させるように言った。

解説　選択肢には動詞の過去形が並んでいて，それぞれ met ＜ meet「会う」，closed ＜ close「閉める，閉まる」，left ＜ leave「残す，去る」，held ＜ hold「つかんでいる，開催する」の意味。**3**を選び，left a message「メッセージを残した」とするのが適切。

(10)　正解　**1**

訳　A：おばあちゃん，あなたがこのヨーグルトを作ったの？
　　　B：うん，簡単だよ。それは牛乳からできているんだ。

解説　イディオムの問題。空所のある文の It は，A のせりふに出てくる yogurt をさす。be made from ～で「～からできている」という「（見た目ではわからない）原料」を表す文になる。正解は**1**。

(11)　正解　**4**

訳　ミホはいつも家から昼食を持ってくるので，昼食にあまりお金を使わない。

解説　〈spend ＋～（お金を表す言葉）＋ on …〉で「～（お金）を…に使う，費やす」という意味を表す。正解は**4**。catch「捕まえる」，stay「滞在する」，know「知っている」。

(12)　正解　**2**

訳　昨日，マークは病気で寝ていた，だから彼は今日仕事に行かなかった。

解説　イディオムの問題。be sick in bedで「病気で寝ている」という表現になる。**2**が正解。above「～の上方に」，across「～を横切って」，on「～の上に」。

(13)　正解　**2**

訳　A：あなたは本当に素敵なお家を持っているのね，ボブ。
　　　B：ありがとう。それはぼくの祖父によって建てられたんだ。

解説　文法の問題。選択肢には動詞のさまざまな形が並んでいる。空所の直前にbe動詞wasが，直後に動作主を表す〈by＋人〉「～によって」があるので受け身の文。過去分詞builtを入れて，「祖父によって建てられた」という表現にする。**2**が正解。buildは原形，to buildは不定詞〈to＋動詞の原形〉，buildingは動名詞または現在分詞。

(14)　正解　**3**

訳　私たちの学校は，ペットボトルを集めるイベントを計画している。地元のアーティストが，それらを芸術作品にリサイクルする予定だ。

解説　文法の問題。選択肢には動詞のさまざまな形が並んでいて，空所の直前には未来を表す助動詞willがある。willのあとには必ず動詞の原形がくるので，**3のrecycle**が正解。recyclesは3人称単数現在形，recycledは過去形または過去分詞，recyclingは動名詞または現在分詞。

(15)　正解　**4**

訳　A：空港行きの次のバスがいつ出発するかわかりますか。
　　　B：はい。15分後です。

解説　文法の問題。空所のある文全体は〈Do you know＋疑問詞＋主語（the next bus to the airport）＋動詞（leaves）?〉という間接疑問文。BがIn 15 minutes.「15分後です」と「時」を答えているので，時をたずねる疑問詞である**4のwhen**が正解となる。which「どちらが」，who「誰が」，where「どこに」。

2 一次試験・筆記
(問題編p.74)

(16)　正解　**2**

訳　父親：きみは宿題を終わらせたかい？

娘：ううん，まだ。私はそれを夕食後に終わらせるよ。

選択肢の訳　**1**　そんなに悪くない。　**2**　まだ（〜ない）。　**3**　私はとてもおなかがいっぱい。　**4**　私はここの出身なの。

解説　父親と娘の会話。宿題を終わらせたかと聞かれた娘がNoと答えたあとのせりふが空所になっている。〈Have you＋過去分詞 〜?〉「もう〜しましたか」という「完了」をたずねる疑問文にNoで答えているので，**2**のnot yet「まだ」を入れると文の流れに合う。

(17)　正解　**3**

訳　女性：すみません。私はこの帽子が気に入っています。それをかぶってみてもいいですか。

販売員：もちろんです。鏡はあちらです。

選択肢の訳　**1**　それはご親切に。　**2**　良い1日を。　**3**　鏡はあちらです。　**4**　それはいつでも開いています。

解説　帽子を販売している店での，女性客と販売員の会話。May I try 〜 on?は「〜を試着して［（帽子の場合）かぶってみて］もいいですか」と許可を求める表現。帽子の試着を求めた女性に対して販売員がCertainly.「もちろんです」と答えた後のせりふとしてふさわしい選択肢は，**3**のThe mirror is over there.「鏡はあちらです」。

(18)　正解　**2**

訳　少女1：私，あなたがバイオリンを持ってるって知らなかった。どのくらいの頻度でそれを弾くの？

少女2：月に1回か2回だけ。

選択肢の訳　**1**　あなたはいつそれを買ったの？　**2**　あなたはどのくらいの頻度でそれを弾くの？　**3**　それはプレゼントだったの？　**4**　それは高価なものなの？

解説　少女2人の会話。選択肢に出てくるitは，すべて空所直前のa violinをさす。少女2がOnly once or twice a month.「月に1回か2回だけ」と頻度を答えているので，How often「どのくらいの頻度で」とたずねている**2**が正解となる。

(19)　正解　**2**

訳　係員：グリーンウッド・ジャズフェスティバルへようこそ。チケットはお持ちですか，奥さま。

女性：いいえ。どこでそれを買うことができますか。

係員：あちらの青いテントです。

選択肢の訳　**1**　それらはどんな色ですか。　**2**　どこでそれを買うことができますか。　**3**　私の席はどこですか。　**4**　それらはいくらですか。

解説　ジャズフェスティバルの係員と女性客との会話。チケットを持っているかと聞か

れてNoで答えたあとの女性のせりふが空所になっている。係員がAt the blue tent over there.「あちらの青いテントです」と場所を答えているので、チケットを買う場所をたずねる**2**の**Where can I buy one?**「どこでそれを買うことができますか」が正解。

(20) 正解 **3**

訳 母親：なぜあなたの野球帽がソファにあるの？　それをあなたの部屋に持って行きなさい。
息子：今日僕がそれをかぶるんだ。3時に練習があるんだよ。

選択肢の訳 **1** ぼくたちはまた勝ったよ。　**2** あなたは向こうでそれを探した？
3 今日僕がそれをかぶるんだ。　**4** 見に来てくれる？

解説 ソファの上の野球帽を自分の部屋に持っていくよう母親に言われた息子の応答が空所になっている。直後に I have practice at three.「3時に練習がある」と言っているので、**3**の**I'm going to wear it(= the cap) today.**「今日僕がそれ（＝帽子）をかぶるんだ」を入れて、帽子が自室ではなくソファの上にある理由を述べるようにすると会話の流れに合う。

3[A] 一次試験・筆記
(問題編p.75)

Key to Reading 3級では3種類の長文が出題される。最初の長文は掲示文。タイトルにテーマが書かれているので、必ずチェックしよう。掲示文では簡潔な短い文が使われていて、箇条書きも多い。日付や曜日、時刻など、時を表す言葉が解答を探すカギになることが多いので、印をつけながら読み進めるとよい。

訳 アイススケート・レッスン
放課後に新しいアクティビティを試してみませんか？
ベリル市スポーツセンターには、生徒のための午後のレッスンがあります。アイススケートが得意である必要はありません。初心者歓迎です。一生懸命練習すれば、スケートがとても得意になります！
場所：ベリル市スポーツセンター1階
費用：1時間のレッスンで18ドル
レッスンスケジュール：毎週火曜日、木曜日、金曜日　午後4時〜午後5時
　　　　　　　　　　（当スポーツセンターは毎週水曜日休館です）
もし興味があれば、ジェニー・ハーディングにメールを送るか、平日午前8時〜午後6時の間に彼女に電話してください。
ジェニー・ハーディング
電話番号：555-8778
メールアドレス：ice-skating@berrylsports.com

語句 beginner「初心者」、weekday「平日、週日」

(21) **正解 1**

質問の訳 この告知は誰のためのものですか。

選択肢の訳 **1** 新しいアクティビティに挑戦したい生徒たち。
2 新しい職を求めるアイススケートのコーチ。
3 古いアイススケート靴を売りたい人々。
4 雪まつりに行きたい子どもたち。

解説 2行目の太字の質問文 Do you want to try a new activity after school? は直訳すると「放課後に新しいアクティビティを試してみたいですか？」となるが，Do you want to *do*? は「〜しませんか？」と提案するときにも使われる。本文第1文に afternoon lessons for students「生徒のための午後のレッスン」とある。よって，この告知は，**1** の Students who want to try a new activity.「新しいアクティビティに挑戦したい生徒たち」のためのもの。

(22) **正解 3**

質問の訳 アイススケートのレッスンは…行われる。

選択肢の訳 **1** 平日午前8時に
2 毎週水曜日だけ
3 週3回
4 週末の午後に

解説 本文中ほどの箇条書きの部分，いちばん下の Lesson schedule:「レッスンスケジュール：」の項に Every Tuesday, Thursday, and Friday「毎週火曜日，木曜日，金曜日」とある。正解は **3** の three times a week「週3回」。

3[B] 一次試験・筆記
(問題編pp.76〜77)

Key to Reading 2番目の長文では，Eメールまたは手紙文が出題される。今回のように3通または2通のメールの応答がセットで出題されるパターンが多い。最初にヘッダーの From:（送信者）と To:（受信者）の項目をチェックして，本文中の I や you が誰を指しているのかを確認しよう。今回は，1通目の書き手（＝I）であるベス・グリーンと，2通目の書き手（＝古書店「本の虫」の店主サム・ウィンターズ）とのやりとりである。

訳

送信者：ベス・グリーン
受信者：本の虫
日付：9月4日
件名：ある本を探しています

••

こんにちは，
私の名前はベスです，そして『森の中へ』と呼ばれる本を探しています。それは私のお気に入りの作家，チャールズ・ヴァンスによって書かれました。私はこの前の金曜日にベイ

カーズヴィルのリーダーズ・ルール書店に行きましたが，そこではそれを売っていませんでした。チャールズ・ヴァンスは30年前にそれを書いたので，少し古いです。土曜日，私は友だちの家に行きました，そして彼が私にあなたの店，「本の虫」について教えてくれました。彼は貴店が古本を販売していると言いました。私は昨日貴店のウェブサイトをチェックして，メールアドレスを見つけました。貴店に『森の中へ』はあるでしょうか。
敬具，
ベス・グリーン

送信者：本の虫
受信者：ベス・グリーン
日付：9月5日
件名：申し訳ありません
……………………………………………………………………………………………………
こんにちは，グリーン様，
私はサム・ウィンターズ，「本の虫」の店主です。私もチャールズ・ヴァンスの本が大好きです。申し訳ありませんが，現在私の店に『森の中へ』はございません。いくつかオンラインストアをチェックされるとよいでしょう。おそらく www.warmwords.com でそれを見つけることができるでしょう。また，あなたはその本を図書館で探しましたか。もしかしたらそれを借りられるかもしれません。人々は毎日私の店に古本を持ってこられて，私はよくそれらを買います。もし誰かが『森の中へ』を私の店に持ってきたら，私はそれを買って，それからあなたにメールをお送りします。
敬具，
サム・ウィンターズ

送信者：ベス・グリーン
受信者：本の虫
日付：9月6日
件名：ありがとうございます
……………………………………………………………………………………………………
こんにちはサムさん，
メールをありがとうございます。あなたが私に教えてくれたウェブサイトをチェックしました。そこにそれ（＝『森の中へ』）はありましたが，私には高価すぎました。また私は図書館をチェックしましたが，悲しいことに，それはありませんでした。もしどなたかがそれをあなたに売ったら，また私にメールを送ってください。
敬具，
ベス・グリーン

語句 book warm 「本の虫」

(23) 正解 1

質問の訳 誰がベスにサムの店について教えましたか。
選択肢の訳 1 彼女の友だち。
2 チャールズ・ヴァンス。

3 リーダーズ・ルールの店主。

4 有名な作家。

解説 ベスが書いた最初のメールを見る。本文第5文後半にhe told me about your store, The Book Worm「彼が私にあなたの店，『本の虫』について教えてくれました」とある。このheは文前半のmy friendをさしており，このメールはベスが書いている。したがって，my friendとはベスの友だちをさす。正解は**1**のHer friend.「彼女の友だち」。

(24) 正解 **3**

質問の訳 サムは誰かが彼に『森の中へ』を売ったらどうするでしょうか。

選択肢の訳 **1** それを自宅で保管する。

2 それを別の書店にあげる。

3 ベスにメールを送る。

4 それを図書館に持っていく。

解説 サムが書いた2番目のメール最終文にIf someone brings *Into the Forest* to my store, I'll buy it「もし誰かが『森の中へ』を私の店に持ってきたら，私はそれを買います」，and then I'll send you an e-mail「それからあなたにメールをお送りします」とある。このyouは読み手であるベスをさすので，正解は**3**のSend Beth an e-mail.「ベスにメールを送る」。

(25) 正解 **2**

質問の訳 なぜベスはwww.warmwords.comで『森の中へ』を買わないのでしょうか。

選択肢の訳 **1** そこにはそれがない。

2 それは高価すぎる。

3 彼女は図書館でそれを見つけた。

4 彼女はインターネット上で買い物をするのが好きではない。

解説 www.warmwords.comはベスが書いた3番目のEメールの本文第2文のthe website you told me about「あなたが私に教えてくれたウェブサイト」にあたる。ベスは第3文でThey(＝www.warmwords.com) have it(＝*Into the Forest*)「そこにそれ（＝『森の中へ』）はありました」，but it's too expensive for me「でもそれは私には高価すぎました」とある。買わない理由は**2**のIt is too expensive.「それは高価すぎる」。

Key to Reading 最後の長文は説明文。かなり長い文章なので，先に設問文を読んで読み取るべき情報を絞り込み，それから本文に戻ってもよいだろう。本文の一部に関する問題が4問，最後に全体のテーマを問う問題が出題されている。基本的に文章は時系列に沿って書かれていて，設問の順番とその根拠となる内容が本文に出てくる順番は同じである。今回の長文は，女性として初めて自分自身の飛行機を作り，飛ばしたリリアン・ブランドについて。このように，過去の有名人に関する伝記のような長文はよく出題されている。

訳 リリアン・ブランド

リリアン・ブランドは1878年に生まれた。彼女は当時の大部分の女の子と違っていた。リリアンは狩りや釣り，そして乗馬を楽しんだ。彼女はまた武術を練習し，パリで美術を学んだ。1900年，彼女は父親と一緒にアイルランドへ引っ越した。1908年まで，彼女はロンドンの新聞社で働いていた。

1909年，リリアンのおじが彼女に絵はがきを送った。そのうちの1枚に，ルイ・ブレリオの写真があった。ブレリオはパイロットで，自分自身の飛行機を建造していた。彼は初めてイギリス海峡を飛行機で飛んだ人物だった。彼の飛行機は着陸するときに事故があったが，ブレリオは負傷しなかった。彼の話はすぐに有名になった。

リリアンはその絵はがきを見て，飛行機に興味を持つようになった。彼女は自分自身で飛行機を設計し，建造しようと決めた。彼女は（飛行機の）胴体を建造するのに，木材と簡単なものを使った。それから，彼女はエンジンを買い，それを飛行機に取り付けた。彼女が飛行機を作るのには1年かかり，彼女は1910年にそれを終えた。彼女はその飛行機を「メイフライ」と名づけた。それから，彼女はそれを初めて飛ばした。それは400メートルにわたり，空中10メートルの高さにとどまった。

リリアンは新しい飛行機を建造したかった。しかし，彼女の父親が自分の娘にとって飛ぶことは危険すぎると考えたので，彼女は飛ぶのをやめた。その後，リリアンは結婚してカナダに引っ越した。1935年，彼女はイングランドに戻り，1971年に死去するまでそこで簡素な生活を楽しんだ。彼女は自分自身の飛行機を建造し，飛ばした初めての女性だったので，今日人々は彼女のことを覚えている。

語句 design「設計する」

(26) 正解 **4**

質問の訳 ロンドンでのリリアン・ブランドの仕事は何でしたか。

選択肢の訳 **1** 競馬で馬に乗った。　**2** 芸術家だった。　**3** 武術を教えた。
4 新聞社で働いた。

解説 第1段落最終文に she was working for newspapers in London「彼女はロンドンの新聞社で働いていた」とある。正解は**4**の She worked for newspapers.「彼女は新聞社で働いた」。

(27) 正解 **3**

質問の訳 リリアンはどのようにして飛行機に興味を持つようになりましたか。

選択肢の訳 **1** 新聞で話を読んだ。　**2** パイロットと友だちになった。
3 有名なパイロットの絵はがきをもらった。　**4** パリでルイ・ブレリオに会った。

解説 第3段落第1文に Lilian saw the postcard and became interested in planes. 「リリアンはその絵はがきを見て，飛行機に興味を持つようになった」とあり，第2段落第2文にこの絵はがきには有名なパイロット，ルイ・ブレリオが印刷されていたことが書かれている。正解は**3**の She got a postcard of a famous pilot.「有名なパイロットの絵はがきをもらった」。

(28) 正解 **2**

質問の訳 リリアンは…に「メイフライ」と名づけた飛行機を作り終えた。

選択肢の訳 **1** 1909年。
2 1910年。
3 1935年。
4 1971年。

解説 第3段落第5文に It took her one year to make the plane,「彼女が飛行機を作るのには1年かかった」，and she finished it in 1910.「そして彼女は1910年にそれを終えた」とあり，第6文に She named the plane "Mayfly."「彼女はその飛行機を『メイフライ』と名づけた」とある。正解は**2**。

(29) 正解 **1**

質問の訳 なぜリリアンは飛ぶのをやめたのですか。

選択肢の訳 **1** 彼女の父親が彼女にやめてほしかった。　**2** 彼女は結婚したかった。　**3** おじがそれは危険だと言った。　**4** 彼女は新しい趣味を見つけた。

解説 第4段落第2文に her father thought that flying was too dangerous for his daughter「彼女の父親が自分の娘（＝リリアン）にとって飛ぶことは危険すぎると考えた」，so she stopped flying「だから彼女は飛ぶのをやめた」とある。正解は**1**の Her father wanted her to stop.「彼女の父親が彼女にやめてほしかった」。

(30) 正解 **1**

質問の訳 この話は何についてのものですか。

選択肢の訳 **1** 自分自身の飛行機を作り，飛ばした最初の女性。　**2** イングランドの有名な飛行機会社。　**3** カナダにあるパイロットのための学校。　**4** 飛行機のエンジンの作り方。

解説 この長文はタイトルが Lilian Bland「リリアン・ブランド」という人名で，本文全体の結論となる第4段落最終文に people remember her because she was the first woman to build and fly her own plane「彼女は自分自身の飛行機を建造し，飛ばした初めての女性だったので，人々は彼女のことを覚えている」とある。正解は**1**。

QUESTIONの訳 あなたは日曜日の午前中に何をするのが好きですか。

解答例 I like to watch TV on Sunday mornings. First, there are interesting TV programs on Sunday mornings. Second, I can enjoy watching TV with my friends because we don't have club activities on Sunday mornings.

解答例の訳 私は日曜日の午前中，テレビを見るのが好きです。第1に，毎週日曜日の午前中にはおもしろいテレビ番組があります。第2に，日曜日の午前中にはクラブ活動がないので，私は友だちと一緒にテレビを見て楽しむことができます。

解説 まず，日曜日にするのが好きなことは何かを述べる。QUESTIONに出てくる表現を利用して，〈I like to＋動詞の原形 ～ on Sunday mornings.〉「私は日曜日の午前中，～するのが好きです」と答えるとよい。続けて好きな理由を2つ書く。解答例のように，First, ... Second, ～．「第1に，…。第2に，～」と列挙するとよい。

第1部 一次試験・リスニング
（問題編pp.81〜82）

〔例題〕*A:* I'm hungry, Annie.

B: Me, too. Let's make something.

A: How about pancakes?

1 On the weekend.

2 For my friends.

3 That's a good idea.　　　　　　　　　　〔正解 **3**〕

訳 A：アニー，お腹がすいたよ。

B：私もよ。何かを作りましょうよ。

A：パンケーキはどう？

選択肢の訳 **1** 週末にね。　　**2** 私の友だちのためにね。　　**3** それはいい考えね。

No.1 正解 **2**

放送文 *A:* These grapes are delicious.

B: You should take some home with you.

A: Is that OK?

1 I'm hungry.

2 Of course it is.

3 Great job.

訳 A：これらのブドウはすごくおいしいね。

B：いくらかお家に持っていくべきよ。

A：いいの？

選択肢の訳 **1** 私はおなかがすいているの。　　**2** もちろん，いいよ。　　**3** よくやったね。

解説 ブドウがとてもおいしいというA（＝少年）に対し，ブドウの木の持ち主とみられるB（＝少女）が家に持っていくべきだと言っている。Is that OK?「（ブドウを持っていくことは）いいの？」とたずねるAに対する応答としてふさわしいのは，**2**のOf course it is.「もちろん，いいよ」。isのあとにはOKが省略されている。

No.2 正解 **2**

放送文 *A:* This artist's paintings are really interesting.

B: I agree.

A: Do you know where he's from?

1 They're in the next room.

2 I think he's Canadian.

3 I like the colors.

訳 A：このアーティストの絵はほんとうに興味深いね。

B：同意するよ。

選択肢の訳 **1** それらは隣の部屋にあるよ。　　**2** ぼくは，彼はカナダ人だと思う。
3 ぼくはその色が好き。

解説 美術館で絵を見ながらの会話。A（＝女性）がB（＝男性）に対し，絵を描いたアーティストがどこの出身か知っているかとたずねている。I think he's Canadian.「ぼくは，彼はカナダ人だと思う」と出身地に関連した応答をしている**2**が正解。

No.3　正解　**1**

放送文 *A:* I hear you're moving to France.
　　　　B: That's right.
　　　　A: What will you do there?
　　　　1　I'm going to teach at a university.
　　　　2　I like Spanish food the best.
　　　　3　I lost my passport.

訳 A：きみがフランスに引っ越すって聞いてるよ。
　　　B：その通りよ。
　　　A：きみはそこで何をするつもり？

選択肢の訳 **1** 私は大学で教える予定なの。　　**2** 私はスペイン料理がいちばん好き。　**3** 私，パスポートをなくしたの。

解説 フランスへ引っ越すというB（＝女性）に対し，A（＝男性）がそこで何をするつもりなのかとたずねている。未来についての質問なので，I'm going to「私は～するつもりだ」を使って teach at a university「大学で教える」という予定を答えている**1**が正解。

No.4　正解　**2**

放送文 *A:* I'd like to send this package to Osaka.
　　　　B: OK. Anything else?
　　　　A: No, that's all.
　　　　1　I've been there.
　　　　2　That'll be 800 yen.
　　　　3　It's over there.

訳 A：この小包を大阪に送りたいのですが。
　　　B：わかりました。ほかに何かございますか。
　　　A：いいえ，それで全部です。

選択肢の訳 **1** 私はそこに行ったことがあります。　　**2** 800円になります。
3 それはそちらです。

解説 大阪まで小包を送りたいというA（＝男性）にB（＝郵便局員の女性）がAnything else?「（ほかに何かありますか）」とたずねたあと，ないという応答を聞いて言うせりふとして適切なのは，郵送料金を答えている**2**の That'll be 800 yen.「800円になります」。

No.5 正解 **3**

放送文 *A:* Thanks for going shopping.

B: No problem.

A: What's this? Cookies weren't on the shopping list.

1 For half an hour.

2 I see many boxes.

3 But I really wanted them.

訳 Ａ：買い物に行ってくれてありがとう。

Ｂ：どういたしまして。

Ａ：これは何？　クッキーは買い物リストになかったわよ。

選択肢の訳 **1** 30分間。　　**2** たくさんの箱が見えるよ。　　**3** でもぼく，ほんとうにそれらがほしかったんだ。

解説 買い物に行ったＢ（＝少年）の買い物袋にあるクッキーについて，それはthe shopping list「買い物リスト」になかったとＡ（＝母親）が指摘している。それに対するＢの応答としてふさわしいのは，**3**のBut I really wanted them(＝cookies).「でもぼく，ほんとうにそれら（＝クッキー）がほしかったんだ」。

No.6 正解 **1**

放送文 *A:* I made this dress.

B: Really?

A: Yeah. What do you think of it?

1 It looks wonderful.

2 I bought it yesterday.

3 The party just started.

訳 Ａ：私がこのドレスを作ったの。

Ｂ：本当？

Ａ：うん。あなたはこれをどう思う？

選択肢の訳 **1** すばらしく見えるよ。　　**2** ぼくが昨日それを買ったんだ。　　**3** パーティーはちょうど始まったところだよ。

解説 着ているドレスを自分で作ったというＡ（＝女性）が，What do you think of it(＝this dress)?「あなたはこれ（＝このドレス）をどう思う？」とたずねている。それに対するＢ（＝男性）の応答としては，**1**のIt looks wonderful.「すばらしく見えるよ」が適切。

No.7 正解 **2**

放送文 *A:* Excuse me, Mr. Walker.

B: Hi, Tina. Can I help you?

A: Is Ms. Harper in the teachers' room?

1 No, but you're a student.

2 No, but she'll be back soon.

3 No, but I teach that subject.

A：すみません，ウォーカー先生。

B：やあ，ティナ。何か用かい？

A：ハーパー先生は職員室にいますか？

選択肢の訳 **1** いや，でもきみは生徒だよ。　**2** いや，でも彼女はすぐ戻るよ。
3 いや，でもぼくがその科目を教えるよ。

解説 職員室での会話。A（＝ティナ）がB（＝ウォーカー先生）に，Is Ms. Harper in the teachers' room?「ハーパー先生は職員室にいますか」とたずねている。それに対する応答として適切なのは，**2**のNo, but she'll be back soon.「いや，でも彼女はすぐ戻るよ」。

No.8　正解　**1**

放送文 *A:* Is there a post office on this road?

B: Yes.

A: Which side of the road is it on?

1　It's on the right.

2　I like to drive.

3　I sent a letter.

訳 A：この道沿いに郵便局はあるの？

B：うん。

A：それは道のどちら側にあるの？

選択肢の訳 **1** 右側だよ。　**2** ぼくは運転するのが好きなんだ。　**3** ぼくは手紙を送ったよ。

解説 車に乗っている2人の会話。Which side of the road is it (＝a post office) on?「それ（＝郵便局）は道のどちら側にあるの？」というA（＝女性）の質問に対する返答としてふさわしいのは，It's on the right.「右側だよ」と郵便局のある側を答えている**1**。

No.9　正解　**3**

放送文 *A:* Do you want some ice cream?

B: No, I've already had some today.

A: When?

1　Every day for one hour.

2　When I was a student.

3　Just after lunch.

訳 A：あなたはアイスクリームほしい？

B：いや，ぼくは今日すでにいくらか食べたんだ。

A：いつ？

選択肢の訳 **1** 毎日1時間。　**2** ぼくが生徒だったとき。　**3** 昼食のすぐあと。

解説 飲み物を飲んでいる2人の会話。アイスクリームを今日すでに食べたというB（＝男性）に対し，A（＝女性）が「いつ？」とたずねている。正解は，食べた「時」を答えている**3**のJust after lunch.「昼食のすぐあと」。

No.10 正解 1

放送文 *A:* What happened, Mark?

B: I hurt my leg at soccer practice.

A: Oh no! I'll carry your bag.

1 That's nice of you.

2 It's a fun sport.

3 You can play, too.

訳 Ａ：何が起きたの，マーク？

Ｂ：サッカーの練習で脚を痛めたんだ。

Ａ：ああ，大変！　私があなたのかばんを運ぶよ。

選択肢の訳 **1** それはご親切にありがとう。　　**2** それは楽しいスポーツだよ。　　**3** きみもプレーできるよ。

解説 脚をけがして松葉杖をついているＢ（＝少年）に対し，Ａ（＝少女）が I'll carry your bag.「私があなたのかばんを運ぶよ」と申し出ている。それに対する応答としてふさわしいのは，**1** の That's nice of you.「それはご親切にありがとう」である。

第2部　一次試験・リスニング
(問題編pp.83～84)

No.11 正解 3

放送文 *A:* Mark, it's time for dinner. Are those Jessica's books on the table?

B: No, Mom. They're Dad's.

A: Can you move them?

B: Sure.

Question: Whose books are on the table?

訳 Ａ：マーク，夕食の時間よ。テーブルの上にあるのはジェシカの本？

Ｂ：いや，お母さん。それらはお父さんのだよ。

Ａ：それらを移動してくれる？

Ｂ：もちろん。

質問の訳 テーブルの上には誰の本がありますか。

選択肢の訳 **1** マークの。　　**2** ジェシカの。　　**3** 父親の。　　**4** 母親の。

解説 テーブルの上にあるのは Jessica's books「ジェシカの本」かとＡ（＝母親）がＢ（＝マーク）にたずね，マークは No で否定してから They're Dad's.「それらはお父さんのだよ」と答えている。正解は **3** の The father's.「父親の」本。

No.12 正解 2

放送文 *A:* Let's go running this weekend.

B: OK, but I'm busy on Sunday.

A: How about after lunch on Saturday, then?

B: Perfect. I'll see you around two.

Question: When will they go running?

訳 訳　A：今週末走りに行こうよ。

　　　B：いいよ，でもぼく，日曜日は忙しいんだ。

　　　A：じゃあ，土曜日の昼食後はどう？

　　　B：完璧だ。2時ごろ会おう。

質問の訳　彼らはいつ走りに行くでしょうか。

選択肢の訳　**1**　土曜日の午前中。　　**2**　土曜日の午後。　　**3**　日曜日の午前中。

4　日曜日の午後。

解説　今週末走りに行こうと誘われたB（＝男性）が，OKと誘いを受けてから「日曜日は忙しい」と言っている。そこでA（＝女性）がHow about after lunch on Saturday, then?「じゃあ，土曜日の昼食後はどう？」と提案し，Bがaround two「2時ごろ」会おうと答えているので，正解は**2**のOn Saturday afternoon.「土曜日の午後」。

No.13　正解　**3**

放送文　*A:* Ken, can you go to the store for me? I need some carrots.

　　　B: Sure, Mom. What are you making for dinner?

　　　A: Beef and vegetable stew.

　　　B: Sounds good.

　　　Question: What does Ken's mother ask him to do?

訳　A：ケン，私のためにお店に行ってくれない？　私はニンジンが必要なの。

　　　B：いいよ，お母さん。夕食に何を作る予定？

　　　A：牛肉と野菜のシチューよ。

　　　B：おいしそうだね。

質問の訳　ケンの母親は彼に何をするよう頼んでいますか。

選択肢の訳　**1**　夕食を作る。　　**2**　肉を買う。　　**3**　ニンジンを買う。　　**4**　野菜を洗う。

解説　A（＝母親）がB（＝ケン）に対し，can you go to the store「お店に行ってくれない？」と頼んだあとでI need some carrots.「ニンジンが必要なの」と理由を述べている。頼んでいるのは，Buy some carrots.「ニンジンを買う」ことなので，正解は**3**。

No.14　正解　**2**

放送文　*A:* Mary, I can't study. Can you and your friends be quiet?

　　　B: I'm sorry. We'll go downstairs and watch TV.

　　　A: Thanks.

　　　B: No problem.

　　　Question: What does the boy ask Mary and her friends to do?

訳　A：メアリー，ぼくが勉強できないよ。きみもお友だちも静かにしてくれない？

　　　B：ごめんなさい。私たち，1階に行ってテレビを見るよ。

　　　A：ありがとう。

　　　B：どういたしまして。

質問の訳　少年はメアリーとその友だちに何をするよう頼んでいますか。

選択肢の訳　**1**　テレビを見る。　　**2**　静かにする。　　**3**　彼と一緒に遊ぶ。

4 彼と一緒に勉強する。

別冊 解答・解説

解説 A（＝少年）は最初のせりふでB（＝メアリー）に対し，Can you and your friends be quiet?「きみもお友だちも静かにしてくれない？」と頼んでいる。正解は**2**のBe quiet.「静かにする」。

No.15　正解　**4**

放送文 *A:* Let's take the bus to the gym today.
　　　 B: It's sunny, so why don't we ride our bikes?
　　　 A: Sorry, mine is broken. Do you want to walk?
　　　 B: OK.
　　　 Question: How will they go to the gym?

訳 A：今日ジムまでバスで行こうよ。
　 B：晴れているから，自転車に乗るのはどう？
　 A：ごめんなさい，私のは壊れているの。歩かない？
　 B：いいよ。

質問の訳 彼らはどうやってジムまで行くでしょうか。

選択肢の訳 **1** 電車で。　 **2** 自転車で。　 **3** バスで。　 **4** 徒歩で。

解説 選択肢にはさまざまな交通手段が並ぶ。会話にも複数の交通手段が出てくるが，解答のカギになるのは2往復目の会話。A（＝女性）がDo you want to walk?「歩かない？」と提案し，B（＝男性）がOK.と受け入れているので，正解は**4**のOn foot.「徒歩で」。

No.16　正解　**4**

放送文 *A:* You're good at playing the drums.
　　　 B: Thanks. I practice for two hours every day.
　　　 A: I'm in a rock band. Do you want to join it?
　　　 B: I'd love to.
　　　 Question: What does the boy want the girl to do?

訳 A：きみはドラムを演奏するのが上手だね。
　 B：ありがとう。私は毎日2時間練習しているの。
　 A：ぼくはロックバンドに入っているんだ。きみもそれに参加しない？
　 B：ぜひしたいわ。

質問の訳 少年は少女に何をしてほしいと思っていますか。

選択肢の訳 **1** 彼と一緒にロックコンサートに行く。　 **2** 彼にドラムをあげる。　 **3** ドラムを演奏するのをやめる。　 **4** 彼のバンドに入る。

解説 A（＝少年）は2番目のせりふでB（＝少女）に対し，I'm in a rock band.「ぼくはロックバンドに入っている」，Do you want to join it?「きみもそれに参加しない？」と言っている。少年が少女にしてほしいのは**4**のJoin his band.「彼のバンドに入る」こと。

No.17　正解　**1**

放送文 *A:* Have you been to the new café by the library?
　　　 B: Yes. The coffee is delicious.

22年度第3回 リスニング No. 13 ～ No. 17

A: And how about the food?

B: It was expensive and not very healthy.

Question: What did the man say about the café?

訳　A：あなたは図書館のそばの新しいカフェに行ったことある？

B：うん。コーヒーがとてもおいしいよ。

A：それで食べ物はどう？

B：高くて，あまりヘルシーではなかった。

質問の訳　男性はカフェについて何と言いましたか。

選択肢の訳　**1**　おいしいコーヒーがあった。　　**2**　たくさん雑誌があった。

3　とてもおいしい食べ物があった。　　**4**　食べ物が安かった。

解説　the new café「新しいカフェ」に行ったことがあるかと聞かれたB（＝男性）は Yesで答えてから，The coffee is delicious.「コーヒーがとてもおいしい」と言っている。 男性がカフェについて言ったのは，**1**の It had good coffee.「おいしいコーヒーがあった」。

No.18　正解　**2**

放送文　*A:* Those are cool shoes, Josh.

B: Thanks, Kristen. I got them yesterday at the mall by the hospital.

A: How much were they?

B: Only $50.

Question: What did Josh do yesterday?

訳　A：かっこいい靴だね，ジョシュ。

B：ありがとう，クリステン。ぼくはそれを昨日，病院のそばのショッピングモー ルで買ったんだ。

A：それはいくらだった？

B：たった50ドルだよ。

質問の訳　ジョシュは昨日何をしましたか。

選択肢の訳　**1**　病院に行った。　　**2**　靴を買った。　　**3**　50ドルを見つけた。

4　クリステンを訪ねた。

解説　A（＝クリステン）がB（＝ジョシュ）のshoes「靴」についてかっこいいとほめ たのに対し，BはI got them(＝the shoes) yesterday「ぼくはそれを昨日買った」と 答えている。ジョシュが昨日したのは，**2**の He bought some shoes.「靴を買った」こと。

No.19　正解　**1**

放送文　*A:* The sky is so blue and clear today.

B: Yeah, there aren't any clouds. But tomorrow will be rainy.

A: Really? It just rained yesterday.

B: The weather has been strange recently.

Question: How is the weather today?

訳　A：今日は空がとても青くて晴れているね。

B：うん，雲がまったくないね。でも明日は雨が降るそうよ。

A：本当？　昨日雨が降ったばかりだよ。

B：最近天気が変だよね。

質問の訳　今日の天気はどうですか。

選択肢の訳　**1**　晴れている。　　**2**　雨が降っている。　　**3**　曇っている。　　**4**　雪が降っている。

解説　質問で聞かれているのはtoday「今日」の天気。A（＝男性）がThe sky is so blue and clear today.「今日は空がとても青くて晴れている」，B（＝女性）もthere aren't any clouds「雲がまったくない」と言っているので，正解は**1**のSunny.「晴れている」。

No.20　正解　**3**

放送文　*A:* Excuse me. What time does this store close today?
　　　　B: At seven.
　　　　A: I see. Does it close at seven every night?
　　　　B: No. On Sundays, it closes one hour earlier, at six.
　　　　Question: What time does the store close on Sundays?

訳　A：すみません。今日このお店は何時に閉店しますか。
　　　B：7時です。
　　　A：わかりました。毎晩7時に閉店するのですか。
　　　B：いいえ。毎週日曜日は1時間早く，6時に閉店します。

質問の訳　この店は毎週日曜日，何時に閉店しますか。

選択肢の訳　**1**　1時。　　**2**　5時。　　**3**　6時。　　**4**　7時。

解説　A（＝女性客）とB（＝男性店員）が店の閉店時刻について話している。Bが最後のせりふでOn Sundays「毎週日曜日」，it（＝this store）closes one hour earlier, at six「それ（＝この店）は1時間早く，6時に閉店します」と言っている。正解は**3**。

第3部　**一次試験・リスニング**
（問題編pp.85～86）

No.21　正解　**2**

放送文　Last summer, Sarah and her family moved to a new city. At first, Sarah was lonely. But after she started school, she met many students. Now she has lots of friends, so she's happy.

Question: Why is Sarah happy now?

訳　この前の夏，サラと家族は新しい都市に引っ越した。最初，サラは孤独だった。でも学校に行き始めたあと，彼女はたくさんの生徒と出会った。今では彼女にはたくさんの友だちがいる，だから彼女は幸せだ。

質問の訳　なぜ今サラは幸せなのですか。

選択肢の訳　**1**　もうすぐ引っ越す。　　**2**　たくさんの友だちができた。　　**3**　学校を卒業した。　　**4**　旧友に会った。

解説　最後の文に，Now she has lots of friends「今では彼女にはたくさんの友だちがいる」，so she's happy「だから彼女は幸せだ」とある。正解は，**2**のShe has made many friends.「たくさんの友だちができた」。

No.22　正解　**3**

放送文　The ski jackets in my favorite shop are over $300. But this week, they're 50 percent off. They're only $150. I'll buy one tomorrow.

Question: How much does a ski jacket cost this week?

訳　私のお気に入りの店のスキージャケットは300ドルを超える。でも今週，それらは50%引きだ。それらはたった150ドルだ。私は明日1着買うつもりだ。

質問の訳　今週，スキージャケットは1着いくらしますか。

選択肢の訳　**1**　50ドル。　　**2**　100ドル。　　**3**　150ドル。　　**4**　300ドル。

解説　第1文にスキージャケットは over $300「300ドルを超える」，第2文に this week「今週」they're 50 percent off「50%引きだ」とあり，さらに第3文でもそれらは only $150「たった150ドル」と言っている。正解は**3**。

No.23　正解　**1**

放送文　I always do my homework before dinner. After dinner, I like to call my friends from school. I enjoy talking with them about music and movies.

Question: What does the girl like to do after dinner?

訳　私はいつも夕食前に宿題をする。夕食後は，学校の友だちに電話をするのが好きだ。私は彼らと音楽や映画について話して楽しむ。

質問の訳　少女は夕食後に何をするのが好きですか。

選択肢の訳　**1**　友だちと話す。　　**2**　映画を見る。　　**3**　音楽雑誌を読む。
4　宿題をする。

解説　質問文の after dinner「夕食後に」がポイント。After dinner で始まる第2文に I like to call my friends from school「学校の友だちに電話をするのが好きだ」，第3文に I enjoy talking with them「私は彼らと話して楽しむ」とあるので，正解は**1**の Talk with her friends.「友だちと話す」。

No.24　正解　**3**

放送文　Attention, everyone. The train to Hampton Zoo will arrive one hour late. We're very sorry. If you're in a hurry, please go to the bus station across the road and take the Number 5 bus.

Question: What is the problem?

訳　皆様にお知らせいたします。ハンプトン動物園行きの電車は1時間遅れて到着予定です。誠に申し訳ありません。もしお急ぎでしたら，道路の向かい側にあるバス停留所に行って5番のバスをご利用ください。

質問の訳　何が問題なのですか。

選択肢の訳　**1**　バスが混雑している。　　**2**　動物園が閉園している。　　**3**　電車が遅れる見込みだ。　　**4**　チケットが売り切れている。

解説　Attention, everyone.「皆様にお知らせいたします」で始まるのは，ふつう交通機関や大型店舗など（ここでは鉄道駅）での放送文。第2文に The train to Hampton Zoo will arrive one hour late.「ハンプトン動物園行きの電車は1時間遅れて到着予定です」とあるので，問題は**The train will be late.**「電車が遅れる見込みだ」ということ。

正解は**3**。

No.25 正解 **3**

放送文 Many people thought Simon would play tennis in junior high school because his mother was a famous tennis player. But Simon joined the soccer club. In high school, he wants to try volleyball.

Question: Which club did Simon join in junior high school?

訳 多くの人々がサイモンは中学校でテニスをするだろうと思った，なぜなら彼の母親が有名なテニス選手だったからだ。でもサイモンはサッカークラブに入った。高校では，彼はバレーボールに挑戦したいと思っている。

質問の訳 サイモンは中学校で何のクラブに入りましたか。

選択肢の訳 **1** テニスクラブ。　　**2** 卓球クラブ。　　**3** サッカークラブ。
4 バレーボールクラブ。

解説 第1文にMany people thought Simon would play tennis in junior high school「多くの人々がサイモンは中学校でテニスをするだろうと思った」とあるが，But「しかし」で始まる第2文にSimon joined the soccer club「サイモンはサッカークラブに入った」とある。正解は**3**。

No.26 正解 **2**

放送文 Jenny loves making cakes and cookies with her mother. They often listen to music while they bake. Her brother likes to help by cleaning the kitchen.

Question: What does Jenny like to do?

訳 ジェニーは母親と一緒にケーキやクッキーを作るのが大好きだ。彼女らは（ケーキなどを）焼いている間，よく音楽を聞く。彼女の兄[弟]は，台所を掃除することで手伝うのが好きだ。

質問の訳 ジェニーは何をするのが好きですか。

選択肢の訳 **1** 歌を書く。　　**2** デザートを作る。　　**3** 台所を掃除する。
4 料理番組を見る。

解説 love *doing* で「～するのが大好きだ」という意味を表す。第1文にJenny loves making cakes and cookies「ジェニーはケーキやクッキーを作るのが大好きだ」とある。cakes and cookiesをdesserts「デザート」に言いかえた**2**が正解。

No.27 正解 **4**

放送文 Oscar likes to paint pictures of bicycles and his dad's boat. His mom bought him a book about art, but his dad thinks he should study other subjects more.

Question: What does Oscar enjoy doing?

訳 オスカーは，自転車や父親のボートの絵を描くのが好きだ。母親は彼に美術に関する本を買ったが，父親は彼が他の科目をもっと勉強するべきだと考えている。

質問の訳 オスカーは何をすることを楽しみますか。

選択肢の訳 **1** 釣りに行くこと。　　**2** 本を読むこと。　　**3** 自転車に乗ること。
4 絵を描くこと。

No.28 正解 **1**

放送文 I usually eat lunch with my friends at college, but my aunt and cousin are staying at my house now. Tomorrow, I'll meet my cousin for lunch. I'm going to take her to my favorite noodle shop.

Question: Who will the girl have lunch with tomorrow?

訳 私はふつう大学で友だちと昼食を食べるが，今はおばといとこが私の家に滞在している。明日，私は昼食のためにいとこと会う。私は彼女をお気に入りのそば屋[うどん屋／ラーメン屋]に連れていくつもりだ。

質問の訳 少女は明日誰と昼食を食べるでしょうか。

選択肢の訳 **1** いとこ。 **2** 友だち。 **3** おば。 **4** 先生。

解説 第2文にTomorrow「明日」I'll meet my cousin for lunch.「私は昼食のためにいとこと会う」とある。つまりいとこと昼食を食べるので，正解は**1**のHer cousin.「いとこ」。

No.29 正解 **3**

放送文 I wanted to go out with my friends last night, but I stayed home because my son caught a cold. My wife will be home tomorrow, so I'm going to meet my friends to see a movie.

Question: Why did the man stay home last night?

訳 私は昨夜友だちと出かけたかったが，息子が風邪を引いたので自宅にいた。明日は妻が家にいるので，私は友達と会って映画に行くつもりだ。

質問の訳 なぜ男性は昨夜家にいたのですか。

選択肢の訳 **1** 友だちが忙しかった。 **2** 夕食を作る必要があった。 **3** 息子の具合が悪かった。 **4** 映画を見たかった。

解説 第1文の中ほどにlast night「昨夜」，後半にI stayed home「私は自宅にいた」because my son caught a cold「なぜなら息子が風邪を引いたので」とある。男性が昨夜家にいた理由は，**3**のHis son was sick.「息子の具合が悪かった」から。

No.30 正解 **4**

放送文 Tomorrow, I'm going to a music festival with my friend from college. My friend lives far from my house, so we'll meet at the museum and walk from there. I'm really looking forward to it.

Question: Where will the girl meet her friend?

訳 明日，私は大学の友だちと音楽フェスティバルに行く予定だ。友だちは私の家から遠くに住んでいるので，私たちは美術館で会って，そこから歩くつもりだ。私はそれをとても楽しみにしている。

質問の訳 少女はどこで友だちと会う予定ですか。

選択肢の訳　**1**　彼女の家。　　**2**　大学。　　**3**　フェスティバル。　　**4**　美術館。

解説　第2文に we'll meet at the museum「私たちは美術館で会うつもりだ」とあり，この we は第1文の I「私」と my friend「私の友だち」をさす。正解は**4**の At the museum.「美術館」。

カードA　二次試験・面接
(問題編p.87)

訳　傘

　傘はとても役に立つ。それは，雨の日に人々が濡れないままでいるのに役立つ。デパートではさまざまな種類のカラフルな傘を売っているし，コンビニエンスストアは安くてシンプルな傘を買うのによい場所だ。

質問の訳　No.1　文章を見てください。デパートでは何を売っていますか。
　　　　　No.2　イラストを見てください。店の前には何台の車がありますか。
　　　　　No.3　帽子をかぶっている少女を見てください。彼女は何をしていますか。
　　　　　では，～さん（受験者の氏名），カードを裏返しにしてください。
　　　　　No.4　あなたは毎晩何時間寝ますか。
　　　　　No.5　あなたは旅行をするのが好きですか。

No.1　解答例　They sell different kinds of colorful umbrellas.

解答例の訳　さまざまな種類のカラフルな傘を売っています。

解説　No.1は文章に関する質問。What「何」を使って，デパートで何を売っているかが聞かれている。第3文前半の Department stores sell ....「デパートでは…を売っている」の部分が答えになる。Department stores を They にかえて答える。コンビニエンスストアとの対比でどんな傘を売っているかを答えるのが大事なので，単に They sell umbrellas.「傘を売っています」だけでは不十分。

No.2　解答例　There are two cars in front of the store.

解答例の訳　店の前には2台の車があります。

解説　No.2はイラストに関する質問。数をたずねる How many を使って，cars「車」の数が聞かれている。質問文と同じ There are ....「～がある」の文を使って答える。in front of the store を there「そこ」にかえてもよい。

No.3　解答例　She's running.

解答例の訳　彼女は走っています。

解説　No.3もイラストに関する質問。質問文の wearing a cap「帽子をかぶっている」がポイントになる。イラストを見ると，帽子をかぶっている少女は走っている。質問文と同じ現在進行形 be *do*ing を使って，She's[She is] running. と答える。

No.4　解答例　I sleep about eight hours.

解答例の訳　私は約8時間寝ます。

解説　No.4は受験者自身に関する質問。How many hours「何時間」を使って，every night「毎晩」の睡眠時間を聞かれている。質問文と同じ動詞sleepを使い，〈I sleep＋数字＋hours.〉「私は～時間寝ます」の形で答えるとよい。日によって睡眠時間が異なる場合は，解答例のようにabout「約」を数字の前に置いてだいたいの平均睡眠時間を答える。文の最後にevery night「毎晩」を置いてもよい。

No.5　解答例　Yes. → Please tell me more. ── I'd like to visit Kyushu.
No. → What are you planning to do tomorrow?── I'm planning to see a movie.

解答例の訳　はい。→ もっと詳しく話してください。── 私は九州を訪れたいです。いいえ。→ あなたは明日何をする予定ですか。── 私は映画を見るつもりです。

解説　No.5も受験者自身に関する質問。ここでは〈like to＋動詞の原形〉「～するのが好き」の形を使って，旅行をするのが好きかどうかが聞かれている。Yesで答えた場合はより詳しい情報が求められるので，解答例のようにI'd like to visit ～.「私は～を訪れたいです」と行きたい場所を答えるほか，I travel with my family every summer.「私は毎夏家族と旅行します」などと一緒に行く人や時期を答えてもよいだろう。Noで答えた場合，tomorrow「明日」何をするつもりかが聞かれている。質問文と同じ表現を使って〈I'm planning to＋動詞の原形 ～.〉の形で答えるとよい。解答例のほか，do my homework「宿題をする」，play soccer「サッカーをする」，clean my room「部屋をそうじする」，read books「本を読む」，go to the park「公園に行く」など。

カードB 二次試験・面接
(問題編p.88)

訳 ギターを弾くこと

ギターを弾くことは人気のある趣味だ。多くの人々はお気に入りの歌を弾く方法を習得したいと思っている，だから彼らは毎日ギターを弾く練習をする。一部の人々は，ギターの先生のレッスンを受ける。

質問の訳 No.1 文章を見てください。なぜ多くの人々は毎日ギターを弾く練習をするのですか。

No.2 イラストを見てください。木の下には何人の子どもたちがいますか。

No.3 帽子をかぶっている少年を見てください。彼は何をしようとしていますか。

では，〜さん（受験者の氏名），カードを裏返しにしてください。

No.4 あなたは先週末何をしましたか。

No.5 あなたはよく映画館に行きますか。

No.1 解答例 Because they want to learn how to play their favorite songs.

解答例の訳 お気に入りの歌を弾く方法を習得したいと思っているからです。

解説 No.1は文章に関する質問。Why 〜?「なぜ〜」と理由を聞いているので，本文中のso「〜だから…」またはbecause「なぜなら〜だから」の部分に答えがある。ここでは第2文の中ほどにsoがあり，その後に質問文と同じ内容が続いている。この文の前半が後半の理由になっているので，理由を表すBecauseで文を始めて，主語many peopleを代名詞theyにかえて答える。なお，learnは「習う，学ぶ」と訳すことが多いが，ここにあるように「習得する，〜できるようになる」という意味でも使われる。

No.2 解答例 There are two children under the tree.

解答例の訳 木の下には2人の子どもたちがいます。

解説 No.2はイラストに関する質問。数をたずねるHow manyを使って，children「子どもたち」の数が聞かれている。質問文と同じThere are ....「〜がある」の文を使って答える。under the treeをthere「そこ」としてもよい。

No.3 解答例 He's going to kick the ball.

解答例の訳 彼はボールをけろうとしています。

解説 No.3もイラストに関する質問。質問文にwearing a cap「帽子をかぶっている」とあるので，イラスト中央にいる帽子をかぶった少年について答える。イラストを見ると，帽子をかぶっている少年からふきだしが出ていて，ふきだし内の少年はボールをけっているので，少年は足元のボールをけろうとしていることがわかる。「ボールをける」はkick the ball。質問文と同じく未来を表すbe going to *do*を使って，He's[He is] going to kick the ball. とする。

No.4　解答例　I went to a basketball game.

解答例の訳　私はバスケットボールの試合に行きました。

解説　No.4は受験者自身に関する質問。What did you do last weekend?「あなたは先週末に何をしましたか」という過去の行動についての質問なので，動詞の過去形を使って，したことを答える。解答例のように〈I went to ＋場所など.〉の形で行った場所を答えるほか，〈played ＋スポーツ名〉でしたスポーツ，〈played the ＋楽器名〉で演奏した楽器を答えたり，cooked curry「カレーを料理しました」，walked my dog「犬を散歩させました」などと答えるのもよい。

No.5　解答例　Yes. → Please tell me more. ── I go there with my friends.
　　　　　　　No. → Why not? ──I usually watch movies at home.

解答例の訳　はい。→ もっと詳しく話してください。── 私は友だちとそこへ行きます。いいえ。→ なぜ行かないのですか。── 私はふだん，家で映画を見ます。

解説　No.5も受験者自身に関する質問。よくgo to a movie theater「映画館に行く」かどうかが聞かれている。Yesと答えた場合はより詳しい情報が求められるので，解答例のように〈I go there with ＋人.〉の形で一緒に行く人を答えるほか，I go there once a month.「私は月に1回そこへ行きます」と頻度を答えたり，I like watching movies very much.「私は映画を見るのが大好きです」などと映画について述べてもよいだろう。Noと答えた場合は，行かない理由が聞かれている。解答例のように映画館以外で映画を見る場所を答えてもいいし，I'm not interested in movies.「私は映画に興味がありません」やI don't have time[money] to go there.「私はそこへ行く時間［お金］がありません」などと答えることもできる。

86

2022年度 第2回

解答欄

問題番号		1	2	3	4
1	(1)			●	
	(2)		●		
	(3)	●			
	(4)				●
	(5)	●			
	(6)	●			
	(7)			●	
	(8)				●
	(9)		●		
	(10)	●			
	(11)	●			
	(12)		●		
	(13)		●		
	(14)				●
	(15)	●			

問題番号		1	2	3	4
2	(16)				●
	(17)			●	
	(18)		●		
	(19)	●			
	(20)				●
3	(21)		●		
	(22)			●	
	(23)				●
	(24)		●		
	(25)	●			
	(26)	●			
	(27)		●		
	(28)		●		
	(29)			●	
	(30)	●			

4 の解答例は
p.98をご覧ください。

リスニング解答欄

	問題番号	1	2	3	4
	例題	①	②	●	
第1部	No. 1	●	②	③	
	No. 2	●	②	③	
	No. 3	①	②	●	
	No. 4	①	②	●	
	No. 5	●	②	③	
	No. 6	●	②	③	
	No. 7	①	●	③	
	No. 8	●	②	③	
	No. 9	①	●	③	
	No. 10	●	②	③	
第2部	No. 11	●	②	③	④
	No. 12	●	②	③	④
	No. 13	①	●	③	④
	No. 14	①	②	③	●
	No. 15	①	②	●	④
	No. 16	①	②	●	④
	No. 17	①	②	●	④
	No. 18	①	②	③	●
	No. 19	①	②	③	●
	No. 20	①	②	③	●
第3部	No. 21	①	②	●	④
	No. 22	①	●	③	④
	No. 23	①	②	●	④
	No. 24	●	②	③	④
	No. 25	①	②	③	●
	No. 26	●	②	③	④
	No. 27	①	②	③	●
	No. 28	①	●	③	④
	No. 29	●	②	③	④
	No. 30	①	②	●	④

(1)　正解　**3**

訳　校長先生はスピーチコンテストの受賞者たちに賞を渡した。

解説　〈give＋もの＋to＋人〉で「(人) に (もの) をあげる，渡す」という意味。ここでは「人」の部分にthe winners of the speech contest「スピーチコンテストの受賞者たち」がきているので，渡すものとしてふさわしいのは**3**のprizes「賞」。design(s)「設計，デザイン」，mistake(s)「間違い」，capital(s)「首都，大文字」。

(2)　正解　**2**

訳　*A:* すみません。ベイカーズタウンへはどう行けばいいですか。
　　　B: この道をまっすぐ10分くらい運転してください。

解説　道案内の会話。drive[walk] straight down this roadで「この道をまっすぐ運転する [歩く]」の意味になる。正解は**2**。suddenly「突然」，forever「永遠に」，finally「ついに，最後に」。

(3)　正解　**1**

訳　*A:* 明日の夜は忙しい？
　　　B: うん。私は夜遅くまでピアノを練習するつもりよ。日曜日にピアノコンクールに参加するの。

解説　選択肢にはさまざまな前置詞が並んでいる。空所の前のI'll practice the piano「私はピアノを練習するつもりよ」，あとのlate at night「夜遅く」を結ぶのにふさわしい前置詞は**1**のuntil「〜まで」。over「〜の上 (のほう) に」，about「およそ，約」，since「〜から」。

(4)　正解　**4**

訳　カレンは今週末働かなければならないのでとても怒っている。彼女は日曜日にコンサートを見る予定があった。

解説　選択肢にはさまざまな形容詞が並んでいるが，この中でKaren is very (　　)「カレンはとても〜だ」とカレンの気持ちを説明するのにふさわしいのは**4**のangry「怒って」。useful「役に立つ」，bright「(光で) 明るい，頭の良い」，clean「清潔な」。

(5)　正解　**1**

訳　*A:* お母さん，ぼく，メガネが必要だと思うんだ。黒板がはっきり見えないんだよ。
　　　B: わかったわ。来週眼医者さんを受診しに行きましょう。

解説　need glasses「メガネが必要」，can't see the blackboard「黒板が見えない」という流れで空所にふさわしいのは**1**のclearly「はっきり」。greatly「大いに」，quietly「静かに」，slowly「ゆっくりと」。

(6)　正解　**1**

訳 *A:* あなたにお会いできてよかったです。Eメールアドレスをいただけますか。
B: もちろん。私もちょうどあなたに同じことを頼もうとしていました。

解説 選択肢の中でe-mail「Eメール」のあとに置いて意味が成り立つのは**1**のaddress「アドレス」だけ。Could[May] I have your e-mail address[name etc.]?は「あなたのEメールアドレス［名前など］をいただけますか［教えてください］」とていねいに依頼する言い方。ocean「海」，society「社会」，coat「コート」。

(7)　正解　**3**

訳 *A:* 本屋さんで何か見つけた？
B: うん，見つけたよ。音楽の歴史に関する本を買ったんだ。

解説 疑問文で「特定のものをさすわけではないが，何かもの」をさすときにはanythingを使う。正解は**3**。nothing「何も〜ない」，nobody「だれも〜ない」，other「他の」。

(8)　正解　**4**

訳 仕事の後雨が強く降っていたので，ジャネットの友人が彼女を車で家まで乗せていった。

解説 イディオムの問題。文の中ほどに理由を表すbecauseがあり，その後に「仕事の後雨が強く降っていた」という内容が続いている。**4**を選んで〈give＋人＋a ride〉「（人）を車に乗せる」とすると文の流れに合う。point「ポイント，点」，star「星」，view「眺め」。

(9)　正解　**2**

訳 学校の最初の日，体育館はたくさんの新入生とその家族でいっぱいだった。

解説 イディオムの問題。**2**を選んでbe filled with 〜「〜でいっぱいだ」という表現にすると，「新入生とその家族でいっぱいだった」となり，文の流れに合う。pulled＜pull「引っ張る」，ordered＜order「命令する，注文する」，showed＜show「見せる」。

(10)　正解　**1**

訳 *A:* 私，昨夜あなたに電話してみたんだよ。
B: ごめんなさい，私は姉［妹］と電話で話していたの。

解説 talk on the phoneで「電話で話す」という表現になる。正解は**1**。なお，Aのせりふにあるtry 〜ingは「（試しに）〜してみる」という意味。〈try to＋動詞の原形〉「〜しようとする」との意味の違いに注意しよう。

(11)　正解　**3**

訳 幼い男の子は木の上に大きなクモを見たとき，とてもすばやく母親のところに走って逃げた。

解説 イディオムの問題。文前半に大きなクモを見たとあるので，**3**のranを入れてran away「（走って）逃げた」とする。ranはrunの過去形。sat＜sit「座る」，picked＜pick「摘み取る」，washed＜wash「洗う」。

(12)　正解　**3**

訳　*A:* あなたとクリスはどうやって出会ったの？
　　　B: ぼくたちはカナダで一緒に育ったんだ。実際，僕たちは30年以上前に出会ったんだよ。

解説　イディオムの問題。**3**を選び，In fact「実際，実は」とすると文の流れに合う。Bのせりふにあるwe「僕たち」は，ChrisとB自身をさす。

(13)　正解　**2**

訳　この野球のバットは僕がプロ野球選手からもらったんだ。

解説　文法の問題。空所の前にbe動詞was，少し離れて後にby「～によって」があるので，受け身〈be動詞＋過去分詞（＋by …）「（…によって）～される」の文。**2**の過去分詞givenを選ぶ。gaveは過去形，giveは原形・現在形（主語が3人称単数以外の場合），givingは動名詞または現在分詞。

(14)　正解　**4**

訳　*A:* 私は昨夜，テレビで最悪の映画を見た。すごく退屈だったよ。
　　　B: 私も同じ映画を見たと思う。

解説　文法の問題。選択肢にはbad「悪い」に関連したさまざまな語（句）が並んでいる。空所の直前にtheがあるので，**4**の最上級worstを選び，「最も悪い，最悪の」という意味にする。too badは「悪すぎる」，worseはbadの比較級で「より悪い」，badlyは「下手に，ひどく」。

(15)　正解　**1**

訳　*A:* リサ，赤ちゃんはまた泣いているの？
　　　B: そうなの，マット。なぜ彼女が寝ようとしないのかわからないわ。

解説　文法の問題。**1**を選び，don't know why ～「なぜ～なのか（理由が）わからない」という文にする。then「そのとき」，what「何を」，which「どれを」。

2　一次試験・筆記
(問題編p.92)

(16)　正解　**4**

訳　男性: 以前にイングランドに行ったことはありますか。
女性: 実は，私はそこで生まれました。私の家族は私が8歳のときに日本に引っ越してきたんです。

選択肢の訳　**1**　時間がありません。　　**2**　僕には姉がいます。　　**3**　英語の先生に聞いてみます。　　**4**　私はそこで生まれました。

解説　男性と女性の会話。Have you been to ～?は「～に行ったことがありますか」という経験をたずねる文。これに対する答えの文で，Actually「実は」に続く内容としてふさわしいのは，**4**のI was born there.「私はそこで生まれました」。

(17)　正解　**3**

訳　女性: すみません。この地域にパン屋さんはありますか。
男性: ごめんなさい，わかりません。私はここのものではないんです。

選択肢の訳　**1**　あなたがそれを気に入って嬉しいです。　　**2**　それはおいしいです。
3　私はここのものではないんです。　　**4**　私の番でした。

解説　女性が男性にパン屋さんがあるかどうかをたずねている会話。Is there ～ in this area[near here]?は「この地域［この近く］に～はありますか」と店や施設の場所をたずねるときに使える質問文。聞かれた側が場所を知っていれば具体的に答えるが，知らない場合は**3**のようにI'm not from here.「私はここのものではないんです」と答えればよい。

(18)　正解　**2**

訳　少女1: 日曜日に私と水族館に行かない？
少女2: ぜひ行きたいわ。魚にとても興味があるの。

選択肢の訳　**1**　それは私のじゃないわ。　　**2**　ぜひ行きたいわ。　　**3**　今日はここまでにしましょう。　　**4**　あなたはうまくやるわよ。

解説　少女同士の会話。Do you want to do?は直訳すると「～したいですか」だが，「～しない？」とカジュアルに相手を誘うときによく使われる表現。ここでは水族館に誘われた少女2の答えが空所になっている。直後に「魚にとても興味がある」と答えているので，誘いを受けるときの決まり文句I'd love to.「ぜひ行きたいわ」を選ぶ。正解は**2**。

(19)　正解　**1**

訳　兄［弟］: 図書館に行く準備はできた？
妹［姉］: ううん。お母さんが私に，まずお皿を洗うように頼んだの。先に行っていて。
兄［弟］: わかった。向こうで会おう。

選択肢の訳　**1**　先に行っていて。　　**2**　よくやったね。　　**3**　それを持っていていいよ。　　**4**　私はその本を読んだよ。

図書館に行く準備はできたかとたずねる兄［弟］に対し，妹［姉］がNoで答えている。その後の妹［姉］の言葉を聞いた兄［弟］がOK. I'll see you there.「わかった。向こうで会おう」と言っているので，空所にふさわしいのはPlease go ahead.「先に行っていて」。正解は**1**。

(20) 正解 **4**

訳 姉［妹］：お母さんの誕生日にケーキを買おうよ。
弟［兄］：もっといい考えがあるよ。ケーキを作ろう！

選択肢の訳 **1** それは僕のパーティーだったよ。 **2** 僕，いいケーキ屋さんを知っているよ。 **3** 彼女は間違えたんだ。 **4** もっといい考えがあるよ。

解説 母親の誕生日にケーキを買おうという姉［妹］の提案に対する答えが空所になっている。空所のあと弟［兄］はLet's make one!「ケーキを作ろう！」と言っている（このoneはa cakeをさす）。**4**のI have a better idea.「もっといい考えがあるよ」を入れると会話の流れに合う。

3[A] 一次試験・筆記
(問題編p.93)

Key to Reading 3級では3種類の長文が出題される。最初は掲示文で，タイトルにテーマが書かれているので必ずチェックしよう。掲示文は比較的シンプルな短い文で書かれているのが特徴。日付などの時を表す言葉は解答を探すカギになることが多いので，特に注意しながら読もう。

訳 レッドビル書店内の新しいカフェ

11月1日から，レッドビル書店の新しいカフェで本を読めるようになります。そのカフェは2階の書店の中にあります。ケーキと飲み物を楽しみにご来店ください！

ケーキ
キャロットケーキ，ストロベリーケーキ，チョコレートケーキ

飲み物
コーヒー，紅茶，ソフトドリンク

2冊本を買えば，無料でコーヒーまたは紅茶を1杯受け取れます！

当書店には，お選びいただける本が3万冊以上ございます。またカレンダー，雑誌，新聞も販売しております。カフェは午前6時に開店いたしますので，お仕事に行く前に新聞を読みに来てください。

(21)　正解　**2**

質問の訳 この掲示は何についてのものですか。

選択肢の訳 1 11月1日に閉店する書店。
2 書店の中に開店するカフェ。
3 カフェのオーナーによって書かれた本。
4 たくさんのレシピが載った雑誌。

解説 タイトルにA New Café in ... Bookstore「書店内の新しいカフェ」とあり，本文第1文にFrom November 1, you'll be able to read books in Leadville Bookstore's new café.「11月1日から，レッドビル書店の新しいカフェで本を読めるようになります」，第2文にThe café will be inside the bookstore「このカフェは書店の中にあります」とある。正解は，**2**のA café that will open inside a bookstore.「書店の中に開店するカフェ」。

(22)　正解　**4**

質問の訳 2冊の本を買う人々は…を手に入れるだろう。

選択肢の訳 1 無料の雑誌。
2 無料の新聞。
3 無料のケーキ。
4 無料の飲み物。

解説 下から5〜6行目に，If you buy two books「2冊本を買えば」you'll receive a cup of coffee or tea for free「無料でコーヒーまたは紅茶を1杯受け取れます」とある。coffee or teaをdrinkと言いかえた**4**のa free drink.「無料の飲み物」が正解。

Key to Reading 2番目の長文はEメールまたは手紙文。短いEメールが2〜3通セットで出題されることが多いが，今回のように長めの手紙文1通が出題されることもある。手紙の読み手（Dear 〜, の「〜」に書かれている人物＝本文中のYou）と書き手（手紙の最後に名前がある人物＝本文中のI）が誰かをしっかりつかんでから読み進めよう。今回は，Sara「サラ」がGrandma「おばあちゃん」にあてて書いた手紙。

訳

1月3日

親愛なるおばあちゃん，

　あなたとおじいちゃんはお元気ですか？　ふたりとも元気で暖かくしているといいなと思います。今の天候はとても寒いです。今年のクリスマスはあなたたちがいなくて寂しかったです。きれいなカードとお金を送ってくれてありがとう。私はそのお金を素敵な紙とペンを買うのに使いました。それらを使うとき，私はいつもあなたたちのことを思います。

　私はすばらしい冬休みをすごしました。私の友達ミアを覚えていますか？　あなたは昨年彼女に会っています。それで，冬休みの間，私はミアと彼女の家族と一緒に山梨にスキーに行きました。私たちは大阪から山梨まで車で移動しました。途中，私たちは名古屋に立ち寄りました。私たちはそこで名古屋城と鉄道博物館に行きました。夜，ミアのお母さんが私たちの夕食として麺を買ってくれました。私の麺には炒めた牛肉が入っていました。それらはおいしかったです。

　私たちは一晩名古屋に滞在し，それから山梨に行きました。山梨での最初の日，私はミアと彼女の妹と一緒にスキーのレッスンを受けました。私たちはたくさん転びましたが，とても楽しかったです。旅行の終わりまでに，私はとても速く山をスキーで降りることができました。私たちは大みそかを山梨で過ごし，1月1日はそこのお寺に行きました。

　クリスマスにあなたとおじいちゃんに会わなかったので，夏にあなたたち2人に会いに行けたらいいなと思っています。それができると思いますか？　ほんとにそう願っています。

愛を込めて，
サラ

(23)　正解　**3**

質問の訳　サラは祖父母からのお金をどのように使いましたか。

選択肢の訳　**1**　休暇に行くため。

　　　　　　2　クリスマスケーキを買うため。

　　　　　　3　紙とペンを買うため。

　　　　　　4　友達へのプレゼントを買うため。

解説　第1段落第5文に Thank you for sending ... some money. 「お金を送ってくれてありがとう」，第6文に I used the money to buy some nice paper and pens. 「私はそのお金を素敵な紙とペンを買うのに使いました」とある。正解は**3**。

(24)　正解　**2**

質問の訳　サラは山梨で何をしましたか。

選択肢の訳　**1**　お城に行った。

　　　　　　2　スキーに行った。

　　　　　　3　麺を食べた。

　　　　　　4　博物館に行った。

解説　第2段落第4文に I went skiing in Yamanashi 「私は山梨にスキーに行きました」とあり，第3段落第2文～第4文にも山梨でのスキー体験について書かれている。正解は**2**。**1**，**3**，**4**はいずれも名古屋でしたことで，第2段落に書かれている。

(25)　正解　**1**

質問の訳　サラは夏に何をしたいと思っていますか。

選択肢の訳　**1**　祖父母を訪ねる。

　　　　　　2　お寺に行く。

　　　　　　3　アルバイトの仕事を得る。

　　　　　　4　山梨に戻る。

解説　最後の段落第1文に，I didn't see you and Grandpa at Christmas 「クリスマスにあなた（＝おばあちゃん）とおじいちゃんに会わなかった」so I hope I can come and see you both in the summer. 「だから夏にあなたたち2人に会いに行けたらいいなと思っています」とある。正解は**1**の Visit her grandparents. 「祖父母を訪ねる」。

Key to Reading 長文の最後は説明文。かなりボリュームがあるので，設問文に先に目を通して，読み取るべき情報をつかんでから本文に戻るのもよい。設問の順番は，基本的に答えの根拠となる内容が本文に出てくる順番と一致していて，本文の一部に関する問題が4問，最後に全体に関する問題が1問出題されている。今回の長文は，世界でいちばん低い場所，マリアナ海溝のチャレンジャー・ディープについて。

訳 チャレンジャー・ディープ

　大部分の人々が世界でいちばん高い場所の名前を知っている。それはエベレスト山であり，アジアのネパールとチベットとの間にある山だ。しかし，世界でいちばん低い場所を知っている人は多くない。それはチャレンジャー・ディープと呼ばれていて，太平洋の底にある。チャレンジャー・ディープはこの海の約10,984mの深さにある。それは日本の南，マリアナ海溝と呼ばれる太平洋の一部にある。太平洋のこの部分は長さ約2,550km，幅約69kmだ。チャレンジャー・ディープはマリアナ海溝の端，グアムと呼ばれる島の近くにある。

　科学者たちはチャレンジャー・ディープについて多くは知らない。大部分の潜水艦にとって，水圧が高すぎるのでそこに行くのは安全でないからだ。以前は，そのような場所では魚や他の動物は生きられないと科学者たちは考えていた。また，太陽の光が全くなく，チャレンジャー・ディープはとても寒冷である。そこはふつう1℃から4℃だ。

　1960年に，2人の人が初めてチャレンジャー・ディープに行った。彼らは特別な潜水艦でそこへ行った。この潜水艦は水圧の高い場所で動くことができた。その人たちが海底に到達するには5時間かかったが，彼らはそこに約20分しかいられなかった。そのとき，彼らは2種類の海洋動物を見た。今では，科学者たちはそのような深い場所で動物が生きられることを知っている。

語句 at the bottom of 〜「〜の底に」

(26) 正解 **1**

質問の訳 マリアナ海溝はどこにありますか。

選択肢の訳 **1** 太平洋（の中）。　**2** グアム島（に）。　**3** ネパールとチベットの間。　**4** 日本の湖の底。

解説 第1段落第6文後半に，a part of the Pacific Ocean called the Mariana Trench「マリアナ海溝と呼ばれる太平洋の一部」とある。正解は**1**のIn the Pacific Ocean.「太平洋（の中）」。

(27) 正解 **4**

質問の訳 マリアナ海溝はどのくらいの幅ですか。

選択肢の訳 **1** 約2,550メートル。　**2** 約10,984メートル。　**3** 約20キロメートル。　**4** 約69キロメートル。

解説 第1段落最後から2文目にThis part of the ocean（＝前文のthe Mariana

Trench) is about ... 69 kilometers wide. 「太平洋のこの部分（＝マリアナ海溝）は…幅約69kmだ」とある。正解は**4**。

(28) 正解 **1**

質問の訳 チャレンジャー・ディープはなぜ人々にとって危険なのですか。

選択肢の訳 **1** 水圧が非常に高い。　**2** 危険な動物や魚がそこに住んでいる。
3 彼らの目には光が明るすぎる。　**4** 彼らには水温が高すぎる。

解説 第2段落第2文に，It isn't safe to go there（＝the Challenger Deep）「そこ（＝チャレンジャー・ディープ）に行くのは安全でない」because the water pressure is too high「なぜなら水圧が高すぎる」とある。質問文のdangerousが本文ではnot safe「安全でない」となっていることに注意。正解は**1**のThe water pressure is very high.「水圧が非常に高い」。

(29) 正解 **3**

質問の訳 1960年，2人の人が

選択肢の訳 **1** 特別な潜水艦を失った。　**2** 海底の地図を描いた。　**3** チャレンジャー・ディープに行った。　**4** 海中に山を発見した。

解説 文の後半部分を選んで文を完成させる問題。第3段落第1文にIn 1960, two people traveled to the Challenger Deep「1960年に2人の人がチャレンジャー・ディープに行った」とある。traveledをwentに言いかえた**3**が正解。

(30) 正解 **1**

質問の訳 この話は何についてのものですか。

選択肢の訳 **1** 海の暗くてとても深い場所。　**2** 潜水艦の歴史。　**3** 特別な美味しい種類の魚。　**4** アジアのハイキングに行くべき場所。

解説 最後は長文全体のテーマをたずねる設問。この長文は，導入部をのぞき，タイトルを含め全体がThe Challenger Deep「チャレンジャー・ディープ」についての内容。チャレンジャー・ディープは第1段落第3文よりthe lowest place in the world「世界でいちばん低い場所」で，第4文よりat the bottom of the Pacific Ocean「太平洋の底」にあり，第2段落第4文よりthere is no light from the sun「太陽の光が全くない」ため暗い。正解は**1**のA dark and very deep place in the ocean.「海の暗くてとても深い場所」。

QUESTIONの訳 あなたは公園で食事をするのが好きですか。

解答例 Yes, I do. I have two reasons. First, I like eating while I look at beautiful flowers. Second, food tastes better when I eat it outside on sunny days.

解答例の訳 はい，好きです。2つ理由があります。第1に，私は美しい花を見ながら食事をするのが好きです。第2に，晴れた日に外で食べると食べ物はよりおいしい味がします。

解説 まず，公園で食事をするのが好きかどうか，Yes, I do. / No, I don't. で答えて自分の立場をはっきりさせる。続けて，好きな理由または好きでない理由を2つ書く。解答例のように，First, ... Second, 〜.「第1に，…。第2に〜」と列挙するとよい。解答例は公園で食事をするのが好きな場合。好きでない場合は，I can't relax when I eat outside.「もし外で食事をすると，私はリラックスできない」，There are no big parks near my house, so I can't eat in a park.「私の家の近くには大きな公園がないので，公園で食事をすることができない」，I like eating at home[restaurants] better.「私は家［レストラン］で食事をする方が好きだ」などと公園での食事を好まない，または他の場所のほうを好む理由を述べるとよいだろう。

第1部 **一次試験・リスニング**
（問題編pp.99～100）

〔例題〕*A:* I'm hungry, Annie.

B: Me, too. Let's make something.

A: How about pancakes?

1 On the weekend.

2 For my friends.

3 That's a good idea.　　　　　　　〔正解　**3**〕

訳　A：アニー，お腹がすいたよ。

B：私もよ。何かを作りましょうよ。

A：パンケーキはどう？

選択肢の訳　**1**　週末にね。　　**2**　私の友だちのためにね。　　**3**　それはいい考えね。

No.1　正解　**1**

放送文　*A:* I like the book you lent me.

B: Did you finish it?

A: No. Can I keep it longer?

1 Sure. Give it back to me next week.

2 Yes. I always study hard.

3 OK. It was five dollars.

訳　A：君が僕に貸してくれた本，気に入っているよ。

B：あなたはそれを読み終えた？

A：ううん。もっと長く持っていてもいい？

選択肢の訳　**1**　いいよ。来週それを私に返して。　　**2**　うん。私はいつも一生懸命勉強するの。　　**3**　わかった。それは５ドルだったよ。

解説　A（＝少年）がB（＝少女）に借りた本について Can I keep it longer?「もっと長く持っていてもいい？」とたずねている。これに対する応答として適切なのは，**Sure.**「いいよ」と受け入れてから **Give it back to me next week.**「来週それを私に返して」と返却期限を伝えている**1**。

No.2　正解　**1**

放送文　*A:* How did you do on the science test?

B: I did well.

A: Did you study for a long time?

1 For about five hours.

2 It was difficult.

3 Math is my favorite subject.

訳　A：理科のテストはどうだった？

B：うまく行ったよ。

A：君は長時間勉強したの？

選択肢の訳 **1** 5時間くらいよ。　**2** それは難しかったわ。　**3** 数学は私のいちばん好きな科目なの。

解説 最後のせりふ Did you study for a long time?「君は長時間勉強したの？」という質問には Yes / No で答えることがまず予想されるが，選択肢に Yes / No が入っているものはない。長時間の具体的な内容を For about five hours.「5時間くらいよ」と答えている**1**が正解。

No.3　正解　**3**

放送文
A: Excuse me.
B: Yes, ma'am?
A: Where are the lockers in this station?
1　For 200 yen a day.
2　To Kyoto and Osaka.
3　Beside the ticket machines.

訳
A：すみません。
B：はい，お客様。
A：この駅のロッカーはどこですか。

選択肢の訳 **1** 1日200円です。　**2** 京都と大阪行きです。　**3** 券売機のそばです。

解説 A（＝女性利用客）がB（＝駅員）に Where are ～?「～はどこですか」とロッカーの場所をたずねている。Beside the ticket machines.「券売機のそばです」と具体的な場所を答えている**3**が正解。

No.4　正解　**3**

放送文
A: When did you get this computer, Grandpa?
B: In December.
A: Was it a Christmas present?
1　No, I'm still learning.
2　No, this one's fine.
3　No, I bought it myself.

訳
A：いつこのコンピュータを手に入れたの，おじいちゃん？
B：12月だよ。
A：クリスマスプレゼントだったの？

選択肢の訳 **1** いや，私は今も習っているよ。　**2** いや，これはとてもいいよ。
3 いや，私が自分で買ったんだ。

解説 A（＝孫娘）がB（＝祖父）のコンピュータについて，Was it a Christmas present?「クリスマスプレゼントだったの？」とたずねている。答えの選択肢はすべて No で始まっている。そのあと，I bought it myself「私が自分で買ったんだ」を続けると会話の流れに合う。正解は**3**。

No.5 正解 **1**

放送文 *A:* Look at all these leaves.

B: Yeah. There are a lot.

A: I'll need another bag.

1 I'll get you one.

2 It was last weekend.

3 You're welcome.

訳 A：この全部の葉っぱを見て。

B：うん。いっぱいあるね。

A：もう1枚袋が必要だわ。

選択肢の訳 **1** 僕が1枚持ってきてあげるよ。 **2** 先週末だったな。 **3** どういたしまして。

解説 庭の落ち葉を掃除しているA（＝女性）とB（＝男性）との会話。袋にいっぱいの葉っぱを示してI'll need another bag.「もう1枚袋が必要だわ」と言う女性に対する応答として適切なのは，**1**のI'll **get** **you** **one.**「僕が1枚持ってきてあげるよ」。このoneは，直前のAのせりふにあるbag「袋」をさす。

No.6 正解 **1**

放送文 *A:* Has Grandma seen the photos from our trip yet?

B: No. Let's e-mail them to her.

A: I don't know how.

1 I'll show you.

2 It's over here.

3 She has some.

訳 *A:* おばあちゃんは僕たちの旅行の写真をもう見たの？

B: いいえ。それらを彼女にEメールで送りましょう。

A: 僕，どうやるかわからないよ。

選択肢の訳 **1** 私があなたに教えてあげるわ。 **2** それはあそこよ。 **3** 彼女は何枚か持っているわ。

解説 Let's e-mail them（＝the photos from our trip）to her.「それら（＝旅行の写真）を彼女にEメールで送りましょう」というB（＝母親）に対し，A（＝息子）はI don't know how.「僕，どうやるかわからないよ」と答えている。howは「やり方，方法」を表す。これに対する応答としてふさわしいのは，**1**のI'll show you.「私があなたに教えてあげるわ」。youのあとにhow to send them「それらの送り方を」が省略されている。

No.7 正解 **2**

放送文 *A:* I have to make a speech tomorrow.

B: Good luck.

A: I hope my classmates like it.

1 I took one, too.

2 I'm sure they will.

3　You're very early.

訳　A：私，明日スピーチをしないといけないの。

　　　B：うまくいくといいね。

　　　A：クラスメートがそれを気に入るといいな。

選択肢の訳　**1**　僕も1つとったよ。　　　**2**　きっと気に入ると思うよ。　　　**3**　君はとても早いね。

解説　明日スピーチをするというA（＝娘）が，I hope my classmates like it.「クラスメートがそれを気に入るといいな」と言っている。このitは最初のせりふのspeechをさす。これに対する応答として適切なのは，**2**のI'm sure they will.「きっと気に入ると思うよ」。theyはAのmy classmatesをさし，willのあとにlike it（＝speech）が省略されている。

No.8　正解　**2**

放送文　*A:* Can I help you, ma'am?

　　　B: Yes. Do you sell badminton rackets?

　　　A: Sorry. We don't.

　　　1　Yes, I'm on the team.

　　　2　OK, thanks anyway.

　　　3　Well, I'll think about it.

訳　A：いらっしゃいませ，お客様。

　　　B：はい。バドミントンのラケットは売っていますか。

　　　A：申し訳ございません。売っていません。

選択肢の訳　**1**　はい，私はそのチームに入っています。　　　**2**　わかりました，とにかくありがとう。　　　**3**　ええと，それについて考えてみます。

解説　バドミントンのラケットはあるかとたずねたB（＝女性客）にA（＝男性店員）はSorryと謝ってから，We don't (sell them).「売っていません」と答えている。それに対する応答として適切なのは，望みがかなわなかったが対応にお礼を言うときの決まり文句，**OK, thanks anyway.**「わかりました，とにかくありがとう」。正解は**2**。

No.9　正解　**2**

放送文　*A:* I'm going ice-skating on Saturday.

　　　B: Great.

　　　A: Do you want to go with me?

　　　1　I like your jacket.

　　　2　Sorry, but I'm busy then.

　　　3　I don't have any.

訳　A：私，土曜日にアイススケートに行く予定なの。

　　　B：いいね。

　　　A：あなたも私と一緒に行かない？

選択肢の訳　**1**　君のジャケット，好きだな。　　　**2**　ごめん，でもそのときは忙しいんだ。　　　**3**　僕は全く持っていないよ。

解説　アイススケートに行くというA（＝少女）がDo you want to go with me?「あ

なたも私と一緒に行かない？」と誘っている。それに対する応答として適切なのは，Sorry と謝ってから but I'm busy then「でもそのときは忙しいんだ」と行かない理由を述べている**2**。

No.10 正解 **1**

放送文 *A:* We missed the train!

B: Don't worry about it.

A: When's the next one?

1 It'll arrive in 10 minutes.

2 I lost my ticket.

3 I went by bus.

訳 A：電車に乗り遅れちゃった！

B：そのことは心配しないで。

A：次の電車はいつ？

選択肢の訳 **1** それは10分後に到着するわ。 **2** 私は切符をなくしちゃった。

3 私はバスで行ったの。

解説 電車に乗り遅れたA（＝息子）とB（＝母親）との会話。When's the next one（＝train）？「次の電車はいつ？」という質問に対する答えとして適切なのは，時間を答えている**1**のIt'll arrive in 10 minutes.「それは10分後に到着するわ」。

第**2**部 一次試験・リスニング
(問題編pp.101〜102)

No.11 正解 **1**

放送文 *A:* Do you want to go to a movie?

B: Sure, Mom. Can we eat lunch first? I'm hungry.

A: OK. I'll make sandwiches.

B: Great.

Question: What is the boy's mother going to do now?

訳 A：映画に行きたい？

B：もちろん，お母さん。先にお昼ご飯を食べていい？ 僕，おなかがすいているんだ。

A：わかった。サンドイッチを作るわ。

B：いいね。

質問の訳 少年の母親は今から何をするでしょうか。

選択肢の訳 **1** 昼食を作る。 **2** レストランで食事をする。 **3** 映画に行く。

4 サンドイッチを買う。

解説 B（＝少年）のCan we eat lunch first?「先にお昼ご飯を食べていい？」というせりふに対し，A（＝母親）がI'll make sandwiches.「サンドイッチを作るわ」と答えている。母親がすることは，**1**のMake lunch.「昼食を作る」。

放送文 *A:* Excuse me. Is that your dog?

B: Yes.

A: Sorry, but you can't bring dogs into this park.

B: Oh, I didn't know that. I'll get him and leave right away.

Question: What will the woman do next?

訳 A：すみません。あれはあなたの犬ですか。

B：はい。

A：申し訳ありませんが，犬をこの公園に連れ込むことはできません。

B：ああ，それは知りませんでした。すぐに彼を捕まえて出ます。

質問の訳 女性は次に何をするでしょうか。

選択肢の訳 **1** 犬と一緒に公園を出る。 **2** 男性の犬を探す。 **3** 男性に公園を案内する。 **4** 新しいペットを手に入れる。

解説 A（＝公園の係員と思われる男性）に you can't bring dogs into this park「犬をこの公園に連れ込むことはできません」と注意された B（＝犬連れの女性）が，I'll get him（＝dog）and leave right away.「すぐに彼（＝犬）を捕まえて出ます」と答えている。正解は，**1**の Leave the park with her dog.「犬と一緒に公園を出る」。

No.13 正解 **2**

放送文 *A:* When does the next bus to Madison leave?

B: In five minutes. The one after that comes in two hours.

A: OK. Three tickets for the next bus, please.

B: That'll be $12.

Question: How many tickets does the woman want to buy?

訳 A：次のマディソン行きのバスはいつ出ますか。

B：5分後です。その後のバスは2時間後に来ます。

A：わかりました。次のバスの切符を3枚ください。

B：12ドルです。

質問の訳 女性は切符を何枚買いたいと思っていますか。

選択肢の訳 **1** 2枚。 **2** 3枚。 **3** 5枚。 **4** 12枚。

解説 まず，質問の内容を正確に聞き取ることが大切。会話の最初にバスの出発時間について話しているが，質問の How many ～?は女性が買いたい切符の枚数をたずねている。A（＝女性）は2番目のせりふで Three tickets for the next bus, please.「次のバスの切符を3枚ください」と言っているので，正解は**2**。

No.14 正解 **4**

放送文 *A:* Have you ever been to Hokkaido?

B: Yes. My sister and I went there last year to visit our aunt.

A: Did you go hiking or skiing?

B: No, we didn't have time.

Question: Why did the boy go to Hokkaido last year?

訳　A：北海道に行ったことはある？

　　B：うん。姉［妹］と僕は去年，おばを訪ねるためにそこへ行ったよ。

　　A：ハイキングかスキーに行った？

　　B：いや，時間がなかったんだ。

質問の訳　少年はなぜ昨年北海道に行ったのですか。

選択肢の訳　**1** スキーに行くため。　　**2** ハイキングに行くため。　　**3** 姉［妹］に会うため。　　**4** おばに会うため。

解説　北海道に行ったことがあるかと聞かれたB（＝少年）が，I went there last year to visit our aunt「僕は去年，おばを訪ねるためにそこへ行ったよ」と答えている。正解は**4**の To see his aunt.「おばに会うため」。

No.15 正解 **2**

放送文　*A:* When does band practice start on Saturday?　At 9:30?

　　B: At nine.　My dad's driving me.　Do you want to ride with us?

　　A: Yes, please.

　　B: OK.　We'll pick you up at 8:30.

　　Question: What time will they meet on Saturday?

訳　A：バンド練習は土曜日の何時に始まるの？　9時30分？

　　B：9時だよ。お父さんが私を車で送ってくれるの。あなたも私たちと一緒に乗って行かない？

　　A：うん，お願い。

　　B：わかった。8時30分にあなたを車で迎えに行くわ。

質問の訳　彼らは土曜日の何時に会うでしょうか。

選択肢の訳　**1** 8時。　　**2** 8時30分。　　**3** 9時。　　**4** 9時30分。

解説　バンドの練習についてA（＝少年）とB（＝少女）が話している。Bが，父親が車で送ってくれるのでAも乗って行くかと誘い，Aがその誘いを受けた流れで，最後にBがWe'll pick you up at 8:30.「8時30分にあなたを車で迎えに行くわ」と言っている。つまり，2人が会うのは**2**の At 8:30.「8時30分」。

No.16 正解 **3**

放送文　*A:* Did you give Ms. Clark your social studies report?

　　B: Yes, Dad.

　　A: Good.　Do you have any homework tonight?

　　B: I need to draw a picture of a flower for art class.

　　Question: What does the girl have to do tonight?

訳　A：社会のレポートをクラーク先生に渡したかい？

　　B：うん，お父さん。

　　A：よかった。今夜は何か宿題はある？

　　B：美術の授業のために，花の絵を描く必要があるの。

質問の訳　少女は今夜何をしなければなりませんか。

選択肢の訳　**1** レポートを書く。　　**2** 社会を勉強する。　　**3** 絵を描く。　　**4** 花を買う。

tonight「今夜」宿題はあるのかと聞かれたB（＝少女）がI need to draw a picture「絵を描く必要があるの」と答えている。少女が今夜する必要があるのは，Draw a picture.「絵を描く」こと。正解は**3**。

No.17 正解 **3**

放送文 *A:* We need some drinks for tomorrow night's party.

B: I've already bought some juice.

A: Really?

B: Yeah. I got some this morning. I'll buy some cola this afternoon.

Question: When did the woman buy some juice?

訳　A：明日の夜のパーティー用に飲み物が必要だな。

B：もうジュースを買ったわよ。

A：本当？

B：うん。今朝いくらか買ったわ。今日の午後，コーラを買うつもり。

質問の訳　女性はいつジュースを買ったでしょうか。

選択肢の訳　**1**　昨日の朝。　　**2**　昨夜。　　**3**　今朝。　　**4**　今日の午後。

解説　B（＝女性）が最初のせりふでI've already bought some juice.「もうジュースを買った」，2番目のせりふでI got some (juice) this morning.「今朝いくらか（ジュースを）買った」と言っている。女性がジュースを買ったのは**3**のThis morning.「今朝」。

No.18 正解 **4**

放送文 *A:* How was your weekend?

B: Good. I went to the mall on Saturday.

A: Great.

B: Yesterday, I took some photos of trees at the park.

Question: Where did the boy go yesterday?

訳　A：あなたの週末はどうだった？

B：よかったよ。土曜日にショッピングモールに行ったんだ。

A：いいね。

B：昨日は公園で木々の写真を撮ったよ。

質問の訳　少年は昨日どこへ行ったでしょうか。

選択肢の訳　**1**　ショッピングモール。　　**2**　少女の家。　　**3**　ガーデニング店。

4　公園。

解説　質問は少年がyesterday「昨日」どこに行ったかというもの。B（＝少年）は最後のせりふでYesterday, I took some photos of trees at the park.「昨日は公園で木々の写真を撮った」と言っている。少年が昨日行ったのは**4**のTo a park.「公園」。

No.19　正解　**4**

放送文　*A:* Are you taller than your father, Jason?

　　　　B: Yes, Grandma. He's 170 centimeters, and I'm 175 centimeters.

　　　　A: I'm only 160 centimeters.

　　　　B: You're taller than Mom.

　　　　Question: How tall is Jason?

訳　A：ジェイソン，あなたはお父さんよりも背が高いの？

　　　B：うん，おばあちゃん。彼は170cmで，僕は175cmだよ。

　　　A：私はたった160cmよ。

　　　B：あなたはぼくのお母さんよりも背が高いよ。

質問の訳　ジェイソンはどのくらいの背の高さですか。

選択肢の訳　**1**　160cm。　　**2**　165cm。　　**3**　170cm。　　**4**　175cm。

解説　How tall 〜?は身長・高さをたずねる質問。B（＝ジェイソン）はYes, 〜の答えのあとにI'm 175 centimeters「僕は175cmだ」と言っている。正解は**4**。

No.20　正解　**4**

放送文　*A:* You can speak French well, Olivia.

　　　　B: Thanks, Ben.

　　　　A: Were you born in France?

　　　　B: No, but my older brother was.

　　　　Question: Who was born in France?

訳　A：君は上手にフランス語を話せるね，オリビア。

　　　B：ありがとう，ベン。

　　　A：君はフランスで生まれたの？

　　　B：いいえ，でも私の兄はそうよ。

質問の訳　誰がフランスで生まれましたか。

選択肢の訳　**1**　ベン。　　**2**　ベンの兄。　　**3**　オリビア。　　**4**　オリビアの兄。

解説　フランスで生まれたのかと聞かれたB（＝オリビア）が，Noと否定してからbut my older brother was (born in France)「でも私の兄はそうよ（フランスで生まれた）」と答えている。正解は，**4**のOlivia's brother.「オリビアの兄」。

No.21 正解 **3**

放送文 I can't swim at all, so I decided to take lessons. In the future, I want to take my son to Hawaii and swim with him in the sea. He loves swimming.

Question: What did the woman decide to do?

訳 私は全く泳げないので，レッスンを受けることに決めた。将来，私は息子をハワイに連れて行って，海で彼と一緒に泳ぎたい。彼は泳ぐことが大好きだ。

質問の訳 女性は何をしようと決めましたか。

選択肢の訳 **1** 海のそばの家を買う。　　**2** ハワイに引っ越す。　　**3** 水泳のレッスンを受ける。　　**4** 息子に泳ぎ方を教える。

解説 話し手の女性は最初の文でI can't swim at all「私は全く泳げない」so I decided to take lessons「だからレッスンを受けることに決めた」と言っているので，女性が決めたのは**Take swimming lessons.**「水泳のレッスンを受ける」こと。正解は**3**。

No.22 正解 **2**

放送文 Last night, I had a party in my apartment. After the party, I cleaned my living room, but I was too tired to wash the dishes. I have to do that this morning.

Question: What does the man need to do this morning?

訳 昨夜，私は自分のアパートでパーティーをした。パーティーの後，私は居間を掃除したが，疲れすぎていてお皿を洗えなかった。私は今朝それをしなくてはならない。

質問の訳 男性は今朝何をする必要がありますか。

選択肢の訳 **1** 居間を掃除する。　　**2** お皿を洗う。　　**3** パーティー用の食べ物を買う。　　**4** 新しいアパートを探す。

解説 質問文のneed to do this morning「今朝する必要がある」とほぼ同じ内容have to do that this morning.「今朝それをしなくてはならない」が放送文最終文にある。このthatは前文のwash the dishes「お皿を洗う」をさすので，正解は**2**。

No.23 正解 **3**

放送文 Yesterday, my school had a speech contest. My friends' speeches were really good. Jenny's and Sara's speeches were both about their hobbies. Donna's was about her mother. It was my favorite one.

Question: Whose speech did the boy like the best?

訳 昨日，僕の学校でスピーチコンテストがあった。僕の友人たちのスピーチはとてもよかった。ジェニーとサラのスピーチは両方とも趣味に関するものだった。ドナのは母親についてだった。それが僕のいちばん好きなスピーチだった。

質問の訳 少年はどのスピーチがいちばん好きでしたか。

選択肢の訳 **1** ジェニーの。　　**2** サラの。　　**3** ドナの。　　**4** 彼の母親の。

解説 質問文の〈人＋like ～ the best〉は〈人's favorite ～〉「(人) が一番好きな～」とほぼ同じ内容を表す。本文最終文に It was my favorite one. とあり，この It は Donna's (speech)，one は speech をさす。正解は**3**。

No.24 正解 **1**

放送文 Paul went to the library to study after school today. When he got home, his mother was angry. She said he should always call her if he goes somewhere after school.

Question: Why was Paul's mother angry?

訳 ポールは今日の放課後，勉強するために図書館へ行った。彼が帰宅したとき，母親が怒っていた。彼が放課後どこかへ行く場合はいつでも彼女に電話するべきだと彼女は言った。

質問の訳 ポールの母親はなぜ怒っていたのですか。

選択肢の訳 **1** ポールが彼女に電話をしなかった。　　**2** ポールが一生懸命勉強しなかった。　　**3** ポールが図書館カードをなくした。　　**4** ポールが学校に遅刻した。

解説 放送文第2文に his mother was angry「母親が怒っていた」，その次の文に he should always call her if he goes somewhere after school「彼が放課後どこかへ行く場合はいつでも彼女に電話するべきだ」とある。母親が怒っていた理由は，**1**の Paul didn't call her.「ポールが彼女に電話をしなかった」。

No.25 正解 **4**

放送文 Greg's favorite holiday is Christmas. This year, he got a bicycle, and his sister Peggy got a dress. Greg's mother gave his father a new computer. He was very happy.

Question: Who got a computer for Christmas?

訳 グレッグのいちばん好きな祝日はクリスマスだ。今年，彼は自転車をもらった，そして姉[妹]のペギーはドレスをもらった。グレッグの母親は彼の父親に新しいコンピュータをあげた。彼はとても嬉しかった。

質問の訳 誰がクリスマスにコンピュータをもらいましたか。

選択肢の訳 **1** グレッグ。　　**2** グレッグの姉[妹]。　　**3** グレッグの母親。　　**4** グレッグの父親。

解説 get[got]「もらう［もらった］」⇔give[gave]「あげる［あげた］」の関係を確認しておこう。放送文第3文に，Greg's mother gave his father a new computer.「グレッグの母親は彼の父親に新しいコンピュータをあげた」とある。つまり，もらったのは**4**の父親。

No.26 正解 **2**

放送文 I played rugby this afternoon, and now my leg hurts. My mom will take me to the doctor tomorrow morning. My next rugby game is on Saturday. I hope I can play.

Question: When will the boy go to the doctor?

109

訳 僕は今日の午後ラグビーをした，そして今脚が痛い。明日の朝，お母さんが僕を医者に連れて行ってくれる。次のラグビーの試合は土曜日だ。僕はプレーできるといいなと思う。

質問の訳 少年はいつ医者に行くでしょうか。

選択肢の訳 **1** 今日の午後。 **2** 明日の朝。 **3** 明日の午後。 **4** 次の土曜日。

解説 第2文に My mom will take me to the doctor tomorrow morning「明日の朝，お母さんが僕を医者に連れて行ってくれる」とある。正解は**2**。時を表す言葉がいくつも出てくるので，行動とセットで注意深く聞き取ろう。

No.27 正解 **4**

放送文 My mom loves vegetables. She loves eating potatoes and lettuce, and she grows onions in our garden. I think carrots are delicious, but I don't like other kinds of vegetables.

Question: What vegetable does the girl like?

訳 私のお母さんは野菜が大好きだ。彼女はジャガイモとレタスを食べるのが大好きで，庭でタマネギを育てている。私はニンジンは美味しいと思うけれど，他の種類の野菜は好きではない。

質問の訳 少女はどんな野菜が好きですか。

選択肢の訳 **1** ジャガイモ。 **2** レタス。 **3** タマネギ。 **4** ニンジン。

解説 第3文に I think carrots are delicious「私はニンジンは美味しいと思う」とある。話し手の少女が好きな野菜は，**4**の Carrots.「ニンジン」。

No.28 正解 **2**

放送文 I love art. I draw pictures every day, and I take an art class every Monday. I also take my two daughters to an art museum once a month.

Question: How often does the woman take an art class?

訳 私は美術が大好きだ。私は毎日絵を描き，毎週月曜日に美術のクラスをとっている。私はまた，月に1回2人の娘を美術館に連れていく。

質問の訳 女性はどのくらいの頻度で美術のクラスをとっていますか。

選択肢の訳 **1** 毎日。 **2** 1週間に1回。 **3** 1週間に2回。 **4** 1か月に1回。

解説 第2文後半に，I take an art class every Monday「私は毎週月曜日に美術のクラスをとっている」とある。つまり，話し手の女性が美術のクラスに行くのは Once a week.「1週間に1回」である。正解は**2**。

No.29 正解 **1**

放送文 Henry always gives his family books for Christmas. Last year, he got a book about gardening for his wife and one about animals for his daughter. This year, he'll give them books about traveling.

Question: What did Henry give his daughter for Christmas last year?

訳 ヘンリーはいつもクリスマスに家族に本をあげる。昨年，彼は妻にガーデニング

に関する本を，娘に動物に関する本を買った。今年，彼は彼らに旅行に関する本をあげる
だろう。

質問の訳 ヘンリーは去年のクリスマス，娘に何をあげましたか。

選択肢の訳 **1** 動物に関する本。 **2** ガーデニングに関する本。 **3** 旅行に関する本。 **4** クリスマスに関する本。

解説 第1文にHenry always gives his family books「ヘンリーはいつも家族に本をあげる」for Christmas「クリスマスに」とあり，第2文にLast year「昨年」he got ... one（＝a book）about animals for his daughter「彼は娘に動物に関する本を買った」とある。正解は**1**。

No.30 正解 **3**

放送文 Welcome to Dirkby Department Store. Today, we have some special events. There will be a piano concert at two on the fourth floor. And on the fifth floor, we have a sale on clothes.

Question: Where will the piano concert be held?

訳 ダークビー百貨店にようこそ。本日，当店ではいくつか特別なイベントがございます。4階では，2時にピアノコンサートが行われます。5階では，衣料品のセールがございます。

質問の訳 ピアノコンサートはどこで行われますか。

選択肢の訳 **1** 2階。 **2** 3階。 **3** 4階。 **4** 5階。

解説 第3文に，There will be a piano concert「ピアノコンサートが行われる」at two「2時に」on the fourth floor「4階で」とある。正解は**3**。

カードA 二次試験・面接
（問題編p.105）

訳 中国料理店

　日本にはたくさんの中国料理店がある。それらはたいてい，麺類やその他の人気のある中国料理を売っている。おいしい中国料理を家で食べたい人もいるので，彼らは中国料理店からテイクアウト料理を注文する。

質問の訳 No.1　文章を見てください。なぜ一部の人々は中国料理店からテイクアウト料理を注文するのでしょうか。
No.2　イラストを見てください。何人の人々がカップを持っていますか。
No.3　メガネをかけている男性を見てください。彼は何をしようとしていますか。
では，～さん（受験者の氏名），カードを裏返しにしてください。
No.4　あなたはふつう朝何時に起きますか。
No.5　あなたは海辺に行ったことがありますか。

No.1 解答例 Because they want to eat delicious Chinese meals at home.

解答例の訳 なぜなら彼らはおいしい中国料理を家で食べたいからです。

解説 No.1は文章に関する質問。Why「なぜ」と聞かれた場合，文章中のbecause「なぜなら」またはso「だから」に注目。ここでは第3文の中ほどにsoがあり，その後に質問文とほぼ同じ内容が続いている。この文の前半が理由になっているので，理由を表すBecauseで文を始め，主語some peopleを代名詞theyにかえて答える。

No.2 解答例 Two people are holding cups.

解答例の訳 2人の人々がカップを持っています。

解説 No.2はイラストに関する質問。イラスト中の人やものの数について，How many「何人の，いくつの」を使ってたずねる質問はよく出題される。are holding cups「カップを持っている」人の数は2人。答えるときはTwo.と数字だけ言うのではなく，文の形にするのが望ましい。解答例のように，質問文と同じ進行形を使って答えるとよい。

No.3 解答例 He's going to close the window.

解答例の訳 彼は窓を閉めようとしています。

解説 No.3もイラストに関する質問。このようにイラスト中の人物からふきだしが出ている場合，その人物がこれから何をしようとしているかが問われることが多い。イラスト内では窓が開いており，ふきだし内の男性はそれを閉めている。close「閉める」を用いて，質問文と同じbe going toの形を使って答えよう。またイラスト内の人物を特定するために，wearing glasses「メガネをかけている」のようなフレーズが使われることが多いので，覚えておこう。

No.4 解答例 I get up at six.

解答例の訳 私は6時に起きます。

解説 No.4は受験者自身に関する質問。ここではWhat timeを使ってふだんの起床時間が聞かれている。解答例のように，〈I get up at＋数字.〉の形を使って答える。起床時間と就寝時間は，聞かれたらすぐ答えられるようにしておくとよいだろう。

No.5 解答例 Yes. → Please tell me more. —— I went to the beach near my house.
No. → What are you going to do this evening? —— I'm going to watch a movie.

解答例の訳 はい。→ もっと詳しく話してください。—— 私は自宅近くの海辺に行きました。
いいえ。→ あなたは今晩何をするつもりですか。—— 私は映画を見るつもりです。

解説 No.5も受験者自身に関する質問。〈Have you ever＋過去分詞 ～?〉は「～したことはありますか」と経験をたずねる文。have been to ～は「～に行ったことがある」

という表現で，ここでは海辺に行ったことがあるかどうかをたずねている。Yesで答えた場合はより詳しい情報が求められるので，I went to the beach「私は海辺に行きました」のあとに解答例のような〈場所〉やlast summer「去年の夏」などの〈時〉を加えて答えるとよい。また，I sometimes go to the beach with my family.「ときどき家族と海辺に行きます」のように，一緒に行く人を答えてもよい。

Noで答えた場合，this evening「今晩」何をするつもりかが聞かれている。解答例と同じように〈I'm going to＋動詞 ～.〉の形を使って，するつもりのことを答えるとよい。解答例のほか，read books「本を読む」，play video games「ビデオゲームをする」，eat out with my family「家族と外食する」，practice soccer「サッカーの練習をする」など。

カードB　二次試験・面接
（問題編p.106）

訳　ビーチバレー

ビーチバレーはわくわくするスポーツだ。暑い夏の日々にプレーするのは楽しい。多くの人々はお気に入りの選手を見るのが好きなので，プロのビーチバレーの大会に行くのを楽しむ。

質問の訳　No.1　文章を見てください。なぜ多くの人々がプロのビーチバレーの大会に行くのを楽しむのですか。

No.2　イラストを見てください。何人の人々がサングラスをしていますか。

No.3　長い髪の少女を見てください。彼女は何をしようとしていますか。

では，～さん（受験者の氏名），カードを裏返しにしてください。

No.4　あなたはどんな種類のテレビ番組が好きですか。

No.5　あなたには冬休みに何か予定がありますか。

No.1　解答例　Because they like seeing their favorite players.

解答例の訳　彼らはお気に入りの選手を見るのが好きだからです。

解説　No. 1は文章に関する質問。Why ～?「なぜ～」と理由を聞かれたら，本文中のso「～だから…」またはbecause「なぜなら～だから」を探すとよい。ここでは第3文の中ほどにsoがあり，その後に質問文とほぼ同じ内容が続いている。この文の前半が後半の理由になっているので，理由を表すBecauseで文を始めて，主語Many peopleを代名詞theyにかえて答える。

No.2　解答例　Two people are wearing sunglasses.

解答例の訳　2人の人がサングラスをかけています。

解説　No.2はイラストに関する質問。are wearing sunglasses「サングラスをかけている」人の数が聞かれている。このように，How manyを使ってイラスト中の人やもの，動物の数をたずねる問題はよく出題される。イラスト中には人が3人いるが，サングラスをかけているのは左側の2人。なお答えるときは数字だけでなく，解答例のように主語と動詞のある文にするのが望ましいが，最後のwearing sunglassesは省略してもよい。

No.3　解答例　She's going to wash her hands.

解答例の訳　彼女は手を洗おうとしています。

解説　No.3もイラストに関する質問。このようにイラスト中の人物からふきだしが出ている場合，その人物がこれからしようとしていることが質問されることが多い。ふきだし内の少女は手を洗っている。wash her hands「手を洗う」を用いて，質問文にあわせてbe going toの形で答えるとよい。

No.4　解答例　I like quiz shows.

解答例の訳　私はクイズ番組が好きです。

解説　No.4は受験者自身に関する質問。What kind of 〜?「どんな（種類の）〜」の文を使って，好きなテレビ番組が聞かれている。解答例のように，I like 〜.の形で答えるとよい。解答例のほか，comedy shows「お笑い番組」，dramas「ドラマ」，cartoons「アニメ」，documentaries「ドキュメンタリー」，soccer[baseball] games「サッカー［野球］の試合」など。

No.5　解答例　Yes. → Please tell me more. —— I'm going to visit Kobe.
　　　　　　　No. → What time do you usually get up on weekends? —— I get up at eight.

解答例の訳　はい。→ もっと詳しく話してください。—— 私は神戸を訪れる予定です。いいえ。→ あなたは週末ふつう何時に起きますか。—— 私は8時に起きます。

解説　No.5も受験者自身に関する質問。冬休みに予定があるかどうかが聞かれている。Yesと答えた場合はより詳しい情報が求められるので，解答例のように〈I'm going to＋動詞の原形.〉の文を使って予定している行動を答える。動詞visitのあとに場所や人を続けて「〜を訪ねる」としてもよいし，〈practice＋スポーツ名〉「〜を練習する」，〈study＋教科名〉「〜を勉強する」，clean my room「部屋をそうじする」，go out with my friends「友だちと外出する」などと答えてもよい。

Noと答えた場合は，週末ふつう何時に起きるかが聞かれている。解答例のように〈I get up at＋数字.〉の形で答えるとよい。

2022年度 第❶回

解　答　欄				
問題番号	1	2	3	4
(1)	①	②	❸	④
(2)	①	②	❸	④
(3)	①	❷	③	④
(4)	❶	②	③	④
(5)	①	②	❸	④
(6)	①	②	❸	④
(7)	①	❷	③	④
(8)	①	❷	③	④
(9)	①	②	❸	④
(10)	①	②	③	❹
(11)	①	②	③	❹
(12)	❶	②	③	④
(13)	①	②	③	❹
(14)	①	❷	③	④
(15)	①	❷	③	④

問題番号 1

解　答　欄				
問題番号	1	2	3	4
(16)	①	②	❸	④
(17)	❶	②	③	④
(18)	①	❷	③	④
(19)	①	②	❸	④
(20)	①	❷	③	④
(21)	❶	②	③	④
(22)	①	②	❸	④
(23)	①	②	❸	④
(24)	❶	②	③	④
(25)	①	❷	③	④
(26)	❶	②	③	④
(27)	①	②	❸	④
(28)	❶	②	③	④
(29)	①	❷	③	④
(30)	①	②	③	❹

問題番号 2, 3

❹の解答例は
p.126をご覧くださ
い。

リスニング解答欄				
問題番号	1	2	3	4
例題	①	②	●	
No. 1	①	❷	③	
No. 2	①	❷	③	
No. 3	❶	②	③	
No. 4	❶	②	③	
No. 5	①	②	❸	
No. 6	①	❷	③	
No. 7	①	❷	③	
No. 8	❶	②	③	
No. 9	①	②	❸	
No. 10	❶	②	③	
No. 11	①	❷	③	④
No. 12	①	②	③	❹
No. 13	①	②	③	❹
No. 14	❶	②	③	④
No. 15	❶	②	③	④
No. 16	①	②	❸	④
No. 17	①	❷	③	④
No. 18	①	②	❸	④
No. 19	①	②	❸	④
No. 20	①	②	③	❹
No. 21	①	❷	③	④
No. 22	①	❷	③	④
No. 23	❶	②	③	④
No. 24	①	②	❸	④
No. 25	①	❷	③	④
No. 26	❶	②	③	④
No. 27	①	②	❸	④
No. 28	①	②	❸	④
No. 29	①	②	③	❹
No. 30	①	②	③	❹

第1部 / 第2部 / 第3部

(1)　正解　**3**

訳　A：どこに行くの，お母さん？
　　　　B：新鮮な野菜を買いに市場へ行ってくるね。それらはすべて地元の農家によって育てられたの。

解説　選択肢にはさまざまな職業を表す名詞が並んでいる。空所のある文のTheyは前文のsome fresh vegetables「(いくらかの) 新鮮な野菜」をさす。野菜を育てるのは**3**のfarmers。doctor(s)「医者」，pilot(s)「パイロット」，musician(s)「音楽家」。

(2)　正解　**3**

訳　夏，私はよく暗くなる直前に走りに行く。日中は走るには暑すぎるのだ。

解説　空所の後の文に注目。too 〜 to ...は「…するには〜すぎる，〜すぎて…できない」の意味。during the day「日中」は走るには暑すぎるということなので，**3**のdarkを入れて「暗くなる直前に走りに行く」とすると文の流れに合う。young「若い」，quiet「静かな」，real「本物の」。

(3)　正解　**2**

訳　日本では，ドラッグストアが役に立つ，なぜならそれらは薬，食べ物，そして飲み物を販売しているからだ。

解説　選択肢にはさまざまな施設の名前が並んでいる。この中でsell medicine, food, and drinks「薬，食べ物，そして飲み物を販売している」のはdrugstores「ドラッグストア」。正解は**2**。church(es)「教会」，libraries＜library「図書館」，post office(s)「郵便局」。

(4)　正解　**1**

訳　A：私，この浜辺が大好き。永遠にここにいたい。
　　　　B：僕も。でも明日には去らないといけないよ。

解説　空所のある文の前文love the beach「この浜辺が大好き」，Bのwe have to leave tomorrow「明日には去らないといけない」という前後の流れに合うようにするには**1**のforeverを選び，「永遠にここにいたい」とするのがよい。nearly「ほとんど，もう少しで」，straight「まっすぐに」，exactly「正確に」。

(5)　正解　**3**

訳　リュウジの夢は有名なすしの料理人になることだ。

解説　選択肢にはさまざまな職業名が並んでいる。この中で空所直前のsushi「すし」と組み合わせて意味が通るのは**3**のchef「料理人，シェフ」だけ。carpenter「大工」，dentist「歯科医」，singer「歌手」。

(6) 正解 **3**

訳 英語の授業のために，ケンジは自分自身について5つの文を書かなくてはならない。明日，彼はクラスの前でそれらを読むだろう。

解説 選択肢にはさまざまな名詞が並んでいる。この中でwrite five (　　) の空所に入れて意味が通るのは**3**のsentences「文」だけ。storm(s)「嵐」，calendar(s)「カレンダー」，centuries＜century「世紀」。

(7) 正解 **2**

訳 A：スミス先生。この問題の正しい答えを私に教えていただけますか。
B：もちろん，デビッド。それを見せて。

解説 選択肢にある形容詞の中で the (　　) answer to this question「この問題の(　　)答え」の空所にふさわしいのは，**2**のcorrect「正しい」。選択肢にはやや難しい単語が並んでいるが，どれも重要語なのでしっかり確認しておこう。narrow「せまい」，weak「弱い」，quiet「静かな」。

(8) 正解 **2**

訳 A：春が待ちきれないよ。
B：私も。私はこの雪と寒い気候にうんざりしているよ。

解説 イディオムの問題。Aが「春が待ちきれない」と言い，Bもそれに同意しているので，**2**を選んでbe tired of ～「～にうんざりしている」とすると会話の流れに合う。upset「取り乱している」，silent「無言の」，wrong「間違った」。

(9) 正解 **3**

訳 私はニューヨークからの飛行機の旅の間眠れなかったが，今朝はずっといい気分だ。昨夜は本当によく寝た。

解説 「よく眠れなかった」という文前半のあとにbutが続いているので，文後半にはそれに反する内容が入る。**3**のfeelを選び，「ずっといい気分だ」とする。〈feel＋形容詞〉「～な気分だ」の形を覚えておこう。cover「覆う」，brush「(ブラシで) 磨く」，share「共有する」。

(10) 正解 **4**

訳 A：土曜日は一日中雪が降りそうだね。
B：それはいいね。今週末はスキーに行く予定なんだ。

解説 イディオムの問題。all dayで「一日中」という表現になる。正解は**4**。そのほかの選択肢は，ここでdayと組み合わせても意味をなさない。

(11) 正解 **3**

訳 来週，デイブの兄は結婚する。デイブは結婚式でスピーチをするだろう。

解説 イディオムの問題。空所の次の文にat the wedding「結婚式で」とあることから，marriedを入れてget marriedで「結婚する」とすれば会話の流れに合う。正解は**3**。collect「集める」，raise「(手などを) 上げる」，crowd「群がる」。

(12)　正解　**1**

訳　A：ピーター，あなたはどこにいたの？　私はあなたを心配していたのよ！
　　　B：ごめん，お母さん。ぼくは放課後図書館に行ったんだ。

解説　イディオムの問題。A（＝母親）とB（＝息子のピーター）の会話で，Aが最初に「どこにいたのか」とたずね，BがSorry「ごめんなさい」と謝っていることから，**1**を選んでbe worried about ～「について心配する」とする。excited「わくわくして」，surprised「驚いて」，interested「興味を持って」。

(13)　正解　**4**

訳　A：お母さんはもう仕事に行ってしまったの？
　　　B：うん，彼女は今日は早くに出発したよ。大事な会議があるんだ。

解説　文法の問題。選択肢には動詞のさまざまな形が並んでいる。空所の文にHasとalreadyがあるので，過去分詞goneを選び，〈Have[Has]＋主語＋（already＋）過去分詞 ～?〉「(主語)はもう～したのか」とたずねる文にする。正解は**4**。なおこのような完了の疑問文で「もう」はyetを使うことが多いが，驚きや意外を表す場合などにはalreadyを使う。goは原形・現在形（主語が3人称単数以外の場合），goingは動名詞または現在分詞，wentは過去形。

(14)　正解　**2**

訳　A：ねえ聞いて！　私，ポスター・コンテストで2等賞を取ったの。
　　　B：それはすごい。あなたを誇りに思うよ。

解説　文法の問題。win second prizeで「2等賞を取る」という意味になるが，BがI'm so proud of you.「あなたを誇りに思う」と言っていることから，賞を取ったのは過去の話だとわかる。**2**の過去形wonが正解。winは原形・現在形（主語が3人称単数以外の場合），winningは動名詞または現在分詞，to winはto不定詞。

(15)　正解　**2**

訳　A：あなたはネコよりイヌのほうが賢いと思う？
　　　B：私にはわからない。

解説　文法の問題。選択肢には形容詞smart「賢い」のさまざまな形が並んでいる。空所のすぐ後にthanがあるので，**2**の比較級smarterを入れるとよい。smartは原級，smartestは最上級，mostはmany・muchの最上級または長い語の最上級を作る語。

2 一次試験・筆記

(問題編p.110)

(16) 正解 3

訳 女性1：私はよくツリートップ・カフェでお昼ごはんを食べるよ。

女性2：私も。いつか一緒にそこへ行きましょうか。

女性1：いいわよ。

選択肢の訳 1 そこでスパゲッティを食べてみたことはある？　　2 ご注文をうかがってよろしいですか。　　3 いつか一緒にそこへ行きましょうか。　　4 いくらか私に作ってくれない？

解説 女性2人の会話。2人とも同じカフェによく行くという応答の後に空所があり，それに対してOK.「いいわよ」と受けているので，**Shall we go there together sometime?**「いつか一緒にそこへ行きましょうか。」と提案している**3**が正解。

(17) 正解 1

訳 母親：私はチキンカレーを注文するつもり。あなたはどう，フレッド？

息子：僕も同じのを食べるよ。それはとても美味しそうに見える。

選択肢の訳 1 僕も同じのを食べるよ。　　2 僕はレストランに行ったよ。　　3 今はいいや。　　4 そうだといいな。

解説 母親と息子の会話。チキンカレーを注文すると決めた母親がWhat about you?「あなたはどう？」と息子に注文するものを聞いている。息子が空所の後でIt looks delicious.「それはとても美味しそうに見える」と言っているので，**1**の**I'll have the same.**「僕も同じのを食べるよ」を選ぶと会話の流れに合う。

(18) 正解 2

訳 少年：昨夜君に電話したけど，君は電話に出なかったね。

少女：ごめんなさい，私はレポートを書いていたの。私は今日それを英語の先生に提出しなくてはならないんだ。

選択肢の訳 1 私はあなたの質問を忘れたの。　　2 私はレポートを書いていたの。　　3 私は電話を持っていないの。　　4 私は答えがわからないの。

解説 少年と少女の会話。少年のせりふにあるanswer the phone「電話に出る」がわかるかどうかがカギになる。少女は電話に出なかったことに対してSorry「ごめんなさい」と謝り，理由を述べている。理由としてふさわしいのは**2**の**I was writing a report.**「私はレポートを書いていた」。空所後のitはa reportをさす。

(19) 正解 4

訳 祖母：テレビの音が聞こえないよ，トニー。それはとても音が小さい。私のために音量を上げてくれない？

孫息子：わかった，おばあちゃん。すぐにやるよ。

選択肢の訳 1 あなたのラジオを借りてもいい？　　2 それはあなたには音が大きすぎる？　　3 あなたはこの番組が好き？　　4 私のために音量を上げてくれない？

解説 祖母と孫息子の会話。祖母がcan't hear the TV「テレビの音が聞こえない」, It's very quiet.「それはとても音が小さい」と言っているので, 空所には**4**の**Can you turn it up for me?**「私のために音量を上げてくれない?」が適切。この**it**はTVをさし, turn ～ upは「～(の音量, スピード, 火力など)を上げる」というイディオムである。

(20)　正解　**2**

訳　娘:明日, 私たちはお洋服の買い物に行ける?

父親:また今度ね。私は今週, 本当に忙しいんだ。

選択肢の訳　**1**　たぶん君の言うとおりだ。　　**2**　また今度ね。　　**3**　それらは私の寝室にあるよ。　　**4**　このプレゼントをありがとう。

解説　娘と父親の会話。Can we ～?は「私たちは～できますか」とたずねる文で, ここでは娘が父親に洋服の買い物に一緒に行けるかたずねている。父親が空所の後でI'm really busy「本当に忙しい」と言っているので, 断るときの決まり文句である**2**のMaybe some other time.「また今度ね」が正解。

3[A]　一次試験・筆記
(問題編p.111)

Key to Reading　3級で出題される長文は3種類。最初に出題されるのは掲示文で, タイトルにテーマが書かれているので確認しよう。掲示文は比較的簡潔な短い文で書かれているのが特徴。特に箇条書きの部分はポイントとなることが多いので注意。日付など, 時を表す言葉が解答を探すカギになることも多いので, 印をつけながら読むのもよい。

訳　ステージで踊りに来て!

もし踊ることが好きなら, 学校のダンス・コンテストに参加してください。1人で, または友達と一緒に踊ってください。

時:10月21日　午後3時から
場所:学校の体育館

パフォーマンスは約2分の長さにしなければなりませんが, どのような種類のダンスをしてもよいです。

私たちの体育の先生, リー先生は, 若いころプロのヒップホップダンサーでした。彼はこのコンテストで, 校長のシャープ先生と一緒に特別パフォーマンスを行います。シャープ先生はこれまでに一度もステージ上で踊ったことがないので, とてもわくわくしています!

もし興味があったら, 10月10日までにマシューズ先生に会ってください。踊ることは楽しいので, 緊張せずに参加申し込みをしてください!

語句　sign up「(イベントなどに)参加申し込みをする」

(21)　正解　**1**

質問の訳　この掲示は何についてのものですか。

選択肢の訳　**1**　学校のコンテスト。
　　　　　　　2　先生のためのパーティー。
　　　　　　　3　学校の新しいクラブ。
　　　　　　　4　無料のダンスレッスン。

解説　タイトルにCome and Dance on Stage!「ステージで踊りに来て！」，第1文にplease enter the school dance contest「学校のダンス・コンテストに参加してください」とある。正解は**1**のA contest at a school.「学校のコンテスト」。

(22)　正解　**4**

質問の訳　シャープ先生は…する予定だ。

選択肢の訳　**1**　リー先生と一緒に体育の授業を教える
　　　　　　　2　10月10日にダンス・パフォーマンスを見る
　　　　　　　3　マシューズ先生と一緒に音楽フェスティバルに行く
　　　　　　　4　10月21日に学校の体育館で踊る

解説　第4段落第2文にa special performance at the contest with ... Mr. Sharp「コンテストでシャープ先生と特別パフォーマンス」第3文にMr. Sharp has never danced on stage before, so he's very excited!「シャープ先生はこれまでに一度もステージ上で踊ったことがないので，彼はとてもわくわくしています！」とある。また，このパフォーマンスが行われるのは第2段落からOctober 21「10月21日」。したがって，正解は**4**のdance in the school gym on October 21「10月21日に学校の体育館で踊る」。

Key to Reading 2番目の長文はEメールまたは手紙文。2〜3通の短いEメールの応答がセットで出題されることが多いが，長めの手紙文1通が出題されることもある。今回は，友達3人のグループ内でのメールのやり取り。最初にEメールヘッダーのFrom（送信者）とTo（受信者）の項目をチェックして，本文中のIやyouが誰を指しているのかを確認してから読み進めよう。1通目の書き手（＝I）はリチャード・カイザー，2通目の書き手（＝I）はケリー・ピーターソン，3通目の書き手はジョー・ロジャーズ。

訳

送信者：リチャード・カイザー
受信者：ケリー・ピーターソン，ジョー・ロジャーズ
日付：9月18日
件名：タナガワ先生

⋯⋯

やあケリー，ジョー，
僕たちの日本語の先生，タナガワ先生について聞いた？ 彼は僕の通りに住んでいて，母が今日，彼の奥さんと話をしたんだ。母は，タナガワ先生が背中を痛めたと聞いた。彼は木曜日の午後に庭で働いていて，ぎっくり腰になったんだ。彼は水曜日まで学校に来られない。彼のために何かをしよう。今日は土曜日だから，たぶんこの週末に僕たちは何かを彼のために買えるんじゃないかな。彼に花とカードを買ったほうがいいかな？
君たちの友達，
リチャード

送信者：ケリー・ピーターソン
受信者：リチャード・カイザー，ジョー・ロジャーズ
日付：9月18日
件名：まあ，大変！

⋯⋯

こんにちはリチャード，ジョー，
タナガワ先生について聞いて悲しいわ。お花はいい考えね。彼はヒマワリが好きだと私は思う。カードもいいわね。私に考えがあるの！ 日本語で彼へのカードを作ろうよ。月曜の午後，授業の後に，私たちのクラスメート全員がそれに署名できるわ。その後，リチャードがそのカードをタナガワ先生に持っていけるわね。私が明日の夜それをコンピュータで作って，月曜の朝に学校へ持って行くわ。あなたたちはどう思う？
またね，
ケリー

送信者：ジョー・ロジャーズ
受信者：リチャード・カイザー，ケリー・ピーターソン
日付：9月19日
件名：いい考えだね

やあ,

それはすごくいい考えだね,ケリー。ぼくのおじが生花店を経営しているから,花について彼に聞いたよ。彼がぼくたちに何本かのヒマワリをくれるって。月曜日の放課後に僕がそれを彼の店から受け取って,その後,それらをリチャードの家に持って行くよ。火曜日の朝,学校の前にリチャードがカードと花をタナガワ先生にあげられる。あと,彼が学校に戻ってきたときにも何か彼のために計画しよう。僕たちは「お帰りなさい,タナガワ先生!」っていう看板を作れるんじゃないかな。また明日,

ジョー

(23)　正解　**3**

質問の訳　タナガワ先生はいつ背中を痛めましたか。

選択肢の訳　**1**　月曜日。

2　水曜日。

3　木曜日。

4　土曜日。

解説　リチャードが書いた最初のEメールを見る。本文第4文に ... on Thursday afternoon ... he got a strained back「彼は木曜日の午後に…ぎっくり腰になったんだ」とある。このheは前文のMr. Tanagawa「タナガワ先生」をさすので,正解は**3**の**On Thursday.**「木曜日」。

(24)　正解　**1**

質問の訳　ケリーは明日の夜何をするでしょうか。

選択肢の訳　**1**　カードを作る。

2　贈り物を買う。

3　タナガワ先生に電話する。

4　日本語の授業を受ける。

解説　2番目のケリーが書いたEメールを見る。本文第9文に I'll make it on my computer tomorrow night「私が明日の夜それをコンピュータで作る」とあり,ここのitは前文のthe cardをさす。正解は**1**の**Make a card.**「カードを作る」。

(25)　正解　**3**

質問の訳　誰がリチャードの家にヒマワリを持って行くでしょうか。

選択肢の訳　**1**　リチャード。

2　リチャードの母親。

3　ジョー。

4　ジョーのおじ。

解説　3番目のジョーが書いたEメールを見る。本文第4文後半にI'll take them to Richard's house「それらをリチャードの家に持って行く」とある。この文のIは書き手のジョーで,themは第3文のsome sunflowers「何本かのヒマワリ」をさす。つまり,ヒマワリを持っていくのは**3**の**Joe.**「ジョー」。

Key to Reading 長文の最後は説明文。かなり長い文章だが，1文1文はそれほど難しい文ではないので落ち着いて取り組もう。先に設問文を読み，読み取るべき情報を絞り込んでから本文に戻ると読みやすい。原則的に設問の順番と答えの根拠となる内容が本文に出てくる順番は一致しており，本文の一部に関する問題が4問，最後に全体に関する問題が1問出題されている。今回の長文は，インスタントカメラを開発したアメリカ人，エドウィン・ランドについて。過去の有名人に関する伝記のような長文はよく出題される。基本的に時系列に沿って書かれているので，時を表す言葉をチェックしながら読み進めよう。

訳 エドウィン・ランド

　多くの人が写真を撮ることが好きだ。最近では，人々はふつうスマートフォンやデジタルカメラで写真を撮るので，彼らはすぐに写真を見ることができる。デジタル写真以前は，人々はふつう写真を見るには待たなければならなかった。彼らはフィルムに写真を撮り，そのフィルムを店に送った。その後，誰かがそのフィルムを現像し，その画像を紙に印刷した。これにはたいてい2，3日かかった。しかしその頃，ずっと速く写真を手に入れる1つの方法があった。人々はインスタントカメラを使うことができたのだ。

　エドウィン・ランドという名の科学者が最初のインスタントカメラを作った。ランドは1909年，アメリカ合衆国のコネチカット州で生まれた。彼は子どものころ，ラジオや置時計のようなもので遊んで楽しんだ。ランドは物がどのように機能するのかを理解するのが好きだった，だから彼はハーバード大学で科学を学んだ。1932年，彼はジョージ・ホイールライトと会社を始め，彼らはそれをランド・ホイールライト研究所と名づけた。1937年，その会社の名前はポラロイド社に変更された。

　ある日，ランドは家族と一緒に休暇中だった。彼は娘の写真を撮った。彼女は彼に，「なぜ私はその写真を今見られないの？」とたずねた。これが彼にアイディアを与えた。ランドは1947年，インスタントカメラを作った。それは，1分もかからずに写真を現像し，印刷した。

　ランドの会社は1948年，60台のインスタントカメラを作った。そのカメラはとても人気があって，1日で売り切れた。会社はより多くのインスタントカメラを作り，アメリカ中の客がそれを買った。その後は，人々はすぐに写真を見ることができた。

語句 be sold out「売り切れる」

(26) 正解 1

質問の訳 エドウィン・ランドは子どものころ何をするのが好きでしたか。

選択肢の訳 1 ラジオや置時計で遊ぶ。　　2 紙でものを作る。　　3 会社を始めることを夢見る。　　4 いい学校に入るために勉強する。

解説 ランドの生い立ちについては第2段落に書かれている。第3文に When he was a child,「彼は子どものころ」he enjoyed playing with things like radios and clocks「彼はラジオや置時計のようなもので遊んで楽しんだ」とある。正解は **1** の Play with radios and clocks.「ラジオや置時計で遊ぶ」。

(27) 正解 **3**

質問の訳 1937年に何が起きましたか。

選択肢の訳 **1** ランドがハーバード大学に入学した。 **2** ランドがジョージ・ホイールライトに出会った。 **3** ランド・ホイールライト研究所が名称を変更した。 **4** ポラロイド社が新しい種類のカメラを作った。

解説 第2段落最終文に In 1937「1937年」，the company name was changed to Polaroid「その会社の名前はポラロイド社に変更された」とある。the company は前文のLand-Wheelwright Laboratories「ランド・ホイールライト研究所」をさす。正解は，**3**のLand-Wheelwright Laboratories changed its name.「ランド・ホイールライト研究所が名称を変更した」。

(28) 正解 **1**

質問の訳 誰がランドにインスタントカメラのアイディアを与えましたか。

選択肢の訳 **1** 彼の娘。 **2** 彼の妻。 **3** 客。 **4** 友達。

解説 第3段落第2文〜第3文に，ランドが娘の写真を撮ったこと，そのとき娘が "Why can't I see the photo now?"「なぜ私はその写真を今見られないの？」とたずねたことが書かれている。そして第4文〜第5文に「これが彼にアイディアを与えた」「ランドがインスタントカメラを作った」とある。正解は**1**。

(29) 正解 **2**

質問の訳 最初のインスタントカメラは

選択肢の訳 **1** 高価すぎた。 **2** 全部とても速く売れた。 **3** 1日使えるだけだった。 **4** 写真を印刷するのに2，3分かかった。

解説 文の後半部分を選んで文を完成させる問題。第4段落第2文後半に they were sold out in one day「それらは1日で売り切れた」とあり，このthey は文前半のThe cameras，そして前文のinstant cameras「インスタントカメラ」をさす。in one day「1日で」をvery quickly「とても速く」に言いかえた**2**が正解。

(30) 正解 **4**

質問の訳 この話は何についてのものですか。

選択肢の訳 **1** デジタルカメラの歴史。 **2** 有名な写真コレクション。 **3** 最初のカメラつきスマートフォン。 **4** 特別なカメラを作った男性。

解説 最後は長文全体のテーマをたずねる設問。この長文はタイトルがEdwin Land「エドウィン・ランド」という人名で，全体を通してランドと彼が作ったインスタントカメラについて書かれている。instant camera「インスタントカメラ」をspecial camera「特別なカメラ」に言いかえた**4**が正解。

QUESTIONの訳 あなたは夏にお祭りに行くのが好きですか。

解答例 No, I don't. First, it's too hot in summer, so I don't want to go to festivals. Second, festivals are often very crowded. I don't like going to crowded places.

解答例の訳 いいえ，好きではありません。第1に，夏は暑すぎるので，私はお祭りに行きたくありません。第2に，お祭りはしばしばとても混雑しています。私は混雑した場所に行くのが好きではありません。

解説 まず，夏祭りが好きかどうか，Yes, I do. / No, I don't. で答えて自分の立場をはっきりさせる。続けて，好きな理由または好きでない理由を2つ書く。解答例のように，First, ... Second, ～.「第1に，…。第2に～」と列挙するとよい。解答例はお祭りが好きではない場合。好きな場合は，I like to dance at the festival.「私はお祭りで踊るのが好きです」，I like wearing *yukata* because it's beautiful.「私は浴衣を着るのが好きです，なぜなら美しいからです」などとお祭りに関して好きなことを挙げたり，I go to festivals with my friends every summer.「私は毎年の夏に友達とお祭りに行きます」などと自分とお祭りの関係を述べたりするとよいだろう。

第**1**部	一次試験・リスニング

(問題編pp.117〜118)

〔例題〕*A:* I'm hungry, Annie.

　　　B: Me, too. Let's make something.

　　　A: How about pancakes?

　　　1　On the weekend.

　　　2　For my friends.

　　　3　That's a good idea.　　　　　　　　　　　〔正解　**3**〕

訳　A：アニー，お腹がすいたよ。

　　　B：私もよ。何かを作りましょうよ。

　　　A：パンケーキはどう？

選択肢の訳　**1**　週末にね。　　**2**　私の友だちのためにね。　　**3**　それはいい考えね。

No.1 　正解　**2**

放送文　*A:* I want to go to China.

　　　B: I've been there.

　　　A: Really? When did you go?

　　　1　The food was good.

　　　2　When I was 19.

　　　3　Not at all.

訳　A：僕は中国に行きたいんだ。

　　　B：私はそこに行ったことがあるよ。

　　　A：本当？　君はいつ行ったの？

選択肢の訳　**1**　食べ物が美味しかった。　　**2**　私が19歳のとき。　　**3**　全くないわ。

解説　中国に行きたいと言うA（＝男性）に，行ったことがあるとB（＝女性）が答えている。それに対しAがWhenを使って行った時期をたずねているので，When I was 19.「私が19歳のとき」と答えている**2**が正解。

No.2 　正解　**2**

放送文　*A:* I'd like to send this package to Toronto.

　　　B: Sure.

　　　A: How long will it take to get there?

　　　1　Yesterday afternoon.

　　　2　Two or three days.

　　　3　About ten dollars.

訳　A：この小包をトロントに送りたいのですが。

　　　B：かしこまりました。

　　　A：それがそこに着くまでにはどのくらいかかりますか。

選択肢の訳　**1**　昨日の午後です。　　**2**　2〜3日です。　　**3**　約10ドルです。

郵便局での会話。小包を送りたいというＡ（＝男性）が，How long 〜?「どのくらい（長く）〜」と期間をたずねる疑問文を使って，到着までかかる期間をたずねている。**Two or three days.**「2〜3日です」と具体的な期間を答えている**2**が正解。

No.3　正解　1

放送文 *A:* I heard you joined the softball club.

B: Yeah. We had our first game yesterday.

A: How was it?

1　We lost, but it was fun.

2　No, but we will next time.

3　Every Sunday at two o'clock.

訳　Ａ：君がソフトボールクラブに入ったって聞いたよ。

Ｂ：うん。私たち，昨日初めての試合をしたの。

Ａ：それはどうだった？

選択肢の訳　**1**　私たちは負けたけど，楽しかったよ。　　**2**　ううん，でも次はやるよ。

3　毎週日曜日，2時に。

解説　ソフトボールクラブで昨日試合をしたというＢ（＝少女）に，Ａ（＝少年）がHowを使って感想をたずねている。**We lost, but it was fun.**「私たちは負けたけど，楽しかったよ」と感想を答えている**1**が正解。

No.4　正解　1

放送文 *A:* I'll cook dinner tonight.

B: Thanks.

A: What do you want to have?

1　Anything is OK.

2　In about an hour.

3　I haven't started.

訳　Ａ：今夜は僕が夕食を作るよ。

Ｂ：ありがとう。

Ａ：あなたは何を食べたい？

選択肢の訳　**1**　何でもいいわ。　　**2**　約1時間後に。　　**3**　私はまだ始めていない。

解説　自分が夕食を作るというＡ（＝男性）が，何を食べたいかをＢ（＝女性）にたずねている。具体的に何を食べたいかを答えている選択肢はないが，**Anything is OK.**「何でもいいわ」という答えは応答として自然。正解は**1**。

No.5　正解　3

放送文 *A:* Which university did you go to?

B: Linwood.

A: Did you have a good experience there?

1　It's next to the bridge.

2　I'll go tomorrow.

3　I enjoyed it a lot.

訳　A：あなたはどの大学に行ったの？
　　B：リンウッドだよ。
　　A：あなたはそこでいい経験をした？

選択肢の訳　**1**　それは橋の隣だよ。　　**2**　僕は明日行く予定だよ。　　**3**　僕はとても楽しんだよ。

解説　出身大学について話している中で，そこでa good experience「よい経験」をしたかとたずねるA（＝女性）に対する答えとして適切なのは，I enjoyed it a lot.「僕はとても楽しんだよ」と答えている**3**。

No.6　正解　**1**

放送文　*A:* Do you want to go hiking tomorrow?
　　　　B: OK. When do you want to meet?
　　　　A: Around seven. Is it too early?
　　　　1　Not at all.
　　　　2　In the mountains.
　　　　3　For a while.

訳　A：明日ハイキングに行かない？
　　B：いいよ。いつ会いたい？
　　A：7時くらい。早すぎる？

選択肢の訳　**1**　全然。　　**2**　山で。　　**3**　しばらくの間。

解説　待ち合わせ時間について，7時ごろと提案したA（＝少年）がIs it too early?「早すぎる？」とたずねている。それに対する応答としては，**Not at all.**「全然（早すぎない）」と答えている**1**が適切。

No.7　正解　**2**

放送文　*A:* Here's a gift from Hawaii.
　　　　B: Thanks! How was your trip?
　　　　A: It rained all week.
　　　　1　I'm OK, thanks.
　　　　2　That's too bad.
　　　　3　It's my first time.

訳　A：これ，ハワイからの贈り物だよ。
　　B：ありがとう！　旅行はどうだった？
　　A：1週間ずっと雨が降っていた。

選択肢の訳　**1**　私は大丈夫，ありがとう。　　**2**　それは気の毒に。　　**3**　私は初めてだよ。

解説　A（＝男性）がハワイ旅行に行ったとき，It rained all week.「1週間ずっと雨が降っていた」と言ったことに対する応答を選ぶ。相手によくないことが起きたときに声掛けする表現の定番，**2**の**That's too bad.**「それは気の毒に」が適切。

No.8　正解　**1**

放送文　*A:* Oh no! I left my history textbook at home!

B: You can borrow mine.

A: Really?

1　Yeah, I don't need it today.

2　No, it's easier than science.

3　Yes, you should become a teacher.

訳　A：ああ，大変！　私，歴史の教科書を家に置いてきちゃった。

　　B：君は僕のを借りられるよ。

　　A：本当？

選択肢の訳　**1**　うん，僕は今日それが必要じゃないんだ。　　**2**　ううん，それは理科より簡単だよ。　　**3**　うん，君は先生になるべきだよ。

解説　教科書を家に置いてきたというA（＝少女）に，B（＝少年）が自分の教科書を使うよう促している。Really?　と聞き返したAに対するBの応答としてふさわしいのは，Yeah,「うん」と肯定したあとI don't need it today.「僕は今日はそれが必要じゃないんだ」と教科書を貸しても大丈夫な理由を付けくわえている**1**。

No.9　正解　**3**

放送文　*A:* You can play the guitar well.

　　B: Thanks.

　　A: How often do you practice?

1　I have two guitars.

2　Three years ago.

3　Every day after school.

訳　A：あなたは上手にギターを弾けるのね。

　　B：ありがとう。

　　A：どのくらいの頻度で練習するの？

選択肢の訳　**1**　僕は2台のギターを持っているんだ。　　**2**　3年前。　　**3**　毎日，放課後に。

解説　A（＝少女）とB（＝ギターを弾いている少年）との会話。Aの2番目のせりふのHow often 〜?は頻度をたずねる疑問文で，どのくらいの頻度で練習しているのかを聞いている。Every day after school.「毎日，放課後に」と頻度を答えている**3**が正解。

No.10　正解　**1**

放送文　*A:* I bought some cookies today.

　　B: Great.

　　A: Would you like some?

1　I'll just have one, thanks.

2　You're a good cook.

3　Let's make them together.

訳　A：私，今日クッキーを買ったの。

　　B：いいね。

　　A：少しどう？

選択肢の訳　**1**　1つだけもらうよ，ありがとう。　　**2**　君は料理が上手だね。

3 一緒にそれを作ろう。

解説 Would you like 〜?は「〜はどうですか」と食べ物や飲み物をすすめるときに使われる表現。I'll just have one, thanks.「1つだけもらうよ、ありがとう」とお礼を言っている**1**が正解。Aの2番目のせりふにあるsomeはsome cookies，**1**にあるoneはone[a] cookieということ。

第2部　一次試験・リスニング
(問題編pp.119〜120)

No.11　正解　**2**

放送文 *A:* Are you going to start writing your history report tonight?
B: No, I'll start it tomorrow morning.
A: We need to finish it by Tuesday afternoon, right?
B: Yeah.
Question: When will the boy start writing his report?

訳 A：あなたは歴史のレポートを今夜書き始める予定？
B：ううん，僕は明日の朝それを始めるつもりだよ。
A：私たち，火曜日の午後までにそれを終わらせる必要があるのよね？
B：うん。

質問の訳 少年はいつレポートを書き始めるでしょうか。

選択肢の訳 **1** 今夜。　**2** 明日の朝。　**3** 火曜日の午後。　**4** 火曜日の夜。

解説 B（＝少年）がstart writing his report「レポートを書き始める」のがいつかが聞かれている。Bが最初のせりふでI'll start it tomorrow morning「僕は明日の朝それを始めるつもりだ」と言っており，このitは直前のA（＝少女）のせりふにあるhistory report「歴史のレポート」。正解は**2**。

No.12　正解　**4**

放送文 *A:* I like your hat, Bob.
B: Thanks. My mom's friend gave it to me.
A: Really?
B: Yes. She bought it in Toronto.
Question: Who gave the hat to Bob?

訳 A：あなたの帽子いいね，ボブ。
B：ありがとう。お母さんの友達がそれを僕にくれたんだ。
A：本当？
B：うん。彼女はそれをトロントで買ったんだ。

質問の訳 誰がボブにその帽子をくれたでしょうか。

選択肢の訳 **1** ボブの父親。　**2** ボブの友達。　**3** ボブの母親。　**4** ボブの母親の友達。

解説 自分の帽子をほめられたB（＝ボブ）が，My mom's friend gave it to me.「お母さんの友達がそれを僕にくれた」と言っている。このitは直前のAのせりふのhat「帽子」

をさしているので，正解は**4**の**Bob's mother's friend.**「ボブの母親の友達」。

No.13　正解　**4**

放送文　*A:* How was your trip to the mountains?
B: We couldn't ski. There wasn't enough snow.
A: Oh no! What did you do?
B: We went hiking.
Question: Why couldn't the man go skiing?

訳　A：山への旅行はどうだった？
B：僕たちスキーができなかったよ。十分な雪がなかったんだ。
A：まあ，残念！　あなたたちは何をしたの？
B：僕たちはハイキングに行ったよ。

質問の訳　男性はなぜスキーに行けなかったのですか。

選択肢の訳　**1**　それは高価すぎた。　　**2**　彼は山から離れたところにいた。
3　彼はひどい頭痛がした。　　**4**　十分な雪がなかった。

解説　男性がスキーに行けなかった理由が聞かれている。B（＝男性）がcouldn't ski「スキーができなかった」と言った後に There wasn't enough snow.「十分な雪がなかった」と理由を述べている。これと同じ内容の**4**が正解。

No.14　正解　**1**

放送文　*A:* I didn't see you in the office last week.
B: I just got back from Japan, Alice.
A: Was it a business trip?
B: Yeah, but I did some sightseeing, too.
Question: What did the man do last week?

訳　A：先週オフィスであなたに会わなかったわ。
B：僕は日本から戻ってきたばかりなんだよ，アリス。
A：それは出張だったの？
B：うん，でも少し観光もしたよ。

質問の訳　男性は先週何をしましたか。

選択肢の訳　**1**　出張に行った。　　**2**　日本語の教科書を買った。　　**3**　アリスの家族を訪ねた。　　**4**　新しいオフィスを探した。

解説　先週オフィスにいなかったB（＝男性）に対し，A（＝アリス）がWas it a business trip?「それは出張だったの？」とたずね，それにBがYeah「うん」と答えている。正解は，**1**のHe went on a business trip.「彼は出張に行った」。

No.15　正解　**1**

放送文　*A:* Where's Sam?

B: He's still at his friend's house.　I have to go and pick him up at six.

A: I'll make dinner, then.

B: Thanks, honey.

Question: What does the woman need to do?

訳　A：サムはどこ？

B：彼はまだ友達の家にいるわよ。私は6時に彼を車で迎えに行かなくてはならないの。

A：じゃあ僕が夕食を作るよ。

B：ありがとう，あなた。

質問の訳　女性は何をする必要がありますか。

選択肢の訳　**1**　サムを車で迎えに行く。　　**2**　家をそうじする。　　**3**　夕食を買う。
4　友達に電話する。

解説　B（＝女性）は最初のせりふ第2文でI have to go and pick him up at six.「私は6時に彼を車で迎えに行かなくてはならない」と言っている。このhimはA（＝男性）の最初のせりふに出てくるSam「サム」をさす。正解は**1**のPick up Sam.「サムを車で迎えに行く」。pick up ～「～を車で迎えに行く」というイディオムを確認しておこう。

No.16　正解　**3**

放送文　*A:* Excuse me.

B: Yes.　May I help you?

A: Yes.　Do you have any books about China?

B: We have one, but someone is borrowing it at the moment.

Question: Where are they talking?

訳　A：すみません。

B：はい。何かお手伝いしましょうか。

A：はい。中国についての本は何かありますか。

B：1冊ありますが，現在は誰かが借りています。

質問の訳　彼らはどこで話していますか。

選択肢の訳　**1**　スーパーマーケットで。　　**2**　銀行で。　　**3**　図書館で。　　**4**　空港で。

解説　Where are they talking?「彼らはどこで話していますか」と会話が行われている場所をたずねる問題は，リスニング第2部でよく出題される。A（＝男性）が2番目のせりふでDo you have any books about China?「中国についての本は何かありますか」とたずね，B（＝女性）がWe have one, but someone is borrowing it「1冊ありますが，誰かが借りています」と答えている。本を借りる場所と言えば，**3**のAt a library.「図書館で」。

No.17　正解　**2**

放送文 *A:* Dad, can you get me some apples at the store? I need three.

B: Sure. Anything else?

A: Two bananas, please.

B: OK. I'll be back by 4:30.

Question: How many apples does the girl need?

訳　A：お父さん，お店で私にリンゴを買ってきてくれない？　3個必要なの。

B：もちろん。ほかには？

A：バナナを2本お願い。

B：わかった。4時30分までに戻るよ。

質問の訳　少女は何個のリンゴが必要でしょうか。

選択肢の訳　**1**　2個。　　**2**　3個。　　**3**　4個。　　**4**　5個。

解説　A（＝少女）が最初のせりふで can you get me some apples at the store?「お店で私にリンゴを買ってきてくれない？」，I need three.「3個必要なの」と言っている。正解は**2**の Three.「3個」。

No.18　正解　**3**

放送文　*A:* This math homework is hard.

B: Yeah. Shall we ask Mr. Kim about it this afternoon?

A: Let's ask Meg first. She's good at math.

B: OK.

Question: What will they do first?

訳　A：この数学の宿題は難しいな。

B：うん。今日の午後，それについてキム先生に聞こうか？

A：まずメグに聞こうよ。彼女は数学が得意だよ。

B：わかった。

質問の訳　彼らはまず何をするでしょうか。

選択肢の訳　**1**　キム先生にEメールを送る。　　**2**　数学のテストを受ける。

3　メグに宿題について聞く。　　**4**　教科書を探す。

解説　難しい math homework「数学の宿題」について相談している会話。A（＝少女）が2番目のせりふで Let's ask Meg first.「まずメグに聞こうよ」と言い，B（＝少年）が OK. と承諾しているので，正解は**3**の Ask Meg about their homework.「メグに宿題について聞く」。

No.19 正解 **3**

放送文 *A:* How was the food at today's picnic?
B: Delicious, Mom. I liked the potato salad the best.
A: Were there any sandwiches?
B: Yes, and there was vegetable pizza, too.
Question: What was the boy's favorite food at the picnic?

訳 Ａ：今日のピクニックの食べ物はどうだった？
Ｂ：すごく美味しかったよ，お母さん。僕はポテトサラダがいちばん好きだった。
Ａ：サンドイッチはあった？
Ｂ：うん，あと野菜ピザもあったよ。

質問の訳 ピクニックで少年がいちばん好きな食べ物は何でしたか。

選択肢の訳 **1** ピザ。　　**2** サンドイッチ。　　**3** ポテトサラダ。　　**4** 野菜スープ。

解説 the food at today's picnic「今日のピクニックの食べ物」について聞かれたＢ（＝少年）が，最初のせりふ第2文でI liked the potato salad the best.「僕はポテトサラダがいちばん好きだった」と言っている。正解は**3**。

No.20 正解 **4**

放送文 *A:* Are you going to give Christmas cards to your friends this year?
B: Yes, Dad.
A: Shall I buy some for you at the bookstore?
B: No, I'm going to make them tonight.
Question: What is the girl going to do tonight?

訳 Ａ：今年，君は友達にクリスマスカードをあげるつもり？
Ｂ：うん，お父さん。
Ａ：書店で君に何枚か買ってあげよう？
Ｂ：ううん，今夜私がそれらを作るつもり。

質問の訳 少女は今夜何をするつもりですか。

選択肢の訳 **1** 書店で働く。　　**2** 友達と買い物に行く。　　**3** クリスマスプレゼントを買う。　　**4** カードを作る。

解説 Christmas cards「クリスマスカード」についてＡ（＝父親）とＢ（＝少女）が話している。Ｂは2番目のせりふでI'm going to make them(＝Christmas cards) tonight「今夜私がそれら（＝クリスマスカード）を作るつもり」と言っているので，正解は**4**のMake some cards.「カードを作る」。

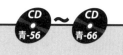
No.21 正解 **2**

放送文 Attention, shoppers. Today is the first day of our 10-day sale. Large chairs are only $25, and small ones are only $14. They've never been so cheap!
Question: How much are small chairs today?

訳 お買い物中の皆さまにお知らせいたします。本日は当店の10日間セールの初日です。大型の椅子がたった25ドル，小型の椅子はたった14ドルです。それらがこんなに安かったことは一度もありません！

質問の訳 今日，小型の椅子はいくらですか。

選択肢の訳 **1** 10ドル。 **2** 14ドル。 **3** 25ドル。 **4** 40ドル。

解説 Attention,「お知らせいたします」で始まる放送文は，店内や公共施設などの館内放送と考えられる。この問題の放送文は，家具店のセールを知らせる店内放送である。第3文後半にsmall ones(=chairs) are only $14「小型の椅子はたった14ドル」とあるので，正解は**2**。

No.22 正解 **2**

放送文 Kenji is from Japan, but now he lives in the United States. He studies English at a university there. In winter, he often visits Canada to go skiing.
Question: Where does Kenji go to university?

訳 ケンジは日本出身だが，今はアメリカ合衆国に住んでいる。彼はそこの大学で英語を勉強している。冬，彼はよくスキーに行くのにカナダを訪れている。

質問の訳 ケンジはどこで大学に行っていますか。

選択肢の訳 **1** カナダで。 **2** アメリカ合衆国で。 **3** 日本で。 **4** イングランドで。

解説 第2文にHe studies English at a university there.「彼はそこの大学で英語を勉強している」とあり，ここのHeとthereはそれぞれ第1文のKenjiとin the United Statesをさす。正解は**2**。

No.23 正解 **1**

放送文 There's a big park near my office. I go there after work every Wednesday and run for an hour. Sometimes my friends from work join me.
Question: What does the man do every Wednesday?

訳 私のオフィスの近くに大きな公園がある。私は毎週水曜日，仕事の後にそこに行って，1時間走る。ときどき仕事の友達が私に加わる。

質問の訳 男性は毎週水曜日に何をしますか。

選択肢の訳 **1** 公園で走る。 **2** 友達に電話する。 **3** 遅くまで仕事をする。 **4** 歩いてオフィスに行く。

解説 第1文でオフィスの近くに公園があると述べ，第2文でI go there（＝the park）

... every Wednesday「は毎週水曜日そこに行く」, そして run for an hour「1時間走る」と言っている。正解は**1**の He runs in a park.「公園で走る」。

No.24 正解 **3**

放送文 Yesterday afternoon, Keith and his sister Julia were sitting on the beach. Suddenly, a dolphin jumped out of the water. They were very excited and ran home to tell their parents.

Question: Why were Keith and Julia excited?

訳 昨日の午後, キースと姉[妹]のジュリアは浜辺に座っていた。突然, イルカが水面から飛び出した。彼らはとても興奮していて, 両親に伝えるために走って家に帰った。

質問の訳 キースとジュリアはなぜ興奮していたのですか。

選択肢の訳 **1** 水が温かかった。 **2** 有名な水泳選手に会った。 **3** イルカを見た。 **4** 新しいペットを手に入れた。

解説 第3文に They were very excited「彼らはとても興奮していた」とあるが, この They は第1文の Keith and his sister Julia「キースと姉[妹]のジュリア」をさす。2人が興奮していた理由は, 第2文の a dolphin jumped out of the water「イルカが水面から飛び出した」から。正解は**3**の They saw a dolphin.「イルカを見た」。

No.25 正解 **2**

放送文 I'm good at remembering people's faces, but I often forget their names. Now, when I meet people for the first time, I write their names in a small notebook. I hope it helps.

Question: What is the man's problem?

訳 僕は人々の顔を覚えるのが得意だが, よく彼らの名前を忘れる。今, 初めて人に会うとき, 僕は彼らの名前を小さなノートに書く。それが役に立つといいなと思う。

質問の訳 男性の問題は何ですか。

選択肢の訳 **1** ノートをなくした。 **2** 人々の名前を忘れる。 **3** ノートが小さすぎる。 **4** 書くのが得意ではない。

解説 What is 〜's problem? の形で話し手や登場人物の問題点をたずねる問題は, リスニング第2部や第3部でよく出題される。第1文後半に I often forget their names「よく彼らの名前を忘れる」とある。ここの their は文前半の people's をさすので, 正解は**2**の He forgets people's names.「人々の名前を忘れる」。

No.26 正解 **1**

放送文 Pamela will go to Mexico in July. She'll buy her tickets this weekend because there will be a sale on tickets to Mexico then. She already has a passport, and she'll use her friend's suitcase.

Question: What will Pamela do this weekend?

訳 パメラは7月にメキシコに行く。彼女は今週末にチケットを買うだろう, なぜならそのときメキシコ行きのチケットがセールになるからだ。彼女はすでにパスポートを持っていて, 友達のスーツケースを使うつもりだ。

質問の訳 パメラは今週末何をするでしょう。

解説 放送文の最初にPamela「パメラ」という名前が出てきて，その後のsheはすべてPamelaをさす。第2文前半にShe'll buy her tickets this weekend「彼女は今週末にチケットを買うだろう」とあるので，正解は**1**の**Buy some tickets.**「チケットを買う」。

No.27 正解 **3**

放送文 John went camping last weekend. He took a warm blanket and a jacket, but he forgot to take a hat. Luckily, he could buy one at a store near the camping area.

Question: What did John forget to take?

訳 ジョンは先週末キャンプに行った。彼は暖かい毛布とジャケットを持って行ったが，帽子を持って行くのを忘れた。幸運なことに，キャンプ場の近くの店で1つ買うことができた。

質問の訳 ジョンは何を持って行くのを忘れましたか。

選択肢の訳 **1** テント。 **2** ジャケット。 **3** 帽子。 **4** 毛布。

解説 放送文最初にJohn「ジョン」とあり，その後のheは全部Johnをさす。第2文後半にhe forgot to take a hat「帽子を持って行くのを忘れた」とある。正解は**3**。

No.28 正解 **3**

放送文 I'm going to make curry and rice tonight. I'll go to the supermarket and get some meat this afternoon. I already have lots of vegetables, and I bought some rice yesterday.

Question: What will the man buy this afternoon?

訳 私は今夜カレーライスを作る予定だ。私は今日の午後，スーパーマーケットに行って肉を買うつもりだ。すでにたくさんの野菜があり，米は昨日買った。

質問の訳 男性は今日の午後何を買うでしょうか。

選択肢の訳 **1** 米。 **2** カレー。 **3** 肉。 **4** 野菜。

解説 質問文のthe manは放送文の話し手の男性（＝I）をさす。第2文にI'll ... get some meat this afternoon.「私は今日の午後，…肉を買うつもりだ」とある。正解は**3**。放送文のget「買う，手に入れる」を質問文ではbuyと言いかえていることにも注意。

No.29 正解 **4**

放送文 My best friend is Ken. I first met him at my brother's birthday party. They are in the same rock band. After I met Ken, I started listening to rock music, too.

Question: Where did the girl meet Ken?

訳 私の親友はケンだ。私は兄[弟]の誕生日パーティーで初めて彼に会った。彼らは同じロックバンドに入っている。私がケンに会った後，私もロックミュージックを聞き始めた。

質問の訳 少女はどこでケンに出会いましたか。

選択肢の訳 **1** ロックコンサート。 **2** 音楽店。 **3** 兄[弟]の学校。 **4** 誕

生日パーティー。

解説 質問文の the girl は放送文の話し手（＝I）をさす。第2文に I first met him at my brother's birthday party.「私は兄［弟］の誕生日パーティーで初めて彼に会った」とあり，この him は前文の Ken をさす。正解は**4**の At a birthday party.「誕生日パーティー」。

No.30　正解　**4**

放送文 Mark got up early twice this week. On Tuesday night, he couldn't do all of his homework, so he finished it early on Wednesday morning. And on Friday, he went for a walk before breakfast.
Question: When did Mark go for a walk?

訳 マークは今週2回早起きをした。火曜日の夜，彼は宿題を全部できなかったので，水曜日の朝早く終わらせた。そして金曜日，彼は朝食前に散歩に行った。

質問の訳 マークはいつ散歩に行きましたか。

選択肢の訳 **1** 火曜日の夜。　　**2** 水曜日の朝。　　**3** 木曜日の夜。　　**4** 金曜日の朝。

解説 英文の最初に Mark「マーク」が出てきて，その後の he はすべて Mark をさす。第3文に on Friday「金曜日」he went for a walk before breakfast「彼は朝食前に散歩に行った」とある。正解は**4**の On Friday morning.「金曜日の朝」。

カードA　二次試験・面接
（問題編p.123）

訳 アイスクリーム
アイスクリームは人気のあるデザートだ。暑い夏の日々には，たくさんの人々がそれを外で食べる。人々はよくスーパーマーケットでアイスクリームを買うが，家でさまざまな種類のアイスクリームを作るのが好きな人もいる。

質問の訳 No.1　文章を見てください。一部の人々は家で何をするのが好きですか。
　　　　　　No.2　イラストを見てください。何人の人々が帽子をかぶっていますか。
　　　　　　No.3　女性を見てください。彼女は何をしようとしていますか。
　　　　　　では，～さん（受験者の氏名），カードを裏返しにしてください。
　　　　　　No.4　あなたは今日どのようにしてここに来ましたか。
　　　　　　No.5　あなたは暇なときに買い物に行くのを楽しみますか。

No.1　解答例　They like to make different kinds of ice cream.

解答例の訳 彼らはさまざまな種類のアイスクリームを作るのが好きです。

解説 No.1は文章に関する質問。at home「家で」like to do「するのが好き」なことは何かが聞かれている。最終文後半に，some people like to make different kinds of ice cream at home とある。主語 some people を代名詞 They にかえて答える。質問に at home とあるので，解答では at home を省いているが，at home をつけてもよい。

No.2 解答例 Two people are wearing caps.

解答例の訳 2人の人々が帽子をかぶっています。

解説 No.2はイラストに関する質問。イラスト中の人やものの数について，How many「何人の，いくつの」を使ってたずねる質問はよく出題される。are wearing caps「帽子をかぶっている」人の数は2人。答えるときはTwo.と数字だけ言うのではなく，文の形にするのが望ましい。解答例のように，質問文と同じ進行形を使って答えるとよい。

No.3 解答例 She's going to sit.

解答例の訳 彼女は座ろうとしています。

解説 No.3もイラストに関する質問。このようにイラスト中の人物からふきだしが出ている場合，その人物がこれから何をしようとしているかが問われることが多い。ふきだし内の女性はsit「座っている」。質問文と同じbe going toの形を使って答えよう。sitをsit down「座る，腰を下ろす」，sit on the bench「ベンチに座る」としてもよい。

No.4 解答例 I walked.

解答例の訳 あなたは今日どのようにしてここに来ましたか。

解説 No.4は受験者自身に関する質問。受験会場までの交通手段をたずねる質問は以前にも出題されているので，答えられるようにしておこう。解答例は徒歩で来た場合の答え方。I walked here.「私は歩いてここに来ました」，I came here on foot.「私は徒歩でここに来ました」と答えてもよい。乗り物を利用した場合は，I came here by bus[train].「私はここにバス［電車］で来ました」と〈by＋乗り物名〉を使って答える。なお受験会場に車や自転車で来るのは禁止されている場合が多いので，受験票を確認しておこう。

No.5 解答例 Yes. → Please tell me more. ── I like to buy clothes.
No. → Where would you like to go next weekend? ── I'd like to go to a museum.

解答例の訳 はい。→ もっと詳しく話してください。── 私は服を買うのが好きです。
いいえ。→ あなたは次の週末どこに行きたいですか。── 私は美術館に行きたいです。

解説 No.5も受験者自身に関する質問。暇なときに買い物に行くのを楽しむかどうかが聞かれている。Yesで答えた場合はより詳しい情報が求められるので，解答例のようにI like to buy ～.「私は～を買うのが好きです」と買うものの種類を答えるほか，I often go to a shopping mall in my town.「私は町のショッピングモールに行きます」などと買い物に行く場所を答えたり，I sometimes enjoy shopping with my friends.「私はときどき友だちと買い物を楽しみます」のように一緒に行く人を答えたりするのもよい。Noで答えた場合，next weekend「次の週末」どこに行きたいかが聞かれている。解答例と同じように〈I'd like to go to＋場所.〉の形を使って，行きたい場所を答えるとよい。the park near my house「家の近くの公園」，the zoo[aquarium]「動物園［水族館］」，a bookstore「書店」，my friend's house「友人の家」など。

カードB 二次試験・面接
(問題編p.124)

訳 山登り

　山登りはワクワクすることがある。多くの人々は自然の写真を撮るのが好きなので，山に登るときカメラを持っていく。人々は常に地図と温かい衣服も持っていくべきだ。

質問の訳
No.1　文章を見てください。なぜ多くの人々が山に登るときカメラを持っていくのですか。

No.2　イラストを見てください。何羽の鳥が飛んでいますか。

No.3　長い髪の女性を見てください。彼女は何をしようとしていますか。

では，～さん（受験者の氏名），カードを裏返しにしてください。

No.4　あなたは今年の夏に何をしたいですか。

No.5　あなたはレストランで食事をするのが好きですか。

No.1 解答例　Because they like taking photos of nature.

解答例の訳　彼らは自然の写真を撮るのが好きだからです。

解説　No. 1は文章に関する質問。Why ～?「なぜ～」と理由を聞かれたら，本文中の～, so ...「～だから…」またはbecause ～「なぜなら～だから」を探すとよい。ここでは第2文の中ほどにsoがあり，その後に質問文と同じ内容が続いている。この文の前半が後半の理由になっているので，理由を表すBecauseで文を始めて，主語Many peopleを代名詞theyにかえて答える。

No.2 解答例　Three birds are flying.

解答例の訳　3羽の鳥が飛んでいます。

解説　No.2はイラストに関する質問。are flying「飛んでいる」birds「鳥」の数が聞かれている。このように，How manyを使ってイラスト中のものや動物，人の数をたずねる問題はよく出題される。イラスト中には鳥が4羽いるが，1羽は地上でえさを食べており，飛んでいるのは3羽。なお答えるときは数字だけでなく，解答例のように主語と動詞のある文にするのが望ましいが，最後のflyingは省略してもよい。

No.3 解答例　She's going to eat.

解答例の訳　彼女は食事をしようとしています。

解説　No.3もイラストに関する質問。このようにイラスト中の人物からふきだしが出ている場合，その人物がこれからしようとしていることが質問されることが多い。ふきだし内の女性はeat「食べて」いる。質問文にあわせてbe going toの形で答えるとよい。解答例のほか，She's going to eat sandwiches[a sandwich].「彼女はサンドイッチを食べようとしている」，She's going to eat something.「彼女は何かを食べようとしている」などを用いて答えることもできる。

No.4　解答例　I want to visit my grandparents.

解答例の訳　私は祖父母を訪ねたいです。

解説　No.4は受験者自身に関する質問。What do you want to do ～?「あなたは(～に)何をしたいですか」という質問はよく出題されている。ここでは this summer「今年の夏」にしたいことが聞かれている。解答例のように、〈I want to＋動詞の原形 ～.〉の形で答えるとよい。〈visit＋人〉「～を訪ねる」のほか、〈go to[visit]＋場所〉「～に行く」, read books「本を読む」,〈play＋スポーツ名 [the＋楽器名]〉「～(スポーツ)をする [～(楽器)を演奏する]」, study hard「一生懸命勉強する」, swim in the sea「海で泳ぐ」, see fireworks「花火を見る」など。

No.5　解答例　Yes. → Please tell me more. ── I like to go to Chinese restaurants.
　　　　　　　　No. → Why not? ── I like to eat at home.

解答例の訳　はい。→ もっと詳しく話してください。── 私は中華レストランに行くのが好きです。

いいえ。→ なぜですか。── 私は家で食事するのが好きです。

解説　No.5も受験者自身に関する質問。eat at restaurants「レストランで食事をする」のが好きかどうかが聞かれている。Yes と答えた場合はより詳しい情報が求められるので、解答例のように〈I like to go to＋料理のジャンル名＋restaurants.〉の形で好きなレストランの種類を答えるほか、I often eat at restaurants with my family.「私はよく家族とレストランで食事をします」などと自分の習慣について話してもよい。

No と答えた場合は、なぜレストランで食事をするのが好きでないかが聞かれている。解答例のほか、My mother[father] is a good cook, and I like her[his] cooking the best.「私の母 [父] は料理上手で、彼女の [彼の] 料理がいちばん好きだ」, It costs a lot to eat at restaurants.「レストランで食事をするのはたくさんお金がかかる」, I can relax more at home.「家のほうがよりリラックスできる」などと答えることができる。

2021年度 第3回

解　答　欄

問題番号	1	2	3	4
(1)				●
(2)				●
(3)			●	
(4)	●			
(5)			●	
(6)			●	
(7)				●
(8)		●		
(9)				●
(10)		●		
(11)		●		
(12)				●
(13)			●	
(14)	●			
(15)	●			

（問題番号欄の左に「1」）

解　答　欄

問題番号	1	2	3	4
(16)		●		
(17)				●
(18)	●			
(19)				●
(20)		●		
(21)			●	
(22)				●
(23)			●	
(24)			●	
(25)	●			
(26)	●			
(27)	●			
(28)			●	
(29)				●
(30)	●			

（(16)〜(20)の左に「2」、(21)〜(30)の左に「3」）

4 の解答例は
p.153をご覧くださ
い。

リスニング解答欄

問題番号	1	2	3	4
例題			●	
No. 1	●			
No. 2			●	
No. 3		●		
No. 4	●			
No. 5	●			
No. 6			●	
No. 7		●		
No. 8			●	
No. 9		●		
No. 10			●	
No. 11	●			
No. 12				●
No. 13			●	
No. 14				●
No. 15	●			
No. 16		●		
No. 17		●		
No. 18		●		
No. 19			●	
No. 20	●			
No. 21		●		
No. 22				●
No. 23				●
No. 24				●
No. 25			●	
No. 26		●		
No. 27	●			
No. 28	●			
No. 29	●			
No. 30				●

（例題〜No.10の左に「第1部」、No.11〜No.20の左に「第2部」、No.21〜No.30の左に「第3部」）

(1) 正解 **4**

訳 A：お母さん，見て！　僕，シロにドアを開けることを教えたんだ。

B：わあ。彼はすごく賢い犬よね。

解説 選択肢にはさまざまな形容詞が並んでいる。この中で，open the door「ドアを開ける」ことができる犬を表す言葉としてふさわしいのは**4**のclever「賢い」。correct「正しい」，careless「不注意な」，clear「明らかな」。

(2) 正解 **4**

訳 A：私は野球についてあまり知らないんだ。私にルールを説明してくれる？

B：もちろん。簡単だよ。

解説 Aがdon't know much about baseball「野球についてあまり知らない」と言っている。これに続ける文としては，Can you explain the rules to me?「私にルールを説明してくれる？」が適切。正解は**4**。sell「売る」，save「救う」，happen「起こる」。

(3) 正解 **3**

訳 A：これらのパンケーキはおいしいね，お母さん。もう1つ食べてもいい？

B：うん，はいどうぞ。

解説 空所のすぐ後のoneはpancakeをさす。**3**のanotherを入れて，Can I have[eat] another 〜?で「〜をもう1つ食べてもいいですか」という文になる。正解は**3**。other「他の」，all「全部の」，anything「何か」。

(4) 正解 **1**

訳 A：明日の予定は何かある？

B：うん。渋谷に買い物に行くよ。

解説 BがI'm going 〜.と現在進行形で未来の予定について答えているので，**1**を選び，plans for tomorrow「明日の予定」についてたずねる文にする。symbol(s)「象徴」，kind(s)「種類」，voice(s)「声」。

(5) 正解 **3**

訳 A：ブライアン，ジャネットはどこ？

B：彼女はたぶん図書館にいるよ。数学のテストのために勉強しなければならないって言っていた。

解説 where's 〜?「〜はどこですか」という質問に対する答えの文の中に空所がある。She's (　　) at the library.「彼女は（　　）図書館にいる」の空所に入れて意味が通るのは**3**のprobably「たぶん」。slowly「ゆっくりと」，widely「広く」，cheaply「安く」。

(6)　正解　**3**

訳　A：新しいフランス料理店をどう思った？

　　　B：すばらしかった。食事は見た目も美しかったし，味もおいしかったよ。

解説　空所直前のitは文前半のThe foodをさす。「食事は見た目も美しかった」のあとに続くせりふとして，it (　　) niceの空所にふさわしいのは**3**の**tasted**「〜の味がした」。grew＜grow「〜になる」，held＜hold「〜を持つ」，joined＜join「〜に参加する」。

(7)　正解　**3**

訳　アメリカ合衆国では，7月4日に花火を見ることが伝統だ。

解説　形式主語itの文。itはto以下をさしている。「アメリカ合衆国では，to watch fireworks on the Fourth of July『7月4日に花火を見ること』が（　　）だ」という文の空所にふさわしいのは，**3**の**tradition**「伝統」。voice「声」，surprise「驚き」，meaning「意味」。

(8)　正解　**2**

訳　A：ボブ，手を貸していただけますか。私はこの机を動かさなくてはならないんです。

　　　B：もちろん。

解説　イディオムの問題。give 〜 a handで「〜に手を貸す[〜を手伝う]」という表現になる。**2**が正解。Could you 〜?「〜していただけますか」というていねいな依頼の文も確認しておこう。face「顔」，finger「指」，head「頭」。

(9)　正解　**4**

訳　A：このジャケットは僕には少し大きいです。もっと小さいのを試着してもいいですか。

　　　B：かしこまりました，お客様。こちらはいかがでしょう。

解説　イディオムの問題。衣料品店での男性客（A）と店員（B）の会話。Aが最初に「このジャケットは僕には少し大きい」と言っている。try on 〜で「〜を試着する」という意味になる。正解は**4**。なお，a smaller oneのoneはjacketをさす。hit「打つ」，make「作る」，enter「入る」。

(10)　正解　**2**

訳　ローラの母親は，寝かしつけのときに彼女に悲しい本を読み聞かせていた。物語の終わりで，ローラは泣いた。

解説　イディオムの問題。at the end of the storyで「物語の最後で」という意味になる。正解は**2**。back「背中，後ろ」，page「ページ」，letter「手紙」。

(11)　正解　**2**

訳　A：ピアノのコンサートの準備はできましたか，ポーラ？

　　　B：はい。私は今週，毎日3時間練習しました。

解説　イディオムの問題。選択肢に並んだ形容詞のうち，be (　　) for 〜の形で使える

のはbe late for 〜「〜に遅れる」かbe ready for 〜「〜の準備ができている」。このうち，Bの応答に合うのは**2のready**。late「遅い」，near「近い」，dark「暗い」。

(12)　正解　**2**

訳　そのアイススケート選手は全くミスをしなかった。彼女は美しく滑ったので，すばらしい得点を出した。

解説　イディオムの問題。make mistakes[a mistake]で「間違いをする」という意味になる。**2**が正解。ここではnot any「全く〜ない」の表現とあわせて使われている。meet「会う」，move「移動する」，miss「〜しそこなう」。

(13)　正解　**3**

訳　A：あなたはどこでジャックと出会ったのですか。
　　　B：私たちは高校で出会ったので，20年以上も前から彼を知っています。

解説　文法の問題。選択肢には動詞のさまざまな形が並んでいる。空所の直前に動詞I've(＝I have) があるので，過去分詞knownを選んで現在完了の文にして，「ずっと知っている」という継続を表す。正解は**3**。knowsは3人称単数現在形，knewは過去形，knowingは動名詞または現在分詞。

(14)　正解　**1**

訳　ピーターは物語を書くのがとても得意だ。彼の英語の先生は，彼は作家になるべきだと言っている。

解説　文法の問題。選択肢には動詞write「書く」のさまざまな形が並んでいる。空所の直前に前置詞atがあるので，**1**の動名詞writingを選ぶ。be (very) good at 〜ingで「〜するのが（とても）得意だ」という意味になる。to writeは不定詞，wroteは過去形，writesは3人称単数現在形。

(15)　正解　**1**

訳　A：私，ジェイコブの誕生日に何か買いたいの。
　　　B：彼が何をほしいか知っているよ。一緒に買い物に行こう。

解説　文法の問題。「ジェイコブの誕生日に何か買いたい」というせりふに対する応答が空所になっている。**1のwhat**を入れて「私は彼が何をほしいか知っている」という間接疑問文にする。〈I know＋what＋主語＋動詞．〉で「私は（主語）が何を（動詞）か知っている」という文になる。thatは「〜ということ」，howは「どのように」，whyは「なぜ」。

2 一次試験・筆記
(問題編p.128)

(16) 正解 2

訳 兄［弟］：何を探しているの？
妹［姉］：私の赤いスカーフ。それを見た？
兄［弟］：ううん，今日は見ていない。

選択肢の訳 **1** いくつかあなたにあげてもいい？ **2** それを見た？ **3** それをもらっていい？ **4** その色は好き？

解説 きょうだいの会話。最初の兄［弟］のせりふにあるlook(ing) for「～を探す」がポイント。何を探しているのかと聞かれて My red scarf.「私の赤いスカーフ」と答えた妹[姉]が次に言うせりふとしてふさわしいのは，**2**の Have you seen it?「それを見た？」。

(17) 正解 4

訳 息子：なぜお母さんは今夜，僕たちと夕食を食べていないの？
父親：彼女はすごくおなかが痛いんだ，だから寝たよ。

選択肢の訳 **1** 彼女はチキンカレーが大好きなんだ， **2** 彼女はまだ職場にいるよ， **3** 彼女は今日の午後僕に電話をくれたんだ， **4** 彼女はすごくおなか痛いんだ，

解説 息子と父親の会話。なぜお母さんが自分たちと夕食を食べていないのかという質問に対する父親の答えが空所になっている。空所の後に so she went to bed「だから寝た」とある。夕食を食べずに寝た理由として適切なのは，**4**の She has a bad stomachache,「彼女はすごくおなか痛いんだ，」である。

(18) 正解 1

訳 妻：あなたは今日，何杯コーヒーを飲んだ？
夫：これが4杯目だよ。
妻：わあ，それは多いわね。

選択肢の訳 **1** これが4杯目だよ。 **2** 君も1杯飲んでいいよ。 **3** 1杯たった1ドルだよ。 **4** 僕は紅茶をお願い。

解説 妻と夫の会話。〈How many＋名詞の複数形 ～?〉は数をたずねる疑問文。妻が夫に，飲んだコーヒーの数をたずねている。This is my fourth one.「これが4杯目だよ」と数を答えている**1**が正解。この one は coffee をさす。

(19) 正解 4

訳 男性1：明日ジム・クラークと釣りに行くんだ。君は彼を知っている？
男性2：うん，僕たちは友達だよ。僕に代わって彼によろしく言ってください。
男性1：そうするよ。

選択肢の訳 **1** 彼は釣り舟を持っているよ。 **2** 僕に聞いてくれてありがとう。 **3** 僕は君と一緒に行きたい。 **4** 僕に代わって彼によろしく言ってください。

解説 男性2人の会話。ジム・クラークという人物と釣りに行くという男性1に，男性2は僕たちは友達だと答えている。知り合いに会う相手に伝える決まり文句，Say hello

to him for me.「僕に代わって彼によろしく言ってください」を入れると会話の流れに合う。正解は**4**。

(20) 正解 **2**

訳 少女：映画は20分後に始まるわ。私たち，遅れそうかな？
　　　少年：心配しないで。僕たちは時間通りに着くよ。

選択肢の訳 **1** 僕は君のチケットをなくしたんだ。　　**2** 僕たちは時間通りに着くよ。　**3** それはいい考えだ。　　**4** 僕はその俳優が好きだよ。

解説 少女と少年の会話。Are we going to be late?「私たち，遅れそうかな？」と心配する少女に少年がDon't worry.「心配しないで」と答えているので，**2**のWe'll be on time.「僕たちは時間通りに着くよ」を入れると会話の流れに合う。

3[A]　一次試験・筆記
(問題編p.129)

Key to Reading 3級では3種類の長文が出題される。最初に出題されるのは掲示・告知文。今回はピザ店のスタッフ募集告知である。掲示文は簡潔な短い文で書かれていて，特に日付や時間等，数字を含む箇所で箇条書きが多く使われる。数字は解答のカギになることが多いので，特に注意しながら読もう。

訳 スタッフ募集
パートタイムの仕事に興味はありますか？　自転車に乗るのが楽しいですか？　ペリーズピザ店では，当店のピザを自転車で皆さまのおうちに届ける新スタッフを探しています。
時間：毎週金曜日午後5時～午後8時，および毎週土曜日午前11時～午後6時
給与：時給10ドル

この仕事をするためには18歳以上であることが必要です。当店の自転車を1台使用できるので，ご自身の自転車は必要ありません。この仕事では，料理や清掃は一切する必要がありません。

この仕事に興味があれば，当店の店長，ペリー・ピティーノ（pitino@pizzaplace.com）までEメールを送ってください。

語句 staffは従業員全体，staff memberは一人一人の従業員を表す。place「店，飲食店」

(21) 正解 **3**

質問の訳 毎週土曜日，新スタッフは何時に仕事を終えることになるでしょうか。

選択肢の訳 **1** 午前11時。
　　　　　　2 午後5時。
　　　　　　3 午後6時。
　　　　　　4 午後8時。

解説 聞かれているのは，on Saturdays「毎週土曜日に」仕事をfinish「終える」時刻。Hours:「時間」の項目に注目。後半に，Saturdays 11 a.m. to 6 p.m.「毎週土曜日午前11時〜午後6時」とある。正解は**3**。

(22) 正解 **4**

質問の訳 〜場合，人々はこの仕事ができない。

選択肢の訳 **1** おいしいピザを作れない
2 自分の自転車を持っていない
3 毎週金曜日の午前中急がしい
4 17歳以下である

解説 can't do this job「この仕事ができない」条件は何かという問題。第3段落最初の文に You need to be 18 or older to do this job.「この仕事をするためには18歳以上であることが必要です」とある。つまり，17歳以下だと仕事ができないので，正解は**4**の are **17** years old or younger「17歳以下である」。

3[B] 一次試験・筆記
(問題編pp.130〜131)

Key to Reading 長文2番目は，Eメールまたは手紙文。2〜3通の短いEメールの応答がセットで出題されることが多いが，長めの手紙文1通が出題されることもある。今回は，1通目の書き手（＝I）であるサンドラ・ノーブルと，2通目の書き手（＝I）であるスミスヴィル・ガーデンセンター店長ゲイリー・ローガンとのEメールでのやりとり。本文を読む前にEメールヘッダーのFrom（送信者）とTo（受信者）の項目をチェックして，本文中のIやyouが誰をさしているのかを確認するとよい。

訳
送信者：サンドラ・ノーブル
受信者：スミスヴィル・ガーデンセンター
日付：3月25日
件名：花
....
こんにちは，
私の名前はサンドラ・ノーブルです。友人が，貴ガーデンセンターが最高だと言っていたのですが，そちらは私の家から遠いのです。貴センターにアドバイスをお願いしたいです，そしてもしかしたら来週，貴ガーデンセンターに行くかもしれません。夫と私は1月にスミスヴィルに家を買いました。今春，私たちは家の前に花を植えたいです。私は毎年ガーデニングに多くの時間はかけられないので，1〜2年より長く生きる花がほしいです。どんな種類の花がいいでしょうか。
敬具，
サンドラ・ノーブル

送信者：スミスヴィル・ガーデンセンター
受信者：サンドラ・ノーブル
日付：3月25日
件名：アドバイス

....

ノーブル様，

Eメールをありがとうございます。2年より長く生きる花は多年草と呼ばれます。スミスヴィル・ガーデンセンターにはたくさんの多年草がございます。それらの多くは世話をしやすいですが，異なる花には異なるものが必要です。たくさんの日光を必要とする花もありますが，そうでない花もあります。乾いた土を好む花さえあります。あなたは家の前に花を置きたいとおっしゃいました。その場所には何時間日光が当たりますか。土は乾いていますか。あなたは何色が好きですか。私は，来週8時から正午まで，毎日センターにおります。

敬具，

ゲイリー・ローガン

店長，スミスヴィル・ガーデンセンター

発信者：サンドラ・ノーブル
受信者：スミスヴィル・ガーデンセンター
日付：3月26日
件名：ありがとうございます

....

こんにちは，ローガン様，

私の前庭には何本か大きな木があるので，夏はあまり日が当たりません。土はやや湿っています。私はピンクか青色の花がほしいと思っています。来週の水曜日，貴ガーデンセンターを訪ねて行って，あなたとお話しいたします。

敬具，

サンドラ・ノーブル

語句 perennials「多年草」

(23) 正解 **2**

質問の訳 サンドラ・ノーブルは1月に何をしましたか。

選択肢の訳 **1** 結婚した。
        2 新しい家を買った。
        3 友達にアドバイスを求めた。
        4 ガーデンセンターを訪ねた。

解説 サンドラが書いた最初のEメールを見る。本文第4文にMy husband and I bought a house in Smithville in January.「夫と私は1月にスミスヴィルに家を買いました」とある。正解は**2**のShe got a new house.「新しい家を買った」。

(24) 正解 **4**

質問の訳 多年草と呼ばれる花についてゲイリー・ローガンは何と言っていますか

選択肢の訳 **1** 彼のガーデンセンターではそれらを売っていない。

2 それらは一切日光を必要としない。

3 それらは高価すぎて買えない。

4 それらは２年より長く生きる。

解説 ゲイリーが書いたＥメール第２文に Flowers that live longer than two years are called perennials.「２年より長く生きる花は多年草と呼ばれます」とある。正解は**4**の They live longer than two years.「それらは２年より長く生きる」。

(25)　正解　**1**

質問の訳 サンドラ・ノーブルは来週何をするでしょうか。

選択肢の訳 **1** ゲイリー・ローガンに会う。

2 土を買う。

3 家の前に植物を植える。

4 ガーデンセンターで働き始める。

解説 サンドラが書いた２番目のＥメールの本文最終文参照。I'll ... speak to you next Wednesday.「私は来週の水曜日…あなたとお話しいたします」とある。you はこのＥメールの読み手，つまりスミスヴィル・ガーデンセンターの店長ゲイリー・ローガンをさすので，正解は**1**の「ゲイリー・ローガンに会う」。

3[C] 一次試験・筆記
(問題編pp.132〜133)

Key to Reading 最後の長文は説明文。かなり長い英文だが，１文１文はそれほど複雑ではないので落ち着いて取り組もう。先に設問文を読み，読み取るべき情報を絞り込んでから本文に戻ると読みやすい。基本的に，設問の順番はその根拠となる内容が本文に出てくる順番に一致しており，本文の一部に関する問題が4問，最後に全体に関する問題が出題されている。今回の長文は，ニュージーランドの競走馬，ファーラップについて。このように，伝記のような長文はよく出題される。時系列に沿って書かれていることが多いので，時を表す言葉をチェックしながら読み進めるとよい。

訳 ファーラップ

　世界中で，多くの人々が競馬を見るのが大好きだ。毎年，数千頭もの馬がレースに参加する。それらの大部分は勝たないのだが，ときどき有名になる馬がいる。それらの馬のうちの１頭がニュージーランド出身で，名前はファーラップといった。

　ファーラップは1926年に生まれた。彼の父親はチャンピオンの競走馬だったので，ファーラップの馬主たちは，ファーラップも速く走るだろうと考えた。しかし若いころは，ファーラップはやせていて弱く，参加したすべてのレースで負けた。馬主たちは彼に満足しなかったので，1928年，デビッド・J・デイビスという名のアメリカ人実業家に彼を売った。ファーラップの調教師は，オーストラリア出身のハリー・テルフォードという名の男性だった。

　テルフォードが初めてファーラップを見たとき，その馬の悪い健康状態を見てとても驚いた。しかし，彼はファーラップが成功した競走馬になり得ると考えたので，彼らは一緒にとても厳しい訓練を始めた。ファーラップは強くなり，体高174cmにまで成長した。オー

ストラリアでの最初の数レースは負けたが，1929年4月，彼はついにローズヒルのメイド ン・ジュベナイル障害で初めて勝った。

　その後，ファーラップは人々にずっと人気が出た。1929年から1931年の間に，オー ストラリア国内や他の国々での彼のレースを見るために大群衆がやってきた。この間，彼 は参加した41レースのうち36レースで勝った。また，彼は多くの世界新記録も出した。 このため，ファーラップは競馬の歴史における驚異的な競走馬として，いつまでも記憶さ れるだろう。

　語句　racehorse「競走馬」

(26)　正解　**2**

　質問の訳　ファーラップはいつ売られましたか。
　選択肢の訳　**1**　1926年。　　**2**　1928年。　　**3**　1929年。　　**4**　1931年。
　解説　第2段落第4文後半にthey sold him ... in 1928とあり，このtheyは文前半の His owners，himは前文のPhar Lapをさす。つまり，ファーラップが売られたのは**2** の1928年。

(27)　正解　**2**

　質問の訳　ハリー・テルフォードとは誰でしたか。
　選択肢の訳　**1**　オーストラリア人の騎手。　　**2**　オーストラリア人の馬の調教師。
3　アメリカ人の実業家。　　**4**　アメリカ人のランナー。
　解説　第2段落最終文にThe trainer for Phar Lap was a man from Australia named Harry Telford.「ファーラップの調教師は，オーストラリア出身のハリー・テル フォードという名の男性だった」とある。正解は**2**の**An Australian horse trainer.**「オー ストラリア人の馬の調教師」。

(28)　正解　**3**

　質問の訳　1929年4月，オーストラリアで何が起きましたか。
　選択肢の訳　**1**　テルフォードが多額のお金を獲得した。
　　　　　　　　2　テルフォードが初めてファーラップと出会った。
　　　　　　　　3　ファーラップが初めてレースで勝った。
　　　　　　　　4　ファーラップがレースに参加し始めた。
　解説　時を表す言葉は解答のカギになることが多いので，特に注意しながら長文を読もう。 ここでは設問文のin April 1929「1929年4月」がカギになる。本文第3段落の最終文に in April 1929, he finally won his first race「1929年4月，彼は初めてレースで勝った」 とあり，このheは前文のPhar Lapをさす。**3**の**Phar Lap won a race for the first time.**「ファーラップが初めてレースで勝った」が正解。

(29)　正解　**4**

　質問の訳　ファーラップが…ので人々は決して彼を忘れないだろう。
　選択肢の訳　**1**　一度も競馬で負けたことがない　　**2**　オーストラリアでのすべてのレー スに出走した　　**3**　競馬で最小の馬だった　　**4**　世界新記録をたくさん作った
　解説　設問文の続きの部分を選び，完成させる問題。People will never forget Phar

Lap because he「ファーラップが…なので人々は決して彼を忘れないだろう」とあるので,ファーラップを人々が忘れない理由を本文から探す。本文最終文にBecause of this, Phar Lap will always be remembered「このため,ファーラップはいつまでも記憶されるだろう」とあり,このthisは前文のHe also made many new world records.「また,彼は多くの世界新記録も出した」をさす。正解は**4**のmade a lot of new world records「世界新記録をたくさん作った」。

(30) 正解 **1**

質問の訳 この物語は何についてのものですか。

選択肢の訳 **1** 有名な競走馬。　　**2** さまざまな種類の競馬。　　**3** 馬の訓練方法。
4 ペットの飼い主に人気の場所。

解説 最後は長文全体のテーマをたずねる設問。この長文はタイトルがPhar Lap「ファーラップ」という競走馬の名前で,最初の段落で有名な競走馬としてファーラップを紹介し,その後も彼について書かれている。正解は,**1**のA famous racehorse.「有名な競走馬」。

---

4 一次試験・筆記
(問題編p.134)

QUESTIONの訳 あなたは週末に何をして楽しみますか。

解答例 I enjoy going to the park near my house on weekends. First, I can play soccer with my friends there. Second, I like taking pictures of the beautiful flowers and trees in the park.

解答例の訳 私は週末,自宅近くの公園に行くことを楽しみます。第1に,私はそこで友達とサッカーをすることができます。第2に,私は公園の美しい花や木の写真を撮ることが好きです。

解説 まず,週末に何をして楽しむか,具体的な行動を述べる。解答例のように,質問文の表現を利用してI enjoy 〜ing on weekends.「私は週末に〜して楽しむ」の形を使うとよい。続けて,その行動を楽しんでいる理由を2つ書く。解答例のように,First, ...Second, 〜.「第1に,…。第2に〜」と列挙するとよい。内容としては,解答例のようにどこかに出かけることを書いてもよいし,I enjoy staying home on weekends.「私は週末に自宅にいることを楽しみます」として,I like playing video games.「私はビデオゲームをするのが好きです」やI listen to music and play the guitar.「私は音楽を聞き,ギターを弾きます」などの家で楽しめることを書いてもよい。

第1部 一次試験・リスニング
(問題編pp.135〜136)

〔例題〕*A:* I'm hungry, Annie.

  B: Me, too. Let's make something.

  A: How about pancakes?

  1 On the weekend.

  2 For my friends.

  3 That's a good idea.　　　　　　　　　　　〔正解　**3**〕

訳　A：アニー，お腹がすいたよ。

　　B：私もよ。何かを作りましょうよ。

　　A：パンケーキはどう？

選択肢の訳　**1**　週末にね。　　**2**　私の友だちのためにね。　　**3**　それはいい考えね。

No.1　正解　**1**

放送文　*A:* It's raining.

  B: Yeah. I forgot my umbrella.

  A: Me, too.

  1 Maybe we should buy one.

  2 A few minutes ago.

  3 That's kind of you.

訳　A：雨が降っているよ。

　　B：うん。私，かさを忘れたわ。

　　A：僕もだよ。

選択肢の訳　**1**　私たち，傘を買うべきかもね。　　**2**　数分前に。　　**3**　ご親切にありがとう。

解説　降り出した雨を見ながらの会話。B（＝女性）がI forgot my umbrella.「私，かさを忘れたわ」と言っているのに対してA（＝男性）がMe, too.「僕もだよ」と答えている。それに対する応答としてふさわしいのは，**1**の**Maybe we should buy one.**「私たち，傘を買うべきかもね」。

No.2　正解　**1**

放送文　*A:* Oh, no! It's my turn next.

  B: Are you all right?

  A: I'm really nervous.

  1 You'll do fine.

  2 It's my favorite.

  3 They're for school.

訳　A：ああ，困った。次は僕の番だ。

　　B：大丈夫？

A：本当に緊張しているんだ。

選択肢の訳　**1**　あなたはうまくやるわよ。　　**2**　それは私のお気に入りなの。　　**3**　それらは学校用よ。

解説　ピアノの発表会らしきステージの舞台袖での会話。I'm really nervous.「本当に緊張しているんだ」というA（＝少年）にB（＝少女）がかけるべき言葉としてふさわしいのは，**1**のYou'll do fine.「あなたはうまくやるわよ」。

No.3　正解　**2**

放送文　*A:* Are you ready for your trip?
　　　　B: Yes, Mom.
　　　　A: Do you have your passport?
　　　　1　We'll leave soon.
　　　　2　Yes, don't worry.
　　　　3　I've already eaten, thanks.

訳　A：旅行の準備はできている？
　　　B：うん，お母さん。
　　　A：パスポートは持っている？

選択肢の訳　**1**　もうすぐ出発するよ。　　**2**　うん，心配しないで。　　**3**　ぼくはもう食べたよ，ありがとう。

解説　旅行の準備をしているB（＝少年）とA（＝母親）との会話。パスポートは持っているかという質問に対する答えとしてふさわしいのは，Yesで答えてからdon't worry「心配しないで」と続けている**2**。

No.4　正解　**1**

放送文　*A:* When are you going to Japan?
　　　　B: Next month.
　　　　A: What are you looking forward to the most?
　　　　1　Climbing Mt. Fuji.
　　　　2　For 10 days.
　　　　3　On the Internet.

訳　A：あなたはいつ日本に行く予定？
　　　B：来月だよ。
　　　A：あなたはいちばん何を楽しみにしているの？

選択肢の訳　**1**　富士山に登ることだよ。　　**2**　10日間。　　**3**　インターネットで。

解説　来月日本に行くというB（＝男性）にA（＝女性）が，いちばん楽しみにしていることは何かとたずねている。具体的な行動を答えている**1**のClimbing Mt. Fuji.（富士山に登ることだよ）が正解。look forward to ～「～を楽しみにする［楽しみに待つ］」という表現は非常によく出てくるので覚えておこう。

No.5　正解　**1**

放送文　*A:* You look tired.
　　　　B: I just finished a big report.

A: How long did it take?

1 Most of the day.

2 Not yet.

3 For tomorrow's meeting.

> 訳　A：疲れているみたいだね。
> B：私は大きな報告書を終えたばかりなの。
> A：それはどのくらいかかったんだい？

> 選択肢の訳　**1** ほぼ一日中よ。　**2** まだなの。　**3** 明日の打ち合わせのために。

> 解説　オフィスでの会話。How long 〜?は期間をたずねる質問。ここでは a big report「大きな報告書」を終えたという B（＝女性）に対して，それを終えるのにかかった期間をたずねている。時間の長さを答えている **1** の Most of the day.「ほぼ一日中よ」が正解。

No.6　正解　**3**

> 放送文　*A:* Do you have any plans this weekend?
> *B:* I'm going skating.
> *A:* Great. Who are you going with?
> **1** I bought some skates.
> **2** I'll go skiing, too.
> **3** Two of my classmates.

> 訳　A：今週末は何か予定ある？
> B：私はスケートに行くの。
> A：いいね。君はだれと一緒に行くの？

> 選択肢の訳　**1** 私，スケート靴を買ったよ。　**2** 私はスキーにも行くの。　**3** 私のクラスメート2人と。

> 解説　スケートに行くという B（＝娘）に A（＝父親）が Who are you going with?「君はだれと一緒に行くの？」とたずねている。Two of my classmates.「私のクラスメート2人と」一緒に行く人物を答えている **3** が正解。

No.7　正解　**2**

> 放送文　*A:* You look sad.
> *B:* I am. Luke is moving back to Canada.
> *A:* Will he live in Toronto?
> **1** It was my first trip.
> **2** I'm not sure.
> **3** No problem.

> 訳　A：悲しそうだね。
> B：そうなんだ。ルークがカナダに戻ってしまうんだよ。
> A：彼はトロントに住むの？

> 選択肢の訳　**1** それは僕の初めての旅行だった。　**2** よくわからない。　**3** 大丈夫だよ。

> 解説　Will he live in Toronto?「彼はトロントに住むの？」というせりふに注目。Yes/No で答えられるタイプの質問だが，応答の選択肢に Yes/No で答えているものはない。

選択肢の中で，1と3は質問の答えとして的外れである。トロントに住むのかどうかを知らないという状況は十分ありえるので，正解は**2**の**I'm not sure.**「よくわからない」。

No.8　正解　**2**

放送文　*A:* I can't go to your basketball game today, Sally.
　　　　B: Why not?
　　　　A: I'm too busy with work. I'm sorry.
　　　　1　Well done.
　　　　2　That's OK.
　　　　3　I watched it.

訳　A：ぼくは今日，君のバスケットボールの試合に行けないんだよ，サリー。
　　　B：どうして？
　　　A：仕事が忙しすぎるんだ。ごめんね。

選択肢の訳　**1**　よくやったわね。　　**2**　大丈夫よ。　　**3**　私はそれを見たよ。

解説　I'm sorry.「ごめんなさい」と謝られたときの答え方としてふさわしいのは**2**のThat's OK.「大丈夫」。ほかに，No problem.「問題ないよ」などと答えることもできる。

No.9　正解　**3**

放送文　*A:* I had a bad day.
　　　　B: What happened?
　　　　A: I got a bad grade on my English test.
　　　　1　Science is difficult.
　　　　2　I'm happy for you.
　　　　3　You'll do better next time.

訳　A：ひどい日だったよ。
　　　B：何があったの？
　　　A：英語のテストで悪い点をとったんだ。

選択肢の訳　**1**　理科は難しいね。　　**2**　よかったわね。　　**3**　次回はもっとうまくいくわよ。

解説　帰宅してI had a bad day.「ひどい日だった」と言うA（息子）が2番目のせりふでI got a bad grade「悪い点をとった」と言っている。これに対する応答としてふさわしいのは，**3**のYou'll do better next time.「次回はもっとうまくいくわよ」。Aが悪い点をとったのはon my English test「英語のテストで」なので，**1**は不適切。

No.10　正解　**3**

放送文　*A:* Can you help me to study French?
　　　　B: I think you should ask James.
　　　　A: Why?
　　　　1　I hope you enjoy your trip.
　　　　2　I think he's sick today.
　　　　3　He's really good at French.

訳　A：フランス語を勉強するのを手伝ってくれる？

B：ジェイムズに頼むべきだと私は思うわ。

A：どうして？

選択肢の訳　**1**　あなたが旅行を楽しむよう願っているわ。　　**2**　彼は今日，具合が悪いと思う。　　**3**　彼はフランス語がほんとうに得意なの。

解説　〈help＋人＋to＋動詞の原形〉で「（人）が〜するのを手伝う」という表現になる。フランス語を勉強するのを手伝ってほしいと頼まれたB（＝女性）がyou should ask James「ジェイムズに頼むべきだ」と言い，AがWhy? と理由をたずねている。ジェイムズに頼むべき理由としてふさわしい選択肢は**3**のHe's really good at French.「彼はフランス語がほんとうに得意なの」。

第2部　一次試験・リスニング
（問題編pp.137〜138）

No.11　正解　**1**

放送文　*A:* Is something wrong, Bill?

B: Have you seen my ruler? I can't find it.

A: Where did you see it last?

B: In my pencil case on my desk.

Question: What is Bill doing?

訳　A：どうかしたの，ビル？

B：ぼくの定規を見た？　それを見つけられないんだ。

A：あなたは最後にどこでそれを見たの？

B：ぼくの机の上にある筆箱の中だよ。

質問の訳　ビルは何をしていますか。

選択肢の訳　**1**　定規を探している。　　**2**　筆箱を買っている。　　**3**　机を掃除している。　　**4**　宿題をしている。

解説　B（＝ビル）がA（＝女性）に対し，Have you seen my ruler?「ぼくの定規を見た？」とたずね，続けてI can't find it.「それを見つけられない」と言っている。ビルはLooking for his ruler.「定規を探している」。正解は**1**。

No.12　正解　**4**

放送文　*A:* That's a nice necklace, Nancy.

B: Thanks, Dan. I got it yesterday at the new store by the bank.

A: It looks expensive.

B: It was only $20.

Question: What did Nancy do yesterday?

訳　A：すてきなネックレスだね，ナンシー。

B：ありがとう，ダン。私はそれを昨日，銀行のそばの新しいお店で買ったの。

A：それは高価そうに見えるね。

B：たった20ドルだったわよ。

質問の訳　ナンシーは昨日何をしたのでしょうか。

選択肢の訳 **1** 彼女は自分の店を開店した。 **2** 彼女はダンに電話した。 **3** 彼女は銀行に行った。 **4** 彼女はネックレスを買った。

解説 質問はB（＝ナンシー）が昨日何をしたかということ。ネックレスをほめられたBが最初のせりふ第2文でI got it（＝a nice necklace）yesterday「私はそれ（＝すてきなネックレス）を昨日買った」と答えている。正解は**4**のShe bought a necklace.「彼女はネックレスを買った」。

No.13 正解 **4**

放送文 *A:* I fell asleep during the movie.
B: It was three hours long!
A: Yeah. Movies are usually one and a half or two hours long.
B: I know.
Question: How long was the movie?

訳 A：ぼくは映画の間に寝てしまったよ。
B：3時間の長さだったもの！
A：うん。映画はふつう，1時間半か2時間の長さだからね。
B：わかるわ。

質問の訳 その映画はどのくらいの長さでしたか。

選択肢の訳 **1** 1時間半。 **2** 2時間。 **3** 2時間半。 **4** 3時間。

解説 How long ～?は時間の長さをたずねる質問。ここではthe movie「映画」の長さをたずねている。映画の間に寝てしまったというA（＝男性）に対してB（＝女性）がIt was three hours long!「それは3時間の長さだった」と応じている。正解は**4**。

No.14 正解 **4**

放送文 *A:* When is your birthday, Linda?
B: September 25th.
A: What a surprise! That's my birthday, too.
B: Wow! We should have a party together.
Question: Why are Linda and the boy surprised?

訳 A：君の誕生日はいつ，リンダ？
B：9月25日。
A：驚いた！　それは僕の誕生日でもあるよ。
B：わあ！　私たち，一緒にパーティーをしなくちゃ。

質問の訳 なぜリンダと少年は驚いているのですか。

選択肢の訳 **1** 彼は彼女よりも年上だ。 **2** 彼女は彼よりも背が高い。 **3** 彼らは誕生日プレゼントをもらった。 **4** 彼らは同じ誕生日だ。

解説 B（＝リンダ）とA（＝少年）が驚いた理由が聞かれている。誕生日を聞かれてBがSeptember 25th.「9月25日」と答えたのに対し，驚いたAがThat's my birthday, too.「それは僕の誕生日でもある」と言っている。正解は，**4**のThey have the same birthday.「彼らは同じ誕生日だ」。

No.15　正解　1

放送文　*A:* Mark, I'm going to make a blueberry pie.
　　　　B: I love making pies. Can I help you?
　　　　A: Sure. Can you wash these blueberries?
　　　　B: No problem.
　　　　Question: What does Mark like to do?

訳　A：マーク，私はブルーベリーのパイを作るつもりよ。
　　　B：僕はパイを作るのが大好きなんだ。手伝ってもいい？
　　　A：もちろん。これらのブルーベリーを洗ってくれる？
　　　B：いいよ。

質問の訳　マークは何をするのが好きですか。

選択肢の訳　**1**　パイを作る。　　**2**　祖母と話す。　　**3**　ブルーベリーを食べる。　　**4**　買い物に行く。

解説　Aが最初にMark, と呼び掛けているのでマークはB。Bが最初のせりふでI love making pies.「僕はパイを作るのが大好きなんだ」と言っているので，マークが好きなのはMake pies.「パイを作る」ことである。正解は**1**。

No.16　正解　3

放送文　*A:* Which club will you join this year?
　　　　B: Maybe the English club or the science club.
　　　　A: You can play the piano well. You should join the music club.
　　　　B: Good idea.
　　　　Question: Which club does the girl tell the boy to join?

訳　A：あなたは今年どのクラブに入るつもり？
　　　B：たぶん英語クラブか科学クラブだな。
　　　A：あなたは上手にピアノを弾けるじゃない。あなたは音楽クラブに入るべきよ。
　　　B：いい考えだね。

質問の訳　少女は少年に，どのクラブに入るようにと言いましたか。

選択肢の訳　**1**　英語クラブ。　　**2**　科学クラブ。　　**3**　音楽クラブ。　　**4**　演劇クラブ。

解説　今年入るクラブについてA（＝少女）とB（＝少年）が会話している。Aは2番目のせりふ第2文でYou should join the music club.「あなたは音楽クラブに入るべき」と言っている。正解は**3**。

No.17　正解　2

放送文　*A:* What's for dinner?
　　　　B: Let's go to a Japanese restaurant.
　　　　A: No, we need to save money for our trip to Australia.
　　　　B: OK. I'll make curry.
　　　　Question: What does the woman want to do?

訳　A：夕食は何にしよう？

　　B：日本食レストランに行こうよ。

　　A：いえ，私たちはオーストラリア旅行のためにお金を節約する必要があるわ。

　　B：わかった。僕がカレーを作るよ。

質問の訳　女性は何をしたいでしょうか。

選択肢の訳　**1**　レストランで食事をする。　　**2**　旅行のためにお金を節約する。　　**3**　日本に旅行する。　　**4**　カレーの作り方を習う。

解説　A（＝女性）のしたいことは何かが聞かれている。Aは2番目のせりふでwe need to save money for our trip「私たちは旅行のためにお金を節約する必要がある」と言っている。正解は**2**の**Save money for a trip.**「旅行のためにお金を節約する」。

No.18　正解　**2**

放送文　*A:* Hi, Jenny. Is that your dog?

　　　　B: No, it's my sister's. I'm just taking care of him for a week.

　　　　A: Did she go somewhere?

　　　　B: Yeah. She's visiting friends in Boston.

　　　　Question: Whose dog is it?

訳　A：やあ，ジェニー。それはあなたの犬？

　　B：ううん，私の姉[妹]のだよ。私はただ，1週間彼の世話をしているだけなんだ。

　　A：彼女はどこかへ行ったの？

　　B：うん。彼女はボストンの友達を訪ねているの。

質問の訳　それはだれの犬ですか。

選択肢の訳　**1**　ジェニーの。　　**2**　ジェニーの姉[妹]の。　　**3**　ジェニーの友達の。　　**4**　男性の。

解説　質問は，犬がだれのものかというもの。「それはあなたの犬？」と聞かれたB（＝ジェニー）がNoで答えたあと，it's my sister's「私の姉[妹]のだよ」と説明している。つまり，犬はJenny's sister's「ジェニーの姉[妹]の」ものである。正解は**2**。

No.19　正解　**3**

放送文　*A:* Have you finished the report, Carl?

　　　　B: Yes, Tracy. I put it on your desk.

　　　　A: We need it for this meeting. Can you go and get it?

　　　　B: Sure.

　　　　Question: Where is the report now?

訳　A：報告書は書き終わりましたか，カール？

　　B：はい，トレイシー。僕はそれをあなたの机の上に置きましたよ。

　　A：私たちはこの会議にそれが必要なんです。取りに行ってくれますか。

　　B：もちろん。

質問の訳　報告書はどこにありますか。

選択肢の訳　**1**　カールのオフィス。　　**2**　会議室。　　**3**　トレイシーの机の上。　　**4**　コピー機の上。

解説　A（＝トレイシー）にreport「報告書」を書き終えたかと聞かれたB（＝カール）が，最初のせりふ第2文でI put it on your desk.「僕はそれをあなたの机の上に置きました」

と答えている。つまり，報告書がある場所は**3**の**On Tracy's desk.**「トレイシーの机の上」。

No.20　正解　**1**

放送文　*A:* Your son is so busy.

B: Yeah.　He has baseball practice twice a week and a violin lesson every Friday.

A: Wow.

B: He does volunteer work once a month, too.

Question: How often does the man's son have a violin lesson?

訳　Ａ：あなたの息子さんはとても忙しいのね。

Ｂ：うん。彼は週に２回野球の練習があって，毎週金曜日にバイオリンのレッスンがあるんだ。

Ａ：わあ。

Ｂ：彼は月１回，ボランティアの仕事もしているよ。

質問の訳　男性の息子はどのくらいの頻度でバイオリンのレッスンを受けていますか。

選択肢の訳　**1**　１週間に１回。　　**2**　１週間に２回。　　**3**　１か月に１回。　　**4**　１か月に２回。

解説　B（＝男性）の息子についての会話。野球，バイオリン，ボランティアの話題が出ているが，How often ～?「どのくらいの頻度で～」の文を使って質問されているのはバイオリンレッスンの頻度。Bが最初のせりふ第２文で He has ... a violin lesson every Friday.「毎週金曜日にバイオリンのレッスンがある」と言っている。つまり，バイオリンのレッスンは**Once a week.**「１週間に１回」。正解は**1**。

No.21　正解　**2**

放送文　Steve is having a party tonight. Yesterday, he made a cake. He needs drinks for the party, so he'll buy them this morning. This afternoon, he'll clean his apartment.

Question: What is Steve going to buy today?

訳　スティーブは今夜パーティーをする。昨日，彼はケーキを作った。パーティーのための飲み物が必要なので，彼は今朝それらを買うだろう。今日の午後，彼はアパートを掃除するだろう。

質問の訳　スティーブは今日何を買う予定ですか。

選択肢の訳　**1**　風船。　　**2**　飲み物。　　**3**　ケーキ。　　**4**　プレゼント。

解説　時を表す言葉がたくさん出てくるので，いつ何をした/するのか注意して聞きとる必要がある。質問文のtodayに対応するのは，第3文のthis morning「今朝」と第4文のThis afternoon「今日の午後」。第3文後半にhe'll buy them this morning「今朝それらを買うだろう」とあり，このthemは同じ文前半のdrinks for the party「パーティーのための飲み物」をさす。正解は**2**のSome drinks.「飲み物」。

No.22　正解　**4**

放送文　Betty is in the school art club. On weekdays, she practices painting at school, but on Saturdays, she paints at home. On Sundays, she often goes to the park and paints there.

Question: Where does Betty paint on Saturdays?

訳　ベティは学校の美術クラブに入っている。平日，彼女は学校で絵の練習をするが，土曜日は，家で絵を描く。日曜日，彼女はよく公園に行ってそこで絵を描く。

質問の訳　ベティは土曜日にどこで絵を描きますか。

選択肢の訳　**1**　学校で。　　**2**　友達の家で。　　**3**　公園で。　　**4**　自宅で。

解説　放送文全体を通してBettyという少女について述べられている。質問はon Saturdays「土曜日」にベティがどこで絵を描くかというもの。第2文後半にon Saturdays, she paints at home「土曜日は，家で絵を描く」とある。正解は**4**。

No.23　正解　**4**

放送文　Mark's grandfather took him to the zoo. They saw many animals, such as birds, elephants, monkeys, and snakes. Mark liked the monkeys the best because they were cute. He didn't like the snakes.

Question: Which animals didn't Mark like?

訳　マークの祖父が彼を動物園へ連れて行った。彼らは，鳥やゾウ，サル，ヘビなどのたくさんの動物を見た。マークは，かわいらしかったのでサルがいちばん好きだった。彼はヘビは好きではなかった。

質問の訳 マークはどの動物が好きではありませんでしたか。

選択肢の訳 **1** サル。 **2** ゾウ。 **3** 鳥。 **4** ヘビ。

解説 質問文にdidn'tという否定語があることに注意。マークが好きでなかった動物は何かが聞かれている。放送文最終文にHe didn't like the snakes.「彼はヘビは好きではなかった」とあるので，正解は**4**。

No.24 正解 **4**

放送文 Yesterday, during dinner, my dad told me about his job. After that, I told him about my baseball game. This morning, I talked to my mom about my class ski trip.

Question: What did the boy's father talk about last night?

訳 昨日，夕食中に，お父さんが自分の仕事について僕に話した。その後，僕は彼に自分の野球の試合について話した。今朝，僕はお母さんに，クラスのスキー旅行について話した。

質問の訳 少年の父親は昨夜，何について話しましたか。

選択肢の訳 **1** 有名な野球選手。 **2** 新しい野球スタジアム。 **3** 彼のスキー旅行。 **4** 彼の仕事。

解説 放送文には話し手の少年と父親，母親が出てくる。質問は父親が昨夜話した内容は何かというもの。放送文第1文にYesterday ... my dad told me about his job.「昨日…お父さんが自分の仕事について僕に話した」とあるので，正解は**4**。

No.25 正解 **3**

放送文 I had fun in Europe. In London, I took a bus tour and made some new friends. In Paris, I visited a beautiful church. I hope to go back again soon.

Question: What did the woman do in Paris?

訳 私はヨーロッパで楽しんだ。ロンドンでは，私はバスツアーに参加して，何人か新しい友達ができた。パリでは，美しい教会を訪れた。私は早くまた戻れるよう願っている。

質問の訳 女性はパリで何をしましたか。

選択肢の訳 **1** バスツアーに参加した。 **2** 新しい友達を作った。 **3** 教会に行った。 **4** 美術館を訪れた。

解説 話し手の女性がParis「パリ」で何をしたかという質問。第3文にIn Paris, I visited a beautiful church.「パリでは，美しい教会を訪れた」とあるので，正解は**3**のShe went to a church.「教会に行った」。

No.26 正解 **2**

放送文 Adam couldn't find his pencil case this afternoon. He looked in his bag and around his classroom, but he finally found it in the library. He left it there when he was studying at lunchtime.

Question: Where was Adam's pencil case?

訳 アダムは今日の午後，筆箱を見つけられなかった。彼はかばんの中や教室中を見たが，図書室でやっとそれを見つけた。彼は昼休みに勉強していたとき，それをそこに置

き忘れたのだ。

質問の訳 アダムの筆箱はどこにありましたか。

選択肢の訳 **1** かばんの中。　**2** 図書室の中。　**3** 教室の中。　**4** カフェテリアの中。

解説 Adam's pencil case「アダムの筆箱」があった場所をたずねる質問。第2文後半に，he finally found it in the library「図書室でやっとそれを見つけた」とある。正解は**2** の In the library.「図書室の中」。

No.27 正解 **1**

放送文 I've been friends with Michael since we were high school students. We're both 30 now, but we still talk to each other a lot. He has two children, and he's a great dad.
Question: Who is the man talking about?

訳 私は高校生のときからマイケルと友達だ。私たちは2人とも今30歳だが，今もお互いにたくさん話をする。彼には2人の子どもがいて，彼はすばらしい父親だ。

質問の訳 男性は誰について話していますか。

選択肢の訳 **1** 自分の友達。　**2** 自分の子どもたち。　**3** 自分の高校の先生。**4** 自分の父親。

解説 話し手の男性と話している人物との関係を聞かれている。最初の文に I've been friends with Michael「私は（ずっと）マイケルと友だちだ」とあり，その後も続けてマイケルについて話している。正解は**1**の His friend.「自分の友だち」。

No.28 正解 **1**

放送文 My mom was planning to take me to my soccer game, but she caught a cold. So, my dad drove me there. He isn't interested in sports, but he enjoyed watching my game.
Question: Why did the girl's father take the girl to the game?

訳 お母さんは私を私のサッカーの試合に連れていくつもりだったが，風邪をひいた。だから，お父さんが私を車でそこへ連れて行った。彼はスポーツに興味がないが，私の試合を見て楽しんだ。

質問の訳 少女の父親はなぜ少女を試合に連れて行ったのでしょうか。

選択肢の訳 **1** 彼女の母親が病気だった。　**2** 彼女の母親が忙しかった。**3** 彼女の父親がコーチだ。　**4** 彼女の父親がスポーツを大好きだ。

解説 話し手の少女の父親が少女を試合に連れて行った理由が聞かれている。最初の文に，お母さんが少女を試合に連れていく予定だったが she caught a cold「彼女が風邪をひいた」とある。正解は**1**の Her mother was sick.「彼女の母親が病気だった」。

No.29 正解 **1**

放送文 When I was a junior high school student, I walked to school. Now, I go to high school. It's too far away to walk or ride my bike, so I go by train.
Question: How does the boy get to high school?

訳 僕は中学生だったとき，歩いて学校に行った。今，僕は高校に通っている。そこ

は歩いたり自転車に乗ったりするには遠すぎるので，僕は電車で行く。

質問の訳 少年はどのようにして高校に行きますか。

選択肢の訳 **1** 彼は電車で行く。　　**2** 彼はバスで行く。　　**3** 彼は自転車に乗る。
4 彼は歩く。

解説 少年が高校に行く交通手段を聞かれている。第3文の最後にI go by train「僕は電車で行く」とあるので，正解は**1**のHe goes by train.「彼は電車で行く」。

No.30 正解 **4**

放送文 Good morning, class. Today, we need to get ready for tomorrow's school festival. Edward, please make some posters. John, go to the cafeteria and bake some cookies with Ms. Clark. Emily, please practice your speech.
Question: What will John do for the festival?

訳 おはようございます，クラスの皆さん。今日，私たちは明日の学校祭の準備をする必要があります。エドワード，ポスターを何枚か作ってください。ジョン，カフェテリアに行って，クラーク先生と一緒にクッキーを焼いてください。エミリー，スピーチの練習をしてください。

質問の訳 ジョンは学校祭のために何をするでしょうか。

選択肢の訳 **1** スピーチをする。　　**2** カフェテリアを掃除する。　　**3** ポスターを作る。　　**4** クッキーを作る。

解説 放送文は，先生が学校祭の準備についてクラスの生徒たちに話している内容。第4文にJohn, ... bake some cookies「ジョン，クッキーを焼いてください」とある。正解は**4**。

カードA 二次試験・面接
(問題編p.141)

訳 パスタ

　パスタは世界中の国々で食べられている。パスタは肉と野菜のどちらと合わせてもおいしいので，多くの人に人気のある料理だ。中には，たくさんの異なった種類や色のパスタを売っている店もある。

質問の訳 No.1　文章を見てください。なぜパスタは多くの人に人気のある料理なのですか。

No.2　イラストを見てください。男性は何個トマトを持っていますか。

No.3　長い髪の少女を見てください。彼女は何をするつもりですか。

では，～さん，カードを裏返しにしてください。

No.4　あなたは冬休みの間に何をしましたか。

No.5　あなたはお祭りに行くのが好きですか。

No.1 解答例　Because it tastes good with both meat and vegetables.

解答例の訳 肉と野菜のどちらと合わせてもおいしいからです。

解説　No.1は文章に関する質問。Why「なぜ」を使って理由が聞かれているので，文章中のbecause「なぜなら」またはso「だから」に注目。ここでは第2文の中ほどにsoがあり，その後に質問文とほぼ同じ内容が続いている。つまり，第2文前半のPasta tastes good with both meat and vegetables「パスタは肉と野菜のどちらと合わせてもおいしい」が人気の理由。理由を表すBecauseで文を始め，Pastaをitにかえて答える。

No.2 解答例　He's holding two tomatoes.

解答例の訳 彼は2個トマトを持っています。

解説　No.2はイラストに関する質問。男性が持っているtomatoes「トマト」の数が聞かれている。このように，How manyを使ってイラスト中のものや人の数をたずねる問題はよく出題される。イラスト中にはトマトが3個あるが，男性が持っているのは2個。数字だけでなく，解答例のように主語と動詞のある文で答えるのが望ましいが，最後のtomatoesは省略してもよい。

No.3 解答例　She's going to drink water.

解答例の訳 彼女は水を飲もうとしています。

解説　No.3もイラストに関する質問。このようにイラスト中の人物からふきだしが出ている場合，その人物がこれからしようとしていることが質問されるパターンが多い。with long hair「長い髪の」やwith glasses「めがねをかけた」など，人物の見た目の特徴を表す語句が解答するときのポイントになるので注意しよう。

ふきだし内の少女はdrink water「水を飲んで」いる。質問文にあわせてbe going toの形で答えるとよい。waterのかわりにsomething「何か」などとしてもよい。

No.4 解答例　I went skiing.

解答例の訳　私はスキーに行きました。

解説　No.4は受験者自身に関する質問。during your winter vacation「冬休み中」に何をしたが聞かれている。動詞の過去形を使って，冬休みにしたことを述べる。解答例のほか，I went to ～.「私は～へ行きました」の形で行った場所を答えてもよいし，I practiced tennis[the guitar].「私はテニス［ギター］を練習しました」などとしたことを答えてもよい。

No.5 解答例　Yes. → Please tell me more. ── There's an interesting festival in my town.
No. → What would you like to do this spring? ── I'd like to go camping.

解答例の訳　はい。→ もっと詳しく話してください。── 私の町にはおもしろいお祭りがあります。
いいえ。→ あなたは今年の春何をしたいですか。── 私はキャンプに行きたいです。

解説　No.5も受験者自身に関する質問。ここではお祭りに行くのが好きかどうかが聞かれている。Yesで答えた場合はより詳しい情報が求められるので，解答例のほか，I go to festivals with my friends every year.「私は毎年友だちと行きます」などと一緒に行く人を答えたり，I enjoy dancing at festivals.「私はお祭りで踊るのを楽しみます」などとお祭りですることを答えるのもよい。Noで答えた場合，this spring「今年の春」何をしたいかが聞かれている。質問文と同じ表現を使って〈I'd like to＋動詞の原形 ～.〉の形で答えるとよい。解答例のほか，play soccer「サッカーをする」，go to the museum[concert, zoo]「美術館［コンサート，動物園］に行く」，read many books「たくさん本を読む」など。

カードB 二次試験・面接
(問題編p.142)

訳 湖

　日本にはたくさんの美しい湖がある。それらはしばしば静かで，訪れるとリラックスする場所だ。近くにキャンプをする場所がある湖もあるし，晴れたとき，湖に泳ぎに行くのが好きな人もいる。

質問の訳　No.1　文章を見てください。一部の人々は，晴れたとき何をするのが好きですか。

　　　　　　No.2　イラストを見てください。ボートの中には何人の人が座っていますか。

　　　　　　No.3　帽子をかぶっている男性を見てください。彼は何をしていますか。

　　　　　　では，〜さん，カードを裏返しにしてください。

　　　　　　No.4　あなたは今晩何をするつもりですか。

　　　　　　No.5　あなたは留学したいですか。

No.1　解答例　They like to go swimming in lakes.

解答例の訳　彼らは湖に泳ぎに行くのが好きです。

解説　No.1は文章に関する質問。when it is sunny「晴れたとき」に like to do「するのが好き」なことは何かが聞かれている。最終文後半に質問文と同じ when it is sunny がある。when の前にある like to go swimming in lakes「湖に泳ぎに行くのが好き」が答え。質問文の主語 some people を代名詞 They にかえて答える。

No.2　解答例　Two people are sitting in the boat.

解答例の訳　2人の人がボートの中に座っています。

解説　No.2はイラストに関する質問。イラスト中の人やものの数について，How many「何人の，いくつの」を使ってたずねる質問はよく出題される。in the boat「ボートの中」にいる人の数は2人。答えるときはTwo.と数字だけ言うのではなく，文の形にするのが望ましい。解答例のように，質問文と同じ進行形を使って答えるとよい。

No.3　解答例　He's fishing.

解答例の訳　彼は釣りをしています。

解説　No.3もイラストに関する質問。the man wearing a hat「帽子をかぶった男性」が何をしているかが聞かれている。帽子をかぶった男性はイラスト左下にいて，釣りをしている。質問文と同じ現在進行形の文を使って答える。fishはここでは動詞で「釣りをする」の意味。

No.4　解答例　I'm going to watch a DVD.

解答例の訳　私はDVDを見るつもりです。

解説　No.4は受験者自身に関する質問。What are you going to do 〜（時を表す言葉）?「あなたは（〜に）何をするつもりですか」という質問はよく出題されている。ここで

はthis evening「今晩」何をするつもりかが聞かれている。解答例のように、〈I'm going to＋動詞の原形 ～.〉の形で答えるとよい。read books「本を読む」, do my homework「宿題をする」, eat dinner with my family「家族と食事する」, play video games「ビデオゲームをする」など。

No.5 **解答例**　Yes. → Please tell me more. ── I want to study in Australia.

　　　　　　No. → Why not? ── I like living in Japan.

解答例の訳　はい。→ もっと詳しく話してください。── 私はオーストラリアで勉強したいです。

いいえ。→ なぜですか。── 私は日本で暮らすのが好きです。

解説　No.5も受験者自身に関する質問。study abroad「海外で勉強する，留学する」ことを望んでいるかどうかが聞かれている。Yesと答えた場合はより詳しい情報が求められるので，解答例のように〈I want to study in＋国名や地名.〉の形で留学したい場所を答えるほか，I want to study art in London.「ロンドンでアートを勉強したいです」などと勉強したい内容を答えたり，I'm studying English hard to study abroad.「留学するために一生懸命英語を勉強しています」と今のことに結び付けたりするとよい。

Noと答えた場合は，Why not?「なぜ（留学したくないの）ですか」と理由を聞かれているので，解答例のほか，I want to study Japanese history in Japan.「私は日本で日本史を勉強したいです」などと日本で勉強したい内容を答えたり，I don't want to live far from my family and friends.「私は家族や友人と遠くに住みたくありません」などと行きたくない理由を答えるとよい。

● 3級　解答用紙 ●

解答用紙の記入についての注意

　筆記試験，リスニングテストともに，別紙の解答用紙にマークシート方式で解答します。解答にあたっては，次の点に留意してください。

1　解答用紙には，はじめに氏名，生年月日などを記入します。生年月日はマーク欄をぬりつぶす指示もありますので，忘れずにマークしてください。

　不正確な記入は答案が無効になることもあるので注意してください。

2　マークはHBの黒鉛筆またはシャープペンシルを使って「マーク例」に示された以上の濃さで正確にぬりつぶします。

　解答の訂正は，プラスチックの消しゴムで完全に消してから行ってください。

3　解答用紙を汚したり折り曲げたりすることは厳禁です。また，所定の欄以外は絶対に記入しないでください。

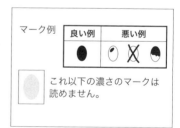

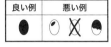

英検®3級　解答用紙

【注意事項】

①解答にはHBの黒鉛筆（シャープペンシルも可）を
使用し、解答を訂正する場合には消しゴムで完全に
消してください。

②解答用紙は絶対に汚したり折り曲げたり、所定以外
のところへの記入はしないでください。

マーク例	良い例	悪い例
	●	◑ ✕ ◖

　これ以下の濃さのマークは
読めません。

解　答　欄				
問題番号	1	2	3	4
(1)	①	②	③	④
(2)	①	②	③	④
(3)	①	②	③	④
(4)	①	②	③	④
(5)	①	②	③	④
(6)	①	②	③	④
(7)	①	②	③	④
(8)	①	②	③	④
(9)	①	②	③	④
(10)	①	②	③	④
(11)	①	②	③	④
(12)	①	②	③	④
(13)	①	②	③	④
(14)	①	②	③	④
(15)	①	②	③	④

（問題番号1の欄）

解　答　欄				
問題番号	1	2	3	4
(16)	①	②	③	④
(17)	①	②	③	④
(18)	①	②	③	④
(19)	①	②	③	④
(20)	①	②	③	④
(21)	①	②	③	④
(22)	①	②	③	④
(23)	①	②	③	④
(24)	①	②	③	④
(25)	①	②	③	④
(26)	①	②	③	④
(27)	①	②	③	④
(28)	①	②	③	④
(29)	①	②	③	④
(30)	①	②	③	④

（問題番号2は(16)〜(20)、問題番号3は(21)〜(30)）

**4 の解答欄は
裏面にあります。**

リスニング解答欄				
問題番号	1	2	3	4
例題	①	②	●	
No. 1	①	②	③	
No. 2	①	②	③	
No. 3	①	②	③	
No. 4	①	②	③	
No. 5	①	②	③	
No. 6	①	②	③	
No. 7	①	②	③	
No. 8	①	②	③	
No. 9	①	②	③	
No. 10	①	②	③	
No. 11	①	②	③	④
No. 12	①	②	③	④
No. 13	①	②	③	④
No. 14	①	②	③	④
No. 15	①	②	③	④
No. 16	①	②	③	④
No. 17	①	②	③	④
No. 18	①	②	③	④
No. 19	①	②	③	④
No. 20	①	②	③	④
No. 21	①	②	③	④
No. 22	①	②	③	④
No. 23	①	②	③	④
No. 24	①	②	③	④
No. 25	①	②	③	④
No. 26	①	②	③	④
No. 27	①	②	③	④
No. 28	①	②	③	④
No. 29	①	②	③	④
No. 30	①	②	③	④

（第1部 No.1〜No.10、第2部 No.11〜No.20、第3部 No.21〜No.30）

キリトリ

くり返し解く場合は、コピーをとってご利用ください。

4 ライティング解答欄

・指示事項を守り、文字は、はっきりと分かりやすく書いてください。
・太枠に囲まれた部分のみが採点の対象です。

5

10

くり返し解く場合は、コピーをとってご利用ください。

英検®3級　解答用紙

【注意事項】

①解答にはHBの黒鉛筆（シャープペンシルも可）を使用し、解答を訂正する場合には消しゴムで完全に消してください。

②解答用紙は絶対に汚したり折り曲げたり、所定以外のところへの記入はしないでください。

マーク例	良い例	悪い例
	●	◔ ✕ ◖

 これ以下の濃さのマークは読めません。

解　答　欄

問題番号	1	2	3	4
(1)	①	②	③	④
(2)	①	②	③	④
(3)	①	②	③	④
(4)	①	②	③	④
(5)	①	②	③	④
(6)	①	②	③	④
(7)	①	②	③	④
(8)	①	②	③	④
(9)	①	②	③	④
(10)	①	②	③	④
(11)	①	②	③	④
(12)	①	②	③	④
(13)	①	②	③	④
(14)	①	②	③	④
(15)	①	②	③	④

（問題番号 1）

解　答　欄

問題番号	1	2	3	4
(16)	①	②	③	④
(17)	①	②	③	④
(18)	①	②	③	④
(19)	①	②	③	④
(20)	①	②	③	④
(21)	①	②	③	④
(22)	①	②	③	④
(23)	①	②	③	④
(24)	①	②	③	④
(25)	①	②	③	④
(26)	①	②	③	④
(27)	①	②	③	④
(28)	①	②	③	④
(29)	①	②	③	④
(30)	①	②	③	④

（問題番号 2、3）

4 の解答欄は
裏面にあります。

リスニング解答欄

問題番号	1	2	3	4
例題	①	②	●	
No. 1	①	②	③	
No. 2	①	②	③	
No. 3	①	②	③	
No. 4	①	②	③	
No. 5	①	②	③	
No. 6	①	②	③	
No. 7	①	②	③	
No. 8	①	②	③	
No. 9	①	②	③	
No. 10	①	②	③	
No. 11	①	②	③	④
No. 12	①	②	③	④
No. 13	①	②	③	④
No. 14	①	②	③	④
No. 15	①	②	③	④
No. 16	①	②	③	④
No. 17	①	②	③	④
No. 18	①	②	③	④
No. 19	①	②	③	④
No. 20	①	②	③	④
No. 21	①	②	③	④
No. 22	①	②	③	④
No. 23	①	②	③	④
No. 24	①	②	③	④
No. 25	①	②	③	④
No. 26	①	②	③	④
No. 27	①	②	③	④
No. 28	①	②	③	④
No. 29	①	②	③	④
No. 30	①	②	③	④

（第1部：No.1〜No.10、第2部：No.11〜No.20、第3部：No.21〜No.30）

キリトリ

くり返し解く場合は、コピーをとってご利用ください。

4　ライティング解答欄

・指示事項を守り、文字は、はっきりと分かりやすく書いてください。
・太枠に囲まれた部分のみが採点の対象です。

| |
| |
| |
| |
| |

5

10

くり返し解く場合は、コピーをとってご利用ください。

英検®3級 解答用紙

【注意事項】

①解答にはHBの黒鉛筆（シャープペンシルも可）を使用し、解答を訂正する場合には消しゴムで完全に消してください。

②解答用紙は絶対に汚したり折り曲げたり、所定以外のところへの記入はしないでください。

マーク例

良い例	悪い例

これ以下の濃さのマークは読めません。

解　答　欄				
問題番号	1	2	3	4
(1)	①	②	③	④
(2)	①	②	③	④
(3)	①	②	③	④
(4)	①	②	③	④
(5)	①	②	③	④
(6)	①	②	③	④
(7)	①	②	③	④
1　(8)	①	②	③	④
(9)	①	②	③	④
(10)	①	②	③	④
(11)	①	②	③	④
(12)	①	②	③	④
(13)	①	②	③	④
(14)	①	②	③	④
(15)	①	②	③	④

解　答　欄				
問題番号	1	2	3	4
(16)	①	②	③	④
(17)	①	②	③	④
2　(18)	①	②	③	④
(19)	①	②	③	④
(20)	①	②	③	④
(21)	①	②	③	④
(22)	①	②	③	④
(23)	①	②	③	④
(24)	①	②	③	④
3　(25)	①	②	③	④
(26)	①	②	③	④
(27)	①	②	③	④
(28)	①	②	③	④
(29)	①	②	③	④
(30)	①	②	③	④

4 の解答欄は裏面にあります。

リスニング解答欄				
問題番号	1	2	3	4
例題	①	②	●	
第1部　No. 1	①	②	③	
No. 2	①	②	③	
No. 3	①	②	③	
No. 4	①	②	③	
No. 5	①	②	③	
No. 6	①	②	③	
No. 7	①	②	③	
No. 8	①	②	③	
No. 9	①	②	③	
No. 10	①	②	③	
第2部　No. 11	①	②	③	④
No. 12	①	②	③	④
No. 13	①	②	③	④
No. 14	①	②	③	④
No. 15	①	②	③	④
No. 16	①	②	③	④
No. 17	①	②	③	④
No. 18	①	②	③	④
No. 19	①	②	③	④
No. 20	①	②	③	④
第3部　No. 21	①	②	③	④
No. 22	①	②	③	④
No. 23	①	②	③	④
No. 24	①	②	③	④
No. 25	①	②	③	④
No. 26	①	②	③	④
No. 27	①	②	③	④
No. 28	①	②	③	④
No. 29	①	②	③	④
No. 30	①	②	③	④

キリトリ

くり返し解く場合は、コピーをとってご利用ください。

4　ライティング解答欄

・指示事項を守り、文字は、はっきりと分かりやすく書いてください。
・太枠に囲まれた部分のみが採点の対象です。

| |
| |
| |
| |
| 5 |
| |
| |
| |
| |
| 10 |

英検® 3級　解答用紙

【注意事項】

①解答にはHBの黒鉛筆（シャープペンシルも可）を使用し、解答を訂正する場合には消しゴムで完全に消してください。

②解答用紙は絶対に汚したり折り曲げたり、所定以外のところへの記入はしないでください。

マーク例

	良い例	悪い例
	●	

これ以下の濃さのマークは読めません。

キリトリ

解　答　欄					
問題番号		1	2	3	4
1	(1)	①	②	③	④
	(2)	①	②	③	④
	(3)	①	②	③	④
	(4)	①	②	③	④
	(5)	①	②	③	④
	(6)	①	②	③	④
	(7)	①	②	③	④
	(8)	①	②	③	④
	(9)	①	②	③	④
	(10)	①	②	③	④
	(11)	①	②	③	④
	(12)	①	②	③	④
	(13)	①	②	③	④
	(14)	①	②	③	④
	(15)	①	②	③	④

解　答　欄					
問題番号		1	2	3	4
2	(16)	①	②	③	④
	(17)	①	②	③	④
	(18)	①	②	③	④
	(19)	①	②	③	④
	(20)	①	②	③	④
3	(21)	①	②	③	④
	(22)	①	②	③	④
	(23)	①	②	③	④
	(24)	①	②	③	④
	(25)	①	②	③	④
	(26)	①	②	③	④
	(27)	①	②	③	④
	(28)	①	②	③	④
	(29)	①	②	③	④
	(30)	①	②	③	④

4 の解答欄は裏面にあります。

リスニング解答欄					
問題番号		1	2	3	4
	例題	①	②	●	
第1部	No. 1	①	②	③	
	No. 2	①	②	③	
	No. 3	①	②	③	
	No. 4	①	②	③	
	No. 5	①	②	③	
	No. 6	①	②	③	
	No. 7	①	②	③	
	No. 8	①	②	③	
	No. 9	①	②	③	
	No. 10	①	②	③	
第2部	No. 11	①	②	③	④
	No. 12	①	②	③	④
	No. 13	①	②	③	④
	No. 14	①	②	③	④
	No. 15	①	②	③	④
	No. 16	①	②	③	④
	No. 17	①	②	③	④
	No. 18	①	②	③	④
	No. 19	①	②	③	④
	No. 20	①	②	③	④
第3部	No. 21	①	②	③	④
	No. 22	①	②	③	④
	No. 23	①	②	③	④
	No. 24	①	②	③	④
	No. 25	①	②	③	④
	No. 26	①	②	③	④
	No. 27	①	②	③	④
	No. 28	①	②	③	④
	No. 29	①	②	③	④
	No. 30	①	②	③	④

くり返し解く場合は、コピーをとってご利用ください。

4 ライティング解答欄

・指示事項を守り、文字は、はっきりと分かりやすく書いてください。
・太枠に囲まれた部分のみが採点の対象です。

キリトリ

英検® 3級　解答用紙

【注意事項】

①解答にはHBの黒鉛筆（シャープペンシルも可）を使用し、解答を訂正する場合には消しゴムで完全に消してください。

②解答用紙は絶対に汚したり折り曲げたり、所定以外のところへの記入はしないでください。

マーク例

良い例	悪い例
●	◑ ✕ ◓

 これ以下の濃さのマークは読めません。

解　答　欄				
問題番号	1	2	3	4
(1)	①	②	③	④
(2)	①	②	③	④
(3)	①	②	③	④
(4)	①	②	③	④
(5)	①	②	③	④
(6)	①	②	③	④
(7)	①	②	③	④
(8)	①	②	③	④
(9)	①	②	③	④
(10)	①	②	③	④
(11)	①	②	③	④
(12)	①	②	③	④
(13)	①	②	③	④
(14)	①	②	③	④
(15)	①	②	③	④

(1の欄)

解　答　欄				
問題番号	1	2	3	4
(16)	①	②	③	④
(17)	①	②	③	④
(18)	①	②	③	④
(19)	①	②	③	④
(20)	①	②	③	④
(21)	①	②	③	④
(22)	①	②	③	④
(23)	①	②	③	④
(24)	①	②	③	④
(25)	①	②	③	④
(26)	①	②	③	④
(27)	①	②	③	④
(28)	①	②	③	④
(29)	①	②	③	④
(30)	①	②	③	④

(2・3の欄)

4 の解答欄は裏面にあります。

リスニング解答欄				
問題番号	1	2	3	4
例題	①	②	●	
No. 1	①	②	③	
No. 2	①	②	③	
No. 3	①	②	③	
No. 4	①	②	③	
No. 5	①	②	③	
No. 6	①	②	③	
No. 7	①	②	③	
No. 8	①	②	③	
No. 9	①	②	③	
No. 10	①	②	③	
No. 11	①	②	③	④
No. 12	①	②	③	④
No. 13	①	②	③	④
No. 14	①	②	③	④
No. 15	①	②	③	④
No. 16	①	②	③	④
No. 17	①	②	③	④
No. 18	①	②	③	④
No. 19	①	②	③	④
No. 20	①	②	③	④
No. 21	①	②	③	④
No. 22	①	②	③	④
No. 23	①	②	③	④
No. 24	①	②	③	④
No. 25	①	②	③	④
No. 26	①	②	③	④
No. 27	①	②	③	④
No. 28	①	②	③	④
No. 29	①	②	③	④
No. 30	①	②	③	④

（第1部：No.1〜No.10、第2部：No.11〜No.20、第3部：No.21〜No.30）

キリトリ

くり返し解く場合は、コピーをとってご利用ください。

4 ライティング解答欄

・指示事項を守り、文字は、はっきりと分かりやすく書いてください。
・太枠に囲まれた部分のみが採点の対象です。

くり返し解く場合は、コピーをとってご利用ください。

英検®3級 解答用紙

【注意事項】

①解答にはHBの黒鉛筆（シャープペンシルも可）を
使用し、解答を訂正する場合には消しゴムで完全に
消してください。

②解答用紙は絶対に汚したり折り曲げたり、所定以外
のところへの記入はしないでください。

解 答 欄

問題番号	1	2	3	4
	(1)	① ② ③ ④
	(2)	① ② ③ ④
	(3)	① ② ③ ④
	(4)	① ② ③ ④
	(5)	① ② ③ ④
	(6)	① ② ③ ④
	(7)	① ② ③ ④
1	(8)	① ② ③ ④
	(9)	① ② ③ ④
	(10)	① ② ③ ④
	(11)	① ② ③ ④
	(12)	① ② ③ ④
	(13)	① ② ③ ④
	(14)	① ② ③ ④
	(15)	① ② ③ ④

解 答 欄

問題番号	1	2	3	4
	(16)	① ② ③ ④
	(17)	① ② ③ ④
2	(18)	① ② ③ ④
	(19)	① ② ③ ④
	(20)	① ② ③ ④
	(21)	① ② ③ ④
	(22)	① ② ③ ④
	(23)	① ② ③ ④
	(24)	① ② ③ ④
	(25)	① ② ③ ④
3	(26)	① ② ③ ④
	(27)	① ② ③ ④
	(28)	① ② ③ ④
	(29)	① ② ③ ④
	(30)	① ② ③ ④

4 の解答欄は
裏面にあります。

リスニング解答欄

問題番号	1	2	3	4
	例題	① ② ●
	No. 1	① ② ③
	No. 2	① ② ③
	No. 3	① ② ③
第	No. 4	① ② ③
1	No. 5	① ② ③
部	No. 6	① ② ③
	No. 7	① ② ③
	No. 8	① ② ③
	No. 9	① ② ③
	No. 10	① ② ③
	No. 11	① ② ③ ④
	No. 12	① ② ③ ④
	No. 13	① ② ③ ④
第	No. 14	① ② ③ ④
2	No. 15	① ② ③ ④
部	No. 16	① ② ③ ④
	No. 17	① ② ③ ④
	No. 18	① ② ③ ④
	No. 19	① ② ③ ④
	No. 20	① ② ③ ④
	No. 21	① ② ③ ④
	No. 22	① ② ③ ④
	No. 23	① ② ③ ④
第	No. 24	① ② ③ ④
3	No. 25	① ② ③ ④
部	No. 26	① ② ③ ④
	No. 27	① ② ③ ④
	No. 28	① ② ③ ④
	No. 29	① ② ③ ④
	No. 30	① ② ③ ④

キリトリ

くり返し解く場合は、コピーをとってご利用ください。

4 ライティング解答欄

・指示事項を守り、文字は、はっきりと分かりやすく書いてください。
・太枠に囲まれた部分のみが採点の対象です。

5

10

くり返し解く場合は、コピーをとってご利用ください。

別冊 解答・解説

矢印の方向に引くと切り離せます。